Saúde
na
Família
e na
Comunidade

Dados Internacionais de Catalogação na Publicação (CIP)
(Câmara Brasileira do Livro, SP, Brasil)

Saúde na família e na comunidade / organização
Tamara Iwanow Cianciarullo...[et al.]. --
São Paulo : Ícone, 2011.

Outros organizadores: Dulce Maria Rosa Gualda,
Gilberto Tadeu Reis da Silva, Isabel Cristina
Kowal Olm Cunha.
Vários autores.
ISBN 978-85-274-1120-2

1. Comunidades - Serviços de saúde 2. Família -
Serviços de saúde 3. Hábitos alimentares
4. Nutrição 5. Qualidade de vida 6. Saúde - Promoção
I. Cianciarullo, Tamara Iwanow. II. Gualda, Dulce
Maria Rosa. III. Silva, Gilberto Tadeu Reis da.
IV. Cunha, Isabel Cristina Kowal Olm.

10-05367   CDD-613

Índices para catálogo sistemático:

1. Saúde na família e na comunidade : Promoção
   da saúde   613

Saúde na Família e na Comunidade

Organização
Tamara Iwanow Cianciarullo
Dulce Maria Rosa Gualda
Gilberto Tadeu Reis da Silva
Isabel Cristina Kowal Olm Cunha

Ícone editora

© Copyright 2011
Ícone Editora Ltda.

Título original
Saúde na Família e na Comunidade

Capa e editoração eletrônica
Richard Veiga

Revisão
Cláudio J. A. Rodrigues
Juliana Biggi

Proibida a reprodução total ou parcial desta obra, de qualquer forma ou meio eletrônico, mecânico, inclusive através de processos xerográficos, sem permissão expressa do editor (Lei nº 9.610/98).

Todos os direitos reservados para:

ÍCONE EDITORA LTDA.
Rua Anhanguera, 56 – Barra Funda
CEP: 01135-000 – São Paulo/SP
Fone/Fax.: (11) 3392-7771
www.iconeeditora.com.br
iconevendas@iconeeditora.com.br

Perfil dos Organizadores e Autores

Tamara Iwanow Cianciarullo – Enfermeira; Doutora em Sociologia da Saúde; Livre-docente pela Escola de Enfermagem da Universidade de São Paulo (USP); Professora Titular da Escola de Enfermagem da USP e do Programa de Pós-graduação da Universidade Federal de Santa Catarina; Coordenadora dos cursos de pós-graduação expandidos (1998-2000) e do planejamento do Pós--doutorado da mesma instituição; consultora em projetos de organização de sistemas de saúde em nível nacional e internacional; coordenadora do projeto "Saúde da Família: avaliação da nova estratégia assistencial no cenário das políticas públicas", financiado pela Fundação de Amparo à Pesquisa do Estado de São Paulo (FAPESP); Pesquisadora da Universidade de Mogi das Cruzes (2010).

Dulce Maria Rosa Gualda – Obstetriz; Doutora em Enfermagem; Professora Titular pela Escola de Enfermagem da Universidade de São Paulo; Diretora do Departamento de Enfermagem do Hospital Universitário da USP (1995-2000); Professora Titular do Departamento de Enfermagem Materno--Infantil e Psiquiátrica da Escola de Enfermagem da Universidade de São Paulo; vice-coordenadora do projeto "Saúde da Família: avaliação da nova estratégia assistencial no cenário das políticas públicas", financiado pela Fundação de Amparo à Pesquisa do Estado de São Paulo (FAPESP).

Isabel Cristina Kowal Olm Cunha – Enfermeira; Doutora em Saúde Pública na área de Administração Hospitalar, pela Universidade de São Paulo; Professora Titular e Diretora da Faculdade de Enfermagem da Universidade de Santo Amaro (1996-2008); Professora Adjunta do Departamento de Enfermagem da Universidade Federal de São Paulo (UNIFESP); responsável pelas atividades do grupo de pesquisadores e técnicos vinculados à Universidade de Santo Amaro, no projeto "Saúde da Família: avaliação da nova estratégia assistencial no cenário das políticas públicas".

Gilberto Tadeu Reis da Silva – Enfermeiro; Doutor em Enfermagem pela Universidade Federal de São Paulo; Gerente Administrativo do Campus Itaquera da Faculdade Santa Marcelina; Coordenador do Curso de Pós-graduação em Educação e Formação em Saúde; Conselheiro Municipal de Saúde representando o Segmento das Instituições de Ensino Privado e Institutos de Pesquisa privados do Município de São Paulo; Coordenador das atividades dos pesquisadores e técnicos da Faculdade Santa Marcelina no Projeto "Saúde da Família: avaliação da nova estratégia assistencial no cenário das políticas públicas".

Perfil dos Autores

Alice Moreira Derntl – Enfermeira; Doutora em Saúde Pública pela Faculdade de Saúde Pública da Universidade de São Paulo; Professora Doutora da Faculdade de Saúde Pública da Universidade de São Paulo; Coordenadora do Centro de Estudos e Pesquisas sobre o Envelhecimento. (*In memoriam*)

Ana Aparecida Sanches Bersusa – Enfermeira; Mestre em Enfermagem pela Escola de Enfermagem da Universidade de São Paulo.

Celina Castagnari Marra – Enfermeira; Doutora em Enfermagem pela Universidade Federal de São Paulo; Professora Adjunta da Universidade Federal de São Paulo; Professora Titular da Universidade de Santo Amaro.

Cibele Navarro de Souza – Médica; Especialista em Pediatria e em Saúde da Família; Médica de Família do PSF/Qualis Santa Marcelina.

Egle de Lourdes Jardim Okazaki – Enfermeira; Mestra em Saúde Materno--Infantil da Universidade de Santo Amaro; Doutora em Psicopedagogia da UNISA; Enfermeira da Prefeitura de São Paulo; Docente da Faculdade de Enfermagem da Universidade de Santo Amaro.

Elisabeth Cláudia Lacher e Addor – Enfermeira; mestranda em Saúde Pública da Faculdade de Saúde Pública da Universidade de São Paulo; Docente da Faculdade de Enfermagem da Universidade de Santo Amaro.

Elizabeth Fujimori – Enfermeira; Doutora em Saúde Pública pela Faculdade de Saúde Pública da Universidade de São Paulo; Professora Associada do

Departamento de Enfermagem em Saúde Coletiva da Escola de Enfermagem da Universidade de São Paulo.

Eulália Maria Aparecida Escobar – Enfermeira; Doutora em enfermagem pela Universidade Federal de São Paulo; foi docente da Disciplina de Enfermagem em Saúde da Criança e do Adolescente da Faculdade de Enfermagem da Universidade de Santo Amaro.

Henrique Sebastião Francé – Médico; Coordenador Adjunto PSF/Qualis Santa Marcelina; Diretor Técnico Distrito de Saúde Curuçá (SMS); Preceptor de residência Medicina Geral e Comunitária Santa Marcelina.

Hogla Cardozo Murai – Enfermeira; Doutora em Saúde Pública pela Faculdade de Saúde Pública da Universidade de São Paulo; Professora Titular da área de Saúde Coletiva da Universidade de Santo Amaro.

Irmã Monique Bourget – Médica; Mestre em Epidemiologia pela Universidade Federal de São Paulo; atuando na coordenação do PSF/Qualis, Santa Marcelina; Diretora Técnica da Organização Social de Saúde do Itaim Paulista; Supervisora da Residência Médica – Medicina, Família e Comunidade da Casa de Saúde Santa Marcelina.

Júlio Litvoc – Médico; Doutor pela Faculdade de Medicina da Universidade de São Paulo; Professor Doutor do Departamento de Medicina Preventiva da Faculdade de Medicina da Universidade de São Paulo.

Karen Montebelo Helena – Fonoaudióloga; Especialização em Distúrbios da Comunicação Humana (linguagem) pela Pontifícia Universidade Católica de São Paulo; atuante em associações especializadas em deficientes auditivos e com problemas de comunicação.

Kathia de Carvalho Cunha – Enfermeira; Doutora em Enfermagem pela Universidade de São Paulo; pós-doutora do Departamento de Administração da Faculdade de Economia e Administração da Universidade de São Paulo; foi docente da Faculdade Santa Marcelina, Campus Itaquera e Coordenadora do Grupo I do Projeto "Saúde da Família: avaliação da nova estratégia assistencial no cenário das políticas públicas".

Lilian Lombardi – Graduada em Biomedicina; Mestre em Saúde Materno-Infantil pela Universidade de Santo Amaro; Professora Assistente dos Cursos de Enfermagem e Medicina da Universidade de Santo Amaro; Assessora de Direção do Distrito Municipal de Saúde de Parelheiros – Secretaria Municipal de Saúde – Prefeitura do Município de São Paulo.

Lourdes Bernadete Pito Alexandre – Enfermeira; Doutora em Enfermagem pela Universidade Federal de São Paulo; assessora na área da saúde coletiva da Faculdade Santa Marcelina.

Lúcia Viana – Enfermeira; Especialista em Enfermagem Obstétrica; enfermeira do Qualis.

Mara Rúbia Farias de Oliveira – Agente Comunitária de Saúde da Unidade Saúde da Família A. E. Carvalho.

Maria Celeste Soares Ribeiro – Enfermeira; Mestre em Saúde Coletiva pela Escola de Enfermagem da Universidade de São Paulo; Docente da área da Saúde Coletiva da Faculdade Santa Marcelina; atua na Coordenadoria de Epidemiologia e Informação CEINFO Regional 7, da Prefeitura Municipal de São Paulo.

Maria Cristina Sanna – Enfermeira; Doutora em Enfermagem pela Escola de Enfermagem da Universidade de São Paulo; Docente da Faculdade de Enfermagem da Universidade de Santo Amaro.

Maria Inez Burini Chaccur – Enfermeira; Doutora em Enfermagem pela Escola de Enfermagem da Universidade de São Paulo; foi docente da Faculdade de Enfermagem Santa Marcelina.

Otília Dora Simões Santos – Médica; Especialista em Saúde Pública pelo Departamento de Medicina Social da Santa Casa de Misericórdia de São Paulo; Gerente da Unidade Saúde da Família A. E. Carvalho.

Otília Simões Janeiro Gonçalves – Assistente Social; Especialista em Educação em Saúde, Saúde Pública com concentração em Ciências Sociais em

Saúde; Pesquisadora Científica II do Instituto de Saúde de São Paulo; Coordenadora do Programa de Educação Continuada no PSF/Qualis Santa Marcelina.

Roberta Melão – Enfermeira; Especialista em Saúde Coletiva e Desnutrição Energético-Proteica e Recuperação Nutricional pela Universidade Federal de São Paulo; Professora de Saúde Ambiental e Enfermagem na Saúde da Família da Faculdade Santa Marcelina.

Rosa Koda D'Amaral – Enfermeira; Mestre em Saúde Pública pela Faculdade de Saúde Pública da Universidade de São Paulo; Docente e Coordenadora de Estágios da Faculdade de Enfermagem da Universidade de Santo Amaro.

Rosana David – Enfermeira; mestre em Saúde Coletiva na Escola de Enfermagem da Universidade de São Paulo; Docente da Faculdade Santa Marcelina; enfermeira do Serviço de Ambulatório Especializado DST/Aids na Prefeitura do Município de São Paulo.

Roselena Bazilli Bergamasco – Enfermeira; Doutora em Enfermagem pela Escola de Enfermagem da Universidade de São Paulo; Docente do Departamento de Enfermagem Materno-Infantil da Escola de Enfermagem da Universidade de São Paulo.

Ruth Coelho de Beluche – Enfermeira; Especialista em Enfermagem em Saúde Pública pela Fundação Oswaldo Cruz.

Ruth Natalia Teresa Turrini – Enfermeira; Doutora em Saúde Pública pela Faculdade de Saúde Pública da Universidade de São Paulo; Professora Doutora do Departamento de Enfermagem Médico-Cirúrgica da Escola de Enfermagem da Universidade de São Paulo; Vice-Coordenadora do Programa de Pós-graduação em Enfermagem na Saúde do Adulto (PROESA) da Escola de Enfermagem da Universidade de São Paulo.

Sandra Grisi – Professora Livre-Docente pelo Departamento de Pediatria da Faculdade de Medicina da Universidade de São Paulo; Disciplina de Pediatria Preventiva e Social.

Sônia Regina Leite de Almeida Prado – Enfermeira; Doutora pela Escola de Enfermagem da Universidade de São Paulo; Diretora e Docente da Faculdade de Enfermagem de Santo Amaro; Assessora Técnica na Área de Enfermagem da Coordenadoria de Saúde da Capela do Socorro da Secretaria Municipal de São Paulo.

Vilma Braga de Góes – Médica; Especialista em Saúde da Família; Médica de Família do PSF – Município de Diadema – São Paulo.

Vilma Rodrigues Venâncio – Enfermeira; mestre em Enfermagem Saúde do Adulto pela Universidade Federal de São Paulo; Coordenadora do PSF/ Qualis, Santa Marcelina parceria SES/SP.

Yeda Aparecida de Oliveira Duarte – Enfermeira; Doutora em Enfermagem pela Escola de Enfermagem da Universidade de São Paulo; Professora Associada do Departamento de Enfermagem Médico-Cirúrgica da Escola de Enfermagem da Universidade de São Paulo; Coordenadora do Curso de Especialização em Atendimento Domiciliar e Coordenadora do Programa de Gerenciamento da Saúde do Idoso.

Zenaide Neto de Aguiar – Enfermeira; Mestre em Saúde Coletiva pela Universidade de São Paulo; assessora do D.S. de São Mateus na PMSP; Docente da área da Saúde Coletiva da Faculdade Santa Marcelina.

Sumário

PARTE I
A Família e os Serviços de Saúde, 17

Compreendendo a família no cenário de uma nova estratégia de saúde, **19**

Tamara Iwanow Cianciarullo

Caracterização de uma comunidade – um exemplo do uso da ferramenta da epidemiologia para o mapeamento das condições de vida e saúde das famílias, **35**

Hogla Cardozo Murai, Maria Cristina Sanna, Sónia Regina Leite de Almeida Prado, Isabel Cristina Kowal Olm Cunha

Processo coletivo de produção do conhecimento: vivência do subgrupo do projeto Saúde da Família, **51**

Káthia de Carvalho Cunha, Gilberto Tadeu Reis da Silva, Henrique Sebastião Francé, Ir. Monique Bourget, Lilian Lombardi, Lourdes Bernadete Pito Alexandre, Otília Dora Simões Santos, Otília Simões J. Gonçalves, Roberta Melão, Rosa Koda D'Amaral, Rosana David, Ruth Coelho de Beluche, Vilma Rodrigues Venâncio, Zenaide Neto de Aguiar

PARTE II
O Serviço de Saúde na Dimensão da Qualidade e da Técnica, 79

Aspectos conceituais da avaliação da qualidade em serviços de saúde, **81**

Eulália Maria Aparecida Escobar

RESOLUTIVIDADE DOS SERVIÇOS DE SAÚDE E SATISFAÇÃO DO CLIENTE, **89**
Ruth Natalia Teresa Turrini

A APLICAÇÃO DA TÉCNICA DE ESTIMATIVA RÁPIDA COMO INSTRUMENTO DE APREENSÃO DAS CONDIÇÕES DE VIDA DA COMUNIDADE E DE INTEGRAÇÃO DAS DISCIPLINAS DE ADMINISTRAÇÃO E DE SAÚDE COLETIVA, **106**
Káthia de Carvalho Cunha, Lourdes Bernardete dos Santos Pito Alexandre, Maria Celeste Soares Ribeiro, Otília Dora Simões Santos, Mara Rúbia Farias de Oliveira

AVALIAÇÃO DO ATENDIMENTO MÉDICO DE EQUIPES DO PROGRAMA DE SAÚDE DA FAMÍLIA ATRAVÉS DE AUDITORIA DE PRONTUÁRIOS, **121**
Cibele Navarro de Souza, Wilma Braga de Góes, Sandra Grisi

PARTE III
ATENÇÃO À MULHER E À CRIANÇA, **143**

PRÁTICAS OBSTÉTRICAS BASEADAS EM EVIDÊNCIAS CIENTÍFICAS: ASPECTOS CULTURAIS ORGANIZACIONAIS, **145**
Dulce Maria Rosa Gualda

ASSISTÊNCIA PRÉ-NATAL NO CONTEXTO DO CONCEITO DE SAÚDE REPRODUTIVA, **157**
Dulce Maria Rosa Gualda, Roselena Bazilli Bergamasco, Egle de Lourdes Jardim Okazaki, Lúcia Viana

AS DIRETRIZES DA ASSISTÊNCIA À SAÚDE DA CRIANÇA – DO PAISC AO AIDPI, **166**
Sônia Regina Leite de Almeida Prado, Eulália Maria Aparecida Escobar, Elizabeth Fujimori

PROPOSTA DE CRIAÇÃO DE UM CENTRO LÚDICO COM FUNÇÕES AMPLIADAS: PREPARANDO ADOLESCENTES PARA UMA PRÁTICA CUIDATIVA COM CRIANÇAS DE ZERO A SEIS ANOS EM COMUNIDADES DE BAIXA RENDA (PROJETO PACOLÚ), **179**
Tamara Iwanow Cianciarullo, Karen Montebelo Helena

PARTE IV
ATENÇÃO AO IDOSO, 189

IDOSO, FAMÍLIA E SAÚDE NA FAMÍLIA, 191
Yeda Aparecida de Oliveira Duarte, Tamara Iwanow Cianciarullo

CAPACIDADE FUNCIONAL DO IDOSO: SIGNIFICADO E APLICAÇÕES, 219
Julio Litvoc, Alice Moreira Derntl

HIPERTENSÃO ARTERIAL: UM DESAFIO PARA O IDOSO E SUA FAMÍLIA, 259
Isabel Cristina Kowal Olm Cunha

DISCUTINDO O SUS COM UM GRUPO DE IDOSOS: RELATO DE UMA EXPERIÊNCIA NA REGIÃO SUL DE SÃO PAULO, 269
Sônia Regina Leite de Almeida Prado, Hogla Cardozo Murai, Elisabeth Cláudia Lacher e Addor

AVALIANDO A ASSISTÊNCIA AO IDOSO: A CONSTRUÇÃO DE UM FORMULÁRIO PARA COLETA DE DADOS, 275
Ruth Teresa Natália Turini, Celina Castagnari Marra, Hogla Cardoso Murai, Maria Inez Burini Chaccur, Yeda Aparecida de Oliveira Duarte, Ana Bersusa, Isabel Cristina Kowal Olm Cunha

PARTE V
DESENVOLVENDO UM MODELO DE PESQUISA COLABORATIVA, 301

DESENVOLVENDO UM MODELO DE PESQUISA COLABORATIVA: RELATO DE EXPERIÊNCIA, 303
Tamara Iwanow Cianciarullo

A Família e os Serviços de Saúde

PARTE

I

Compreendendo a família no cenário de uma nova estratégia de saúde

Tamara Iwanow Cianciarullo

O PSF – sua importância, implicações e articulação com o PACS

O Programa de Saúde da Família (PSF) constitui uma estratégia inovadora no cenário dos serviços de saúde, que prioriza as ações de promoção, proteção e recuperação da saúde das pessoas e das famílias de forma integral, contínua e proativa.

Desde 1994, ano definido pela Organização das Nações Unidas (ONU) como o Ano Internacional da Família, houve uma importante mudança de comportamento nos meios acadêmicos, e principalmente nos meios em que os gestores das políticas públicas atuam, em relação à importância da família nos processos de viver e ser saudável.

No Brasil, outros aspectos contribuíram para a valorização dessa instituição social, como a migração acentuada pelas condições de pobreza das regiões menos favorecidas, desagregando famílias; o aparecimento das crianças de rua, das famílias sem moradia e de movimentos de mulheres, que foram trazendo para o cenário das políticas públicas a discussão do papel das famílias e da sua utilidade no enfrentamento das situações de crise e/ou risco.

Por outro lado, a falta de iniciativas bem organizadas, estruturadas e fundamentadas nas crenças e valores das comunidades atendidas pelos serviços de saúde provocou um distanciamento importante entre o que a comunidade deseja e o que obtém desses serviços.

Diante desse quadro, muitos municípios brasileiros, serviços locais de saúde, escolas e órgãos de assistência social ligados a igrejas, entidades filantrópicas e organizações civis defensoras de direitos públicos optaram por desenvolver programas de acompanhamento e apoio a famílias em situação especial de dificuldade (VASCONCELOS, 1999).

A observação de alguns indicadores como: presença de desnutridos, recorrência de patologias facilmente controláveis, ocorrência de óbitos por doenças tratáveis, doença incapacitante dos pais, desemprego prolongado e separação do casal, violência contra cidadãos mais frágeis, fracasso escolar, envolvimento de crianças em atividades ilícitas, percepção pelos vizinhos de situações de negligência e crise interna, crianças saindo para viver na rua, presença de idosos com sinais de descuido, atritos frequentes com a vizinhança e repetição de posturas prejudiciais à comunidade local, como descreveu VASCONCELOS (1999), possibilitam a identificação das famílias a serem assistidas, priorizando suas necessidades.

O atendimento dessas necessidades, no entanto, exige maior flexibilidade por parte dos serviços, que precisam se desvincular dos procedimentos tradicionais cristalizados, para adotar uma forma de interação inovadora, contextualizada e afinada com as crenças e valores das famílias deste cenário social e político. O Programa de Saúde da Família (PSF) se propôs a cumprir esse papel.

Pode-se dizer que seu início deu-se em 1991, com a implantação do Programa de Agentes Comunitários de Saúde (PACS), o primeiro embrião dessa nova modalidade de prestação de assistência à saúde da população. Sua evolução demonstrou a necessidade da ampliação de competências para o atendimento das necessidades da família, o que resultou na criação do PSF. Hoje, o PACS se constitui numa estratégia de transição entre o sistema anterior tradicional de provisão de serviços de saúde e o PSF. A meta é contribuir para a reorganização dos serviços municipais de saúde, visando à integração das ações entre os diversos profissionais e sua articulação com as reais demandas e necessidades da comunidade.

Sua implementação fundamenta-se na iniciativa municipal, que programa e realiza a seleção e treinamento dos agentes na comunidade. Estes devem pertencer à própria comunidade, viver uma vida igual à de seus vizinhos e estar preparados para orientar as famílias a cuidarem de sua própria saúde e da saúde da comunidade. (BRASIL, 2000). O Agente Comunitário de Saúde (ACS) deve ter as seguintes características: conhecer bem a comunidade onde vive; ter espírito de liderança e solidariedade; ter idade mínima de 18 anos; saber ler e escrever; residir na comunidade há pelo menos dois anos e ter disponibilidade de tempo integral para exercer suas atividades. O seu salário deve corresponder a pelo menos um salário mínimo. Deve atender a pelo menos 750 pessoas, tendo as seguintes atribuições: mapeamento do território, com identificação das áreas de risco e localização das famílias; realização de visitas domiciliares a cada uma das famílias identificadas pelo menos uma vez por mês; execução de ações coletivas com grupos visando à participação das famílias na resolução de seus problemas e alcance de objetivos; atividades intersetoriais vinculadas a processos de sensibilização das famílias para os aspectos educativos de seus filhos e para a cidadania e direitos humanos, sempre sob a supervisão permanente e acompanhamento de um enfermeiro. Existem hoje cerca de 113345 agentes comunitários de saúde desenvolvendo seu trabalho em 4073 municípios brasileiros.

Já o PSF, instituído formalmente a partir de 1994, com a constituição das primeiras equipes de Saúde da Família, pretende uma abordagem mais abrangente, contando com a participação de profissionais de saúde, além dos leigos que integram o PACS. O objetivo deste programa (PSF), transformado em estratégia, é a reorganização da prática assistencial em novas bases e critérios. A atenção centra-se na família, entendida, percebida e situada a partir de seu ambiente físico e social, com suas crenças e valores identificados, favorecendo a compreensão ampliada do processo saúde/doença, no contexto de um território definido geográfica e administrativamente.

Existem hoje no Brasil 5139 equipes que trabalham com famílias em 1931 municípios, situados em sua maioria nas regiões nordeste e sudeste, sendo os estados do Ceará e Minas Gerais os que apresentam o maior número de equipes de PSF em atuação.

Os ACS constituem a ponta de inserção de toda e qualquer ação de saúde nas comunidades dos municípios que aderiram ao PSF. É uma prática que garante um novo olhar dos profissionais em relação ao contexto em que se processam as ações de saúde, visto que pressupõem uma busca ativa de problemas atuais e potenciais, preservando e potencializando as capacidades dos membros da comunidade atendida.

As equipes de PSF, por sua vez, direcionam suas ações a partir das informações geradas pelos ACS, analisadas e discutidas com os fornecedores destes dados, visando a uma prática social construtiva e catalisadora de novas vivências. Devem ser formadas, no mínimo, por um enfermeiro, um auxiliar de enfermagem, um médico generalista e seis agentes comunitários de saúde que se responsabilizam por pelo menos 600 famílias. Estes profissionais devem residir no município onde trabalham (BRASIL, 1997).

Esta proposta, já em fase de execução em muitos municípios, carece, no entanto, de avaliação, para que se possa prosseguir nos esforços de construção de novas estratégias de atendimento das necessidades de saúde da população. Assim, é preciso uma avaliação relativa a: modo de relação entre os profissionais e a comunidade; formas de articulação utilizadas e implementadas entre o PACS, PSF e os programas específicos propostos pelo Ministério da Saúde para situações de vida e de agravos à saúde; características dos processos de priorização utilizados e estruturas de tomada de decisão utilizadas; modificações institucionais dos serviços locais frente ao PACS e PSF; percepção das famílias em relação às estratégias inovadoras; existência de alterações de processos de gestão vigentes nos serviços locais; e a verificação de alteração da qualidade de vida dos membros das famílias, entre outros aspectos.

Em 1999 o Ministério da Saúde desenvolveu uma pesquisa visando a avaliação do funcionamento do PSF, fundamentada na necessidade de mensurar o grau de aproximação entre a equipe do PSF e a população. Esta foi realizada no período de abril a julho do mesmo ano, abrangendo 24 estados com 1219 municípios e 3119 equipes de PSF, implantadas até dezembro de 1998 (BRASIL, 1999).

O método de investigação utilizado empregou três instrumentos de coleta de dados, aplicados por meio de entrevistas semiestruturadas aos coordenadores estaduais do PSF, aos Secretários Municipais de Saúde e às equipes de PSF. Não foram disponibilizados os instrumentos pela Internet, mas versavam sobre os seguintes aspectos: motivação e organização das secretarias estaduais e municipais para a implantação do programa; organização e responsabilidades das coordenações; critérios de priorização e incentivos; processos e avaliação do funcionamento; composição das equipes; recrutamento e seleção dos profissionais; investimentos municipais para a garantia da implantação do programa; atividades e condições de trabalho; opinião dos coordenadores, secretários e equipes sobre os benefícios do programa para a população; e dificuldades enfrentadas.

A região sudeste apresentou o maior índice de respostas (78,6%) por parte das equipes de PSF e dos secretários da região (87,7%). Em três estados as coordenações do PACS e PSF não eram únicas. Foram encontradas dezesseis categorias profissionais de nível superior, participantes das equipes de coordenação estadual. A categoria dos enfermeiros esteve presente em 41% dos membros das equipes, seguida da categoria das assistentes sociais (24%). Em relação aos critérios de priorização dos municípios para a implantação das equipes de PSF, treze estados informaram não fazer uso de critérios para a priorização, pulverizando-se as demais respostas por diferentes enfoques. A maior parte (83,6%) dos municípios pesquisados recebeu suporte das coordenadorias estaduais para a implantação do Sistema de Informações da Atenção Básica (SIAB) e para a capacitação das equipes de saúde da família (79,5%).

Um aspecto importante em relação à inovação introduzida nos serviços locais, tanto pelo PACS quanto pelo PSF, seria a elaboração e utilização de protocolos clínicos, com vistas à orientação e padronização das atividades das equipes; este aspecto merece uma atenção redobrada, tendo em vista que, no estudo citado, 67% das coordenadorias responderam que ainda não possuem protocolos clínicos nem estão em processo de elaboração, destacando-se alguns coordenadores que referiram "ainda não sentir necessidade dos protocolos" (BRASIL, 1999).

A análise dos resultados da investigação indicou que ele deve prosseguir, pois há necessidade de estudar, não apenas os processos de trabalho e atividades das coordenadorias e equipes, mas principalmente a relação existente entre os processos utilizados e os resultados alcançados, sob a ótica dos usuários dos serviços que oferecem este tipo de atenção centrada na família.

Os protocolos são instrumentos que orientam a atuação das equipes de Saúde da Família no desenvolvimento de práticas adequadas que resultem em melhor qualidade do atendimento e maior resolutividade (BRASIL, 1999). Há que se destacar então a possibilidade dos serviços locais estarem fazendo uso de normas e rotinas pregressas, empregadas no modelo de atenção tradicional, mais adequadas aos processos de trabalho vinculados aos indivíduos do que às famílias. Este é um dos aspectos que merece destaque nos estudos futuros a serem desenvolvidos, vinculando-se ao enfoque da avaliação da qualidade das ações profissionais e leigas, oferecidas e executadas no âmbito do PSE.

As ações desenvolvidas pelas equipes de Saúde da Família foram apresentadas no estudo realizado pelo Ministério da Saúde como responsáveis pelo aumento acentuado de todas as atividades, e entendidas como indícios da ampliação do acesso da população aos serviços de saúde conseguida pelo PSF. Já a observação do tipo de atividade desenvolvida sinalizou aspectos relativos à qualidade da atenção à saúde oferecida pelas equipes (Brasil, 1999).

Estas afirmações são, de certa forma, simplistas e levam ao questionamento sobre a maneira unidirecional (sem ouvir os usuários, principais avaliadores destes aspectos) utilizada pelos mentores da pesquisa, para proceder a afirmativas desta natureza.

Este é outro tema a ser contemplado pelos estudos a serem realizados: a elaboração de critérios específicos para o PSF articulados aos outros programas vigentes, objetivando a criação de indicadores de processos e de resultados aderentes à realidade vivenciada pelos próprios usuários. Concomitantemente, ao se estudar áreas de abrangência fora do contexto do PSF, poder-se-á comparar esta oferta e o acesso dos usuários, se estão realmente sendo utilizados e de que forma influenciam ou não a qualidade de vida percebida pelas pessoas que compõem estas famílias. A esse propósito, vale lembrar o encontrado por SANNA (1991), quando constatou que o acesso ao serviço de saúde era um dos indicadores mais valorizados pelos consumidores dos serviços de um ambulatório de Pediatria, devidamente secundado pela resolutividade.

Podemos afirmar, sem medo de cometer erros, que as iniciativas do Governo Federal na área da saúde têm sentido e significado para a melhoria das condições de vida das comunidades alcançadas, mas que estas merecem e devem ser analisadas e avaliadas, mais do que em seus aspectos de estrutura, em seus aspectos de processos e resultados, e comparadas com os processos e resultados de estruturas convencionais de trabalho, visando a sua validação, sob o enfoque dos clientes internos e externos. Dessa forma, entende-se que este manejo permitiria analisar a utilidade do PSF em seu significado maior para aquele que o vivência e para aquele que o produz.

Por outro lado, é importante também verificar-se os resultados obtidos por iniciativas próprias de alguns órgãos governamentais e não governamentais visando ao atendimento a famílias, tais como as iniciativas do Município de Niterói, Porto Alegre e Brasília, além do QUALIS do Hospital Santa Marcelina de São Paulo, entre outras iniciativas.

Família e Qualidade de Vida

Para se lidar com a categoria denominada família, há que se defini-la pela expressão dos significados expressos pelos seus membros, no contexto das áreas de abrangência delimitadas para uma atuação planejada. Em estudos anteriores com populações de baixa renda, percebemos a caracterização da família chefiada em grande parte por mulheres e com agregados dos mais diferentes tipos – tios, avós, primos, irmãos, conhecidos e até inquilinos mais ou menos permanentes. Como qualificar e classificar este tipo de família e como consolidar as informações provenientes de seus membros, de modo a compreender a sua organização, é um dos desafios que, nos diferentes cenários locais e regionais, o PSF deve enfrentar. Reconstruir as "práxis" humanas, reinventar maneiras de ser no âmbito familiar e comunitário; buscar, enfim, em conjunto, a forma de ser-em-grupo e criar novos paradigmas que ampliem a ética, a estética e o modo político de ser das pessoas e das famílias, como afirma TAKASHIMA (1994), parece ser o novo desafio que o PSF nos traz. Resta saber como chegar lá.

Trazer novos critérios para este cenário, redirecionados às práticas vinculadas à Saúde da Família, sem perder de vista os outros programas já em vigor e já sedimentados, exige um compromisso com os princípios da gestão da qualidade, superando os cristalizados processos de inspeção e supervisão. Elaborar novas formas de ver "velhos defeitos" exige criatividade e ousadia, visto que o que se deseja é construir um novo projeto social que garanta melhor assistência à saúde e, consequentemente, melhor qualidade de vida.

A qualidade de vida é, sem dúvida hoje, um dos conceitos mais utilizados no cenário da saúde e do trabalho, ambos são partes integrantes deste projeto. É um paradigma que, além de direcionar e determinar condutas e tratamentos específicos dos mais simples aos mais complexos, define as novas dimensões que os serviços locais devem incorporar. Apesar de ser um conceito relativamente novo, tem direcionado as decisões referentes às boas e más práticas no âmbito dos profissionais da área da saúde.

Qualidade de vida é um construto multidimensional, caracterizando-se pela abstração, significados diferenciados por contextos e condições muito específicas. Bem-estar, funções físicas, capacidades funcionais, satisfação, estados emocionais, interação social, realização e desenvolvimento pessoal são algumas das dimensões que dão significado à qualidade de vida. Estas dimensões podem ser medidas por meio de abordagens quantitativas e qualitativas. Nas abordagens quantitativas, faz-se uso de formulários e questionários previamente elaborados e/ou traduzidos, testados e validados para populações da nossa cultura; já nas abordagens qualitativas, busca-se descobrir os significados, os fenômenos e as relações e/ou interações simbólicas existentes e identificadas, construindo novas formas de ver a realidade dos processos de viver e ser saudável ou doente, sob a ótica dos membros das famílias.

Sem dúvida a qualidade de vida constitui hoje um importante indicador de sucesso ou insucesso das ações de saúde.

COMPREENDENDO AS DIMENSÕES POLÍTICAS E AGREGANDO VALOR AO PSF

Elaborar critérios de estrutura, de processo e principalmente de resultados em serviços de saúde locais; identificar indicadores de qualidade que caracterizem a diferença produzida pela implantação do PSF; comparar os diferentes níveis de qualidade de vida dos membros de famílias de territórios ou distritos previamente definidos pelos sistemas de saúde aos quais têm acesso e analisar a alocação e utilização dos recursos físicos e materiais, a capacitação dos recursos humanos e a gestão dos sistemas de informação constitui um grande desafio.

Atualmente, encontra-se em andamento um Projeto de Políticas Públicas, financiado pela FAPESP, como contribuição do Estado de São Paulo, um dos precursores do PSF no cenário nacional, para uma proposta de avaliação direcionada para a gestão da qualidade dos Programas de Saúde da Família.

O projeto será desenvolvido em 30 meses, estando sua conclusão prevista para agosto de 2003.

A articulação de três universidades em torno deste objetivo comum também constitui uma singularidade no cenário do cotidiano acadêmico, e deverá fortalecer novas estratégias de integração interdisciplinar, interinstitucional e docente-assistencial. Duas das universidades têm cursos de pós-graduação em nível de mestrado (USP e UNISA) e doutorado (USP) na área da saúde, fato que facilitará a implementação dos programas de formação e aperfeiçoamento de profissionais nessa área, caracterizando um objetivo secundário do projeto. Em resumo, esta experiência de parceria, além de estar vinculada à produção de tecnologia específica para os processos de gestão da qualidade em serviços de saúde, tem como pressuposto a criação de novos processos de trabalho articulados, visando à constituição de redes de desenvolvimento do conhecimento e capacitação dos seus atores explícitos, docentes, pesquisadores e técnicos.

Outro aspecto a ser destacado é a constatação de que estudos recentes têm demonstrado que os gestores do SUS, implantado desde 1990, não estão totalmente habilitados a desempenhar suas atribuições no controle e avaliação do sistema; a maioria deles não tem claro como estruturar o sistema de controle e avaliação e apenas 56% dos gestores informam a existência de controle de qualidade assistencial em seus municípios (SILVA et al. 1996). Saliente-se que a pesquisa foi realizada no Estado do Rio Grande do Sul, um dos centros de referência em estudos relacionados aos processos de gestão da qualidade na área da saúde.

Os fatos acima expostos permitem supor que a avaliação do PSF é imprescindível nesse momento, o que faz acreditar que existe uma demanda por projetos nesta área do fazer e do saber em saúde. Estudos relacionados à análise dos processos de inserção na comunidade, de avaliação de resultados, em muito contribuirá para subsidiar, redirecionar e estabelecer parâmetros e indicadores capazes de caracterizar níveis de qualidade nos serviços de saúde locais, fundamentando uma nova tecnologia a ser incorporada pelos serviços de saúde, proporcionando a geração e o desenvolvimento de conhecimentos teórico-práticos na área da gestão da qualidade em serviços de saúde locais.

TENTANDO ESTABELECER UM MARCO CONCEITUAL PARA A AVALIAÇÃO DE SERVIÇOS

Os estudos realizados na área da avaliação da qualidade da assistência à saúde em situações diferenciadas de organização e trabalho, visando à identificação das estruturas, dos processos e dos resultados específicos, fundamentam-se geralmente, em três conceitos principais, o conceito de sistema de saúde (BERTALANFFY,1968; CHAVES, 1970), o conceito de família (a ser caracterizado pelos usuários do PSF, a partir de suas visões próprias), e o conceito de qualidade de vida, potente articulador de significados atribuídos aos resultados dos processos assistenciais, na atualidade.

A teoria de sistemas tem sido muito utilizada para estruturar pesquisas na área da saúde, fundamentando-se nos pressupostos estabelecidos por BERTALANFFY em 1968 e incorporados por CHAVES em 1970 nos estudos referentes aos serviços de saúde.

Sistema é definido como um conjunto de elementos interrelacionados, orientados para metas comuns. (BERTALANFFY, 1973; CHAVES, 1972), perfeitamente compatível com as definições dos serviços de saúde em suas múltiplas dimensões e especificidades.

O sistema de saúde é considerado como um sistema aberto, visto que mantém uma troca contínua de informações e recursos com o meio ambiente no qual se insere, modificando-o e sendo por ele modificado.

Os elementos de um serviço de saúde (informações, recursos humanos, tecnologia, processos de trabalho) constituem um conjunto inter-relacionado, orientado para metas comuns: melhorar a saúde da população, alcançar a satisfação dos clientes, das famílias e da comunidade e promover facilidades para os processos de ensino-aprendizagem e desenvolvimento de pesquisas. O elemento mais importante desta cadeia de significados são o cliente, sua família e a comunidade, que necessitam e devem ter acesso garantido aos serviços oferecidos pelo sistema.

A análise da qualidade da assistência prestada por instituições de saúde, fundamentada no estudo das estruturas, dos processos e dos resultados dos serviços de saúde, como preconizado por DONABEDIAN (1966), apresenta uma importante relação com a teoria de sistemas.

A estrutura, definida pelo conjunto de elementos e relações existentes e disponíveis no sistema utilizado para atender a população, relaciona-se com esta população, elemento de entrada do sistema, e produz o processo de assistência, que se orienta para a mudança específica desejada no estado de saúde do indivíduo, da sua família ou da sua comunidade, caracterizando um resultado (PAGANINI, 1993).

A estrutura aqui especificada diz respeito a: quantidade, tipo, treinamento e motivação dos recursos humanos; instalações físicas (quantidade, distribuição, acesso e adequação funcional) e equipamentos; organização; gestão das informações e sua utilização; gestão de recursos financeiros e sistemas de controle, entre outros aspectos.

A estrutura constitui um indicador indireto da qualidade da assistência a saúde, com algumas limitações, devido à insuficiência de conhecimentos sobre as relações entre estrutura e resultado (PAGANINI, 1993).

Os processos, por sua vez, são definidos como um conjunto de atividades que acontecem entre profissionais e usuários dos serviços de saúde. O processo inclui a identificação dos problemas, os métodos de diagnóstico, os diagnósticos, os tratamentos e a assistência (PAGANINI, 1993).

Os resultados são definidos como as mudanças no estado de saúde que possam ser atribuídos à assistência recebida, incluindo a satisfação do cliente/usuário.

Os estudos realizados nesta área objetivam identificar as relações entre estruturas e processos; entre processos e resultados; entre estruturas e resultados e entre estruturas, processos e resultados (PAGANINI, 1993).

No Brasil, já existem algumas iniciativas desenvolvidas para a avaliação das estruturas e processos, inclusive pelo Ministério da Saúde, por meio de um sistema de acreditação hospitalar já em fase de implantação. Pouco se tem disponibilizado, no entanto, em termos de publicações, sobre experiências contínuas de avaliação de serviços de saúde, principalmente em Serviços de Saúde Pública.

A avaliação de serviços específicos hospitalares tem sido objeto de inúmeras publicações no cenário brasileiro. Na área da enfermagem hospitalar, um grupo de pesquisadores e profissionais interessados nesta questão tem produzido algumas publicações nos últimos anos. (CIANCIARULLO, 1997; CIANCIARULLO *et al.* 1998 a e 1998 b).

Há que se objetivar em nossa realidade a análise das relações entre estrutura e processos, ou seja, atender aos critérios mínimos estabelecidos a partir dos programas específicos como, por exemplo, da criança, da mulher, do trabalhador e do idoso, em termos de algumas características estruturais como número e tipo de recursos humanos existentes e em atividade; capacitação destes recursos; número e tipo de instalações disponíveis para o atendimento no Centro de Saúde ou UBS; níveis e tipos de organização e tecnologia utilizadas; fontes e utilização dos recursos financeiros encontrados nas propostas governamentais.

A análise das relações entre processos e resultados poderá ser realizada, por meio da análise dos processos de assistência determinados pelos programas específicos e os resultados alcançados, tais como: número de visitas domiciliares realizadas com agendas de vacinação validadas; número de consultas pré-natais realizadas dentro dos parâmetros estabelecidos e considerados como adequados; exames de laboratório com resultados disponibilizados em tempo previsto; custos por procedimento ou protocolo; indicadores de satisfação dos usuários dentro dos parâmetros desejáveis; processos de acolhimento não repetitivos; entre outros aspectos a serem definidos, pelos pesquisadores interessados em desvelar esta realidade.

E, finalmente, a relação entre a estrutura e os resultados poderá ser analisada segundo os critérios de estrutura identificados previamente em relação aos critérios de resultados desejados e estabelecidos à luz dos programas específicos.

Na medida em que se obtiver os indicadores destas relações, e controladas as suas diferenças, estabelecer-se-ão as condições de sua causalidade.

DONABEDIAN (1980) afirma que este conhecimento seria útil para definir o que se chamaria de "epidemiologia da qualidade", favorecendo a análise da distribuição dos recursos da saúde em relação às necessidades da comunidade e os resultados potencialmente previstos.

PAGANINI (1993), por sua vez, afirma que este tipo de conhecimento é importante, ainda, para orientar as decisões políticas em relação à organização de sistemas de saúde, visando a alcançar maior eficácia e eficiência.

Assim, os resultados deste tipo de estudo proporcionarão fundamentos para a direcionalidade futura dos projetos de implantação e implementação do PSF, além de criar um acervo de critérios passíveis de utilização para o controle de sua adequação à reconquista de uma *ecologia mental*, no dia a dia das pessoas, no âmbito doméstico, familiar e de vizinhança; construir um novo projeto social, voltado para o fortalecimento da família dentro de uma nova relação social (TAKASHIMA, 1994).

A FAMÍLIA COMO ENFOQUE CENTRAL DAS ATIVIDADES NA ÁREA DA SAÚDE

A família tem como pressupostos básicos o desenvolvimento emocional, a socialização, a organização dos papéis e das relações de seus membros com a comunidade e a preservação do patrimônio. Atualmente constitui provavelmente o mais importante contexto no qual as ações de saúde materializam-se, buscando solucionar o processo saúde/doença.

A participação da família inicia-se desde o momento da definição da necessidade de buscar ajuda, onde e com quem, passando pelo suporte às condutas indicadas pelos profissionais da área da saúde, até a finalização do processo intervertido e incorporação, validação ou não das ações indicadas para a manutenção ou melhoria das condições crônicas ou agudas dos usuários dos serviços de saúde.

A importância da participação da família no cenário das práticas da saúde tem sido destacada há muito tempo, desde os anos cinquenta, sendo incluídas nas publicações da Organização Mundial da Saúde (LITMAN, 1974).

As questões epidemiológicas, a influência da família na saúde e na doença, a família na saúde e na doença mental, as finanças da família e a utilização dos serviços de saúde, os aspectos econômicos da saúde da família, a utilização de recursos leigos por famílias, e a utilização dos serviços médicos e da seleção destes recursos, a influência do tamanho da família, da sua composição e do seu ciclo de vida, e dos diferentes comportamentos, já foram objeto de estudos no cenário das pesquisas na área da saúde. Não encontramos dados disponíveis sobre os estudos realizados sobre a qualidade de vida das famílias, fato que deve promover iniciativas nesta direção por parte dos pesquisadores.

Há que se destacar ainda que os Programas em desenvolvimento na área da saúde no Brasil ainda não configuraram o conceito de família no âmbito de suas ações, caracterizando-se os moradores de um mesmo domicílio como objeto de atendimento em nível de assistência primária.

Diferentes significados para o termo família têm sido identificados em estudos realizados no Brasil. CARTANA (1998), realizando um estudo em uma vila do Estado de Santa Catarina, refere que a palavra família assume significados diferentes em diferentes situações. Um primeiro significado designa a descendência. A palavra, nesta comunidade, é utilizada para designar a existência de ou o "ter filhos", netos e bisnetos. Não há referência aos ascendentes ou aos membros colaterais como tios e primos. Compartilhar o mesmo teto parece dar um outro significado à palavra "família". Assim, avós que criam netos, tias que abrigam sobrinhos, ou viúvos que compartilham a casa com filhos ou filhas e pessoas que não têm nenhum parentesco podem ser consideradas como integrantes de uma mesma família, caso morem numa mesma casa. Morar junto implica ter responsabilidade material e afetiva entre si, e esta situação é um dos indicadores de "ser da família".

Esta mesma situação encontramos no contexto de uma comunidade urbana, uma favela situada na cidade de São Paulo, onde até "inquilinos" podiam ser considerados como "sendo da família". Outro aspecto identificado, em relação à família, caracteriza-se pelo fato de certas pessoas serem consideradas como sendo "do coração", parentes ou não, fazendo então parte da "família".

Neste contexto há que se conhecer o significado do conceito de "família" para os participantes do PSF, com o objetivo de estabelecer um conceito válido e validado pelos membros das famílias e pelos profissionais e agentes comunitários que atendem estas famílias. Este conhecimento deve ser desenvolvido por meio de pesquisas preferencialmente de natureza qualitativa, realizadas junto aos moradores das microáreas, buscando a compreensão do significado no âmbito dos que se consideram e são considerados, como sendo "da família".

Qualidade de vida

Desde 1940, quando o desempenho da economia passou a ser avaliado de forma sistematizada, objetivava-se o crescimento econômico, buscando o desenvolvimento do fluxo dos bens e serviços comercializados. No decorrer destes últimos sessenta anos, relatórios e estudos de campo, realizados por sociólogos, economistas, psicólogos e outros profissionais, analisaram, pesquisaram e discutiram diferentes aspectos do bem-estar e da qualidade de vida nos cenários regionais e mundial (DASGUPTA, 1993; NUSSBAUM; SEN, 1992; SEN, 1999).

Os indicadores de qualidade de vida devem contemplar tanto a medida de aspectos objetivos como subjetivos, ambos representando dimensões complementares acerca da satisfação das necessidades no contexto socioeconômico e cultural em que os indivíduos se inserem. As medidas objetivas referem-se às condições concretas em que socialmente se encontram os diferentes indicadores de desenvolvimento humano, como por exemplo a renda, a educação, as condições de moradia e de saúde, entre outros. As medidas subjetivas, por sua vez, levam em conta a experiência e a valoração dos indivíduos frente às mesmas condições dadas. Assim estes indicadores acessam diretamente a percepção de bem-estar e qualidade de vida, enquanto que os indicadores objetivos avaliam as condições que podem influenciar a experiência subjetiva. O conhecimento combinado destes dois aspectos permite estabelecer a base para comparações entre comunidades distintas e entre zonas geográficas concretas (FERRANS; POWERS, 1985; SETIEN, 1993).

O desenvolvimento tem de estar relacionado principalmente com a melhora da vida que levamos e das liberdades que desfrutamos, afirma Amartya Sen. Esta parece ser uma nova visão da qualidade de vida, associada às liberdades reais que as pessoas desfrutam, principalmente as relacionadas ao acesso de serviços de educação, saúde e participação de discussões de interesse público (SEN, 2000). Este enfoque é hoje priorizado pelos organismos internacionais na qualificação dos países, e é representado pelo IDH (Índice de Desenvolvimento Humano).

A expressão "qualidade de vida" constitui um conceito desenvolvido a partir dos anos sessenta, com uma importante inserção nos meios acadêmicos e políticos, chegando a servir de denominação para um ministério francês quando, em 1974, o Ministério do Meio Ambiente passou a ser chamado de Ministério da Qualidade de Vida (SETIEN, 1993).

O movimento centrado nos estudos relacionados à qualidade de vida forma parte de um conjunto de pesquisas que visam ao alcance do bem-estar dos seres humanos, a identificação do seu significado nas diferentes culturas e as melhores maneiras utilizadas para medi-lo.

O conceito de qualidade de vida pode ser medido por meio de instrumentos genéricos e específicos dependendo dos aspectos que se deseja visualizar e avaliar.

A escolha de um instrumento deve direcionar-se para a sua capacidade de medir a qualidade de vida de pessoas ou grupos específicos, devendo ater-se a alguns aspectos relevantes: o primeiro refere-se ao fato de o instrumento escolhido ou indicado ter sido traduzido e validado para o português e apresentar um bom desempenho em condições similares; o segundo aspecto refere-se à sua simplicidade, ou seja as condições de possível utilização no cenário definido.

Há que se destacar ainda a inexistência de instrumentos específicos para se medir a qualidade de vida de famílias.

Finalizando, parece estar clara a necessidade de se buscar novas e diferentes maneiras de analisar e avaliar as práticas, ações e estratégias implementadas em diversos cenários brasileiros, visando a avaliação e sedimentação daquelas que sob múltiplas óticas e visões se caracterizam pela adequação as necessidades e expectativas dos seus usuários internos e externos. Urge, por outro lado, uma redefinição de papéis dos que elaboram as políticas de saúde, no sentido de que, mais do que bons planos e protocolos, os serviços de saúde precisam e exigem bons indicadores para serem avaliadas as suas iniciativas nas comunidades atendidas.

BIBLIOGRAFIA

BERTALANFFY, L. von. *Teoria geral de sistemas.* Petrópolis: Vozes, 1973. p. 351.

BOWLING, A. *Measuring health – a review of quality of life measurement scales.* Buckingham, 2ⁿᵈ edition, 1997. 159 p.

BRASIL. Ministério da Saúde. Secretaria de Assistência à Saúde – Coordenação de Saúde da Comunidade. *Saúde da família: uma estratégia para a reorientação do modelo assistencial.* Brasília, 1997. 33 p.

BRASIL. Ministério da Saúde. Secretaria de Assistência à Saúde – Coordenação de Atenção Básica. *Avaliação da implantação e funcionamento do Programa de Saúde da Família – PSF.* (Relatório Preliminar) Brasília, 1999. 72 p.

CARTANA, M.H.F. *Rede e suporte social de famílias.* Florianópolis, 1, 207 p. (Dissertação de mestrado em Enfermagem da UFSC.)

CHAVES, M. M. *Saúde e sistemas.* Rio de Janeiro, Fundação Getúlio Vargas, 1972. 212 p.

CIANCIARULLO, T.I. *C&Q – Teoria e prática em auditoria de cuidados*. São Paulo: Editora Ícone, 1997. 134 p.

CIANCIARULLO, T.I.; FUGULIN, M.F.; GUALDA, D.M.R. *A hemodiálise em questão: opção pela qualidade assistencial*. São Paulo: Editora Ícone, 1998a. 134 p.

CIANCIARULLO, T.I.; MELLEIROS, M.; ANDREONI, S. *Indicadores de qualidade do processo de cuidar: uma abordagem perinatal*. São Paulo: Editora Ícone, 1998b. 165 p.

DASGUPTA, P. *An inquiry into wellbeing and destitution*. Oxford: Oxford University Press, 1999.

DONABEDIAN, A. *Evaluating the quality of medical care*. Milbank Mem. Fund. Q. 44: 166-206, 1966.

LITMAN, T. *The family as a basic unit in health and medical care: a social behavioral overview*. Soc. Sci. & Med., v. 8, nº 9/10: 495-519, 1974.

NUSSBAUM, M.C.; SEM, A. *The quality of life*. Oxford: Oxford University Press, 1992.

PAGANINI, J.M. *Calidady eficiencia de la atención hospitalaria. La relación entre estructura, proceso y resultado*. Organización Panamericana de la Salud, Washington, D.C., 1993. 95 p.

SANNA, M. C. *Avaliação da assistência ambulatorial de enfermagem segundo a percepção do cliente*. São Paulo, 1991. 105 p. Dissertação (Mestrado) – Escola de Enfermagem. Universidade de São Paulo.

SEN, A. *Desenvolvimento como liberdade*. São Paulo: Companhia das Letras, 2000.

SETIEN, M.L. *Indicadores sociales de calidad de vida*. Madrid, Siglo XXI de Espanha Editora S.A., 1993.

SILVA, A. R.; CARBONI, M.T.; PIRES, V.T. Controle e avaliação do SUS: competência e responsabilidade dos municípios. *In*: BORDIN, R.; FACHIN, R.C.; KLERING, L.R.; GOLDIM, J.R. *Práticas de gestão em saúde: em busca da qualidade*. Porto Alegre: Da Casa, 1996. p. 39-50.

TAKASHIMA, G.M.K. O desafio da política de atendimento à família: dar vida às leis – uma questão de postura. *In*: KALUOSUAN, S.M. *Família brasileira – a base de tudo*. São Paulo: Cortez; Brasília, UNICEF, 1994. p. 77-92.

VASCONCELOS, E.M. *A priorização da família nas políticas de saúde*. Saúde em Debate, Rio de Janeiro, 23 (53), 6-19, 1999.

Caracterização de uma comunidade – um exemplo do uso da ferramenta da epidemiologia para o mapeamento das condições de vida e saúde das famílias

Hogla Cardozo Murai, Maria Cristina Sanna, Sónia Regina Leite de Almeida Prado, Isabel Cristina Kowal Olm Cunha

> "... Somos muitos Severinos
> Iguais em tudo na vida:
> Na mesma cabeça grande
> Que a custo é que se equilibra,
> No mesmo ventre crescido
> Sobre as mesmas pernas finas
> E iguais também porque o sangue
> Que usamos tem pouca tinta
> E se somos Severinos
> Iguais em tudo na vida,
> Morremos de morte igual:
> Mesma morte Severina.
> **Que é a morte de que se morre**
> **De velhice antes dos 30,**
>
> De emboscada antes dos 20,
> De fome um pouco por dia.
> (De fraqueja e de doença
> É que a morte Severina
> Ataca em qualquer idade
> E até gente não nascida)
> Mas, para que me conheçam
> Melhor vossas senhorias
> E melhor possam seguir
> A história de minha vida,
> Passo a ser o Severino
> Que em vossa presença emigra."
>
> João Cabral de Melo Neto

A avaliação de serviços de saúde não pode prescindir do concurso da Epidemiologia. Seu uso, porém, não deve abstrair o ator principal das ações de saúde – os muitos severinos que são únicos para a família a que pertencem, a comunidade em que estão inseridos e a coletividade que integram. Não se trata de reconstruir indicadores de condições de vida e saúde, de propor medidas individuais para aferir a eficiência dos serviços ou de criar mecanismos de avaliação totalmente novos e sim de usar, de uma nova maneira, os múltiplos indicadores existentes, enfocando o sujeito vivo – o cidadão usuário dos serviços de saúde.

Certamente o autor do poema não estava pensando na avaliação dos serviços de saúde quando o escreveu. No entanto, seu personagem central fala de vida e saúde, descrevendo a doença e a morte tal qual o fazem os epidemiologistas. O poema fala de morbi-mortalidade, de território, de migração, de relação com o meio e as pessoas. Estes são os ingredientes necessários para o planejamento, implementação e a avaliação dos serviços de saúde. Combiná-los de maneira a ultrapassar a mera somatória de dados e se constituir em informação relevante, capaz de construir cenários onde também esteja presente o conceito de cultura, é o grande desafio. Essa perspectiva permite aos indivíduos de um grupo interpretar a experiência e guiar suas ações.

Muito já se escreveu sobre as teorias que embasam esse fazer e várias prescrições sobre como aplicá-las mas, frente à situação real, um conjunto de dificuldades se apresenta. Nada substitui a vivência para o desenvolvimento dessa prática, mas acompanhar uma experiência ou a ela ter acesso, pode ajudar na apropriação desse fazer. Esse é o sentido deste capítulo: apresentar uma experiência real de mapeamento da situação de vida e saúde das famílias residentes numa região selecionada para um programa de avaliação dos serviços de saúde, na qual se procurou ir ao encontro do usuário.

A área selecionada foi escolhida devido à existência em seu território de um equipamento de atenção hospitalar sob a direção da Universidade de Santo Amaro, no regime de cessão pelo governo do Estado de São Paulo. A presença da universidade na região era recente à época do início do trabalho e a eleição se deu com o objetivo de retratar uma área ainda não dotada de modelos inovadores de atenção à saúde, com a finalidade de estabelecer um termo de comparação com regiões onde estes já existem e, futuramente, com a própria região de inquérito, após a introdução desses modelos.

A caracterização dessa área, que se apresentará a seguir, contemplou sua situação geográfica, inserção administrativa, perfil demográfico, conforto familiar, disponibilidade de equipamentos sociais e, finalmente, condições de saúde. Os recursos e dificuldades para a coleta e interpretação dos dados são comentados ao longo da exposição.

Situação geográfica e inserção administrativa

O Distrito Administrativo do Grajaú (DA Grajaú) está inserido na região sul do município de São Paulo, de acordo com os limites estabelecidos pela Lei Municipal 11.220 de 20/05/92, fazendo divisa com os municípios de Diadema e São Bernardo do Campo, além dos Distritos Administrativos Cidade Dutra, Pedreira e Parelheiros. Na esfera municipal de governo, o DA Grajaú está vinculado à Área Administrativa da Capela do Socorro (AR-CS) e, até o início de 2001, à Administração Regional de Saúde 9 (ARS 9). No âmbito da área de saúde de competência do governo estadual, está sob gerência do Núcleo 2 – Direção Regional 1 (DIR 1).

Essa multiplicidade de gerências, com diferentes delimitações de área geográfica de abrangência, constitui a primeira das muitas dificuldades para a construção de um diagnóstico de saúde e condições de vida da população, em função dos diversos níveis de agregação dos dados produzidos em cada setor.

A área geográfica do DA Grajaú compreende 92 Km^2 sendo parte deste território recoberta pela Represa Billings, razão pela qual está incluído na área de proteção dos mananciais da região metropolitana, definida pela Lei Estadual nº 1.172/76. Apesar da legislação existente, aquelas áreas de mananciais têm sido alvo de instalação de loteamentos clandestinos e uso indevido de ocupação do solo. Dados apresentados por Sposati indicam que em 1991, na região do DA Grajaú, havia 6.014 domicílios precariamente servidos por água tratada e 24.462 precariamente servidos por esgoto, o que representava uma das piores situações do município, dentre todos os distritos analisados.

Perfil demográfico

Outra dificuldade para a caracterização da área é representada pela diversidade de bases de dados relativos não só à abrangência, como ao tempo em que foram colhidos ou para o qual foram estimados. Assim, utilizou-se como fonte para os dados demográficos – FIBGE Censo 91, FIBGE – Contagem Populacional e IBGE – Estimativa Populacional para 1999 da Secretaria Municipal de Planejamento SEMPLA. As informações sobre equipamentos sociais e de saúde foram obtidas em publicação oficial da SEMPLA, no Mapa de Exclusão/ Inclusão Social produzido por Sposati, e junto ao Núcleo Regional de Saúde 2 – Secretaria de Estado da Saúde e ARS 9 da SMS. Os dados de morbi-mortalidade foram fornecidos pelo SEADE, Programa de Aprimoramento de Informações sobre Mortalidade – PROAIM e Núcleo 2-SES.

A população total residente no DA Grajaú, estimada para 1999, era de 330.468 habitantes, equivalendo numericamente à população de Florianópolis, capital do Estado de Santa Catarina. A densidade demográfica no mesmo ano situava-se em torno de 35,92 hab./ha. Segundo a SEMPLA, em 1997 havia na região 89 núcleos de favelas, perfazendo 255.149 habitantes nessas condições.

A composição etária era típica de áreas em desenvolvimento, apresentando base ampla e participação do grupo materno infantil (menores de 15 anos e mulheres de 15 a 49 anos) da ordem de 60,14%. A razão de dependência estava em torno de 33,31%, com forte participação de menores de 15 anos. Destaca-se ainda na análise da pirâmide populacional a baixa proporção de maiores de 50 anos, que representava apenas 8,07% da população. Esta conformação pode ser explicada pela alta concentração de migrantes na área e/ou pela alta mortalidade precoce.

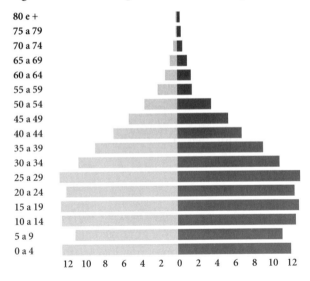

Figura 1. Pirâmide Populacional do DA Grajaú, São Paulo, 1999

Fonte: DEINFO/SEMPLA (Estimativa/base Censo 91/96)

A caracterização socioeconômica da população residente na área, como consta do estudo de Sposati, dá os contornos da carência e das difíceis condições de vida nesta região. Nele, o DA Grajaú ocupa o 86º lugar no *ranking* de

96 distritos administrativos do município de São Paulo, exibindo pontuação de -73,55 numa escala de 100 a -100 pontos. A seguir, apresenta-se parte dos destaques deste estudo referentes à região em análise:

De acordo com o estudo de Sposati, o DA Grajaú ocupa a 11ª posição na lista dos distritos segundo a concentração de chefes de família que não possuíam rendimento. Esse dado, junto dos demais, permitiu constatar que, de todos os distritos do município, o Grajaú se alinhava entre aqueles com pior concentração de renda, numa faixa de -75 a -100 pontos, como se pode ver na Figura 2.

Figura 2. Classificação dos distritos segundo distribuição de renda do chefe de família

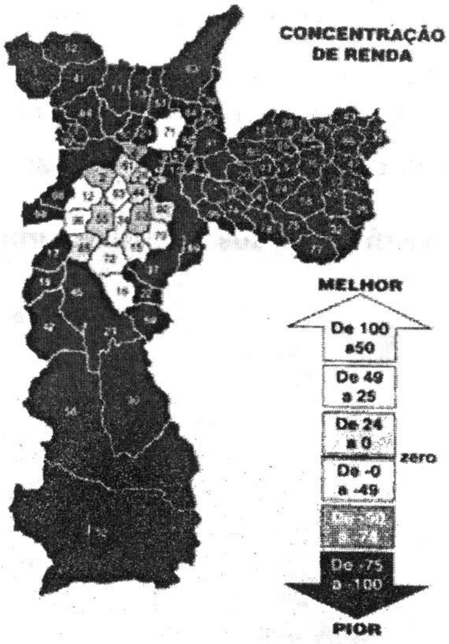

Fonte: SPOSATI A. Mapa da exclusão/inclusão social da cidade de São Paulo, 1996.

CONFORTO FAMILIAR E DISPONIBILIDADE DE EQUIPAMENTOS SOCIAIS

Também na medida de Conforto Familiar, que leva em conta a moradia em áreas de risco sujeitas a desabamento, incêndio, junto a depósitos de lixo, a ausência de infraestrutura entre outros, o DA Grajaú ocupa uma das piores classificações, ostentando um índice de -0,54, numa variação de pontos na faixa de -1 a 1, como se observa na figura 3.

A qualidade de vida, medida por meio dos índices de qualidade ambiental, qualidade dos domicílios, atração de investimento público, uso do tempo útil e déficit dos serviços sociais deu ao DA Grajaú a classificação -0,36, ou seja, o 83º lugar dentre 96 distritos do município neste quesito.

A disponibilidade de serviços e equipamentos sociais é escassa nesta região, tornando necessária extensa rede de referência e contrarreferência para o atendimento da população, o que conta com um grande complicador, dado que o serviço de transportes é extremamente precário. Para se ter uma ideia, basta dizer que, na classificação dos distritos por tempo gasto com viagem em transporte coletivo no percurso origem/destino, o DA Grajaú ficou numa média em torno de uma hora e quinze minutos.

Figura 3. Classificação dos distritos segundo conforto familiar

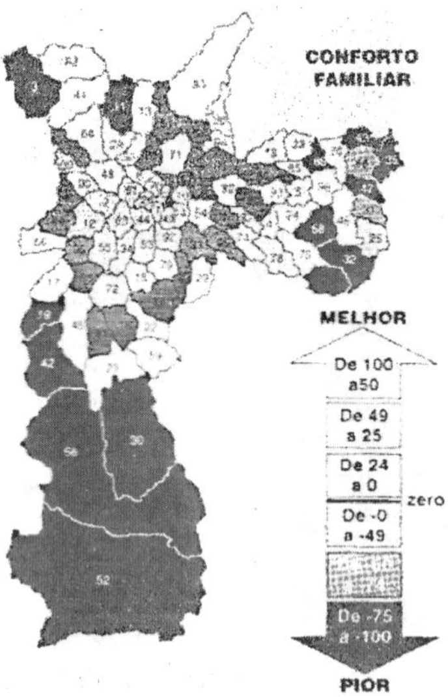

Fonte: SPOSATI A. Mapa da exclusão/inclusão social da cidade de São Paulo, 1996.

Entre as desigualdades sociais da cidade assinaladas pelos autores do estudo citado, destacam-se aquelas relativas à escolaridade: *"Para cada criança que fica sem escola no Itaim Bibi, existem 2.806 crianças no Grajaú que estão na mesma situação. No Grajaú, 19.644 crianças não tem acesso à escola de 1º grau",* de acordo com dados das 18ª e 20ª Delegacias de Ensino e Delegacia Regional de Ensino Municipal 6, neste distrito, em 1999, haviam oito escolas de educação infantil e 41 escolas de ensino fundamental, totalizando 49 equipamentos em funcionamento evidenciando a escassez deste tipo de serviço frente à demanda.

Em 1993, o déficit de vagas em creches era de 2.549; em centros de juventude 6.476 e, nas escolas de educação infantil, de 6.385 vagas. Em contraposição, no ensino fundamental havia uma oferta de vagas superior à demanda, sugerindo forte evasão escolar.

O número de equipamentos de educação infantil é, de maneira expressiva, quantitativamente insuficiente, acarretando a criação de turnos intermediários e a redução da carga horária de permanência dos alunos nas dependências das escolas.

Levantamento realizado pela SEMPLA indicou que, para atender a toda população demandatária que à época era de 10.478 crianças de 4 a 6 anos, seria necessário ampliar a rede de escolas de educação infantil com a construção de mais 6 escolas, o que representaria uma estimativa de 6.385 vagas. Cabe lembrar que neste distrito, como já foi comentado, em que cerca de 60% da população pertence a segmentos de baixa renda, os moradores dispõem de limitadas possibilidades de deslocamento diário para levar crianças pequenas à escola, além do que o atendimento realizado pelo setor público constitui o único recurso para o acesso a serviços dessa natureza.

Não é de se admirar, portanto, que o grau de escolaridade do chefe de família seja tão baixo: os dados do IBGE apontavam, em 1996, uma taxa de 8,5% dos chefes de domicílio sem instrução e 53,9% deles com apenas um a sete anos de escolaridade.

No entanto, é na área da cultura e dos esportes que se observa situação mais alarmante de carência de recursos: não havia em 1996, em toda região, bibliotecas públicas, teatros, casas de cultura, ou qualquer outro equipamento destinado ao atendimento dessas necessidades. No âmbito dos esportes e do lazer não era diferente. Em todo o território, existiam três quadras poliesportivas, um centro de desportivo municipal e 11 campos de futebol. Embora seja área de preservação ambiental, em 1999 ainda não dispunha de parques para uso da população, sendo as áreas destinadas a esse fim, mais próximas do DA Grajaú, o Parque Guarapiranga, num bairro vizinho, porém, com acesso dificultado pela massa de água das duas represas e o Joaquim Nabuco, em bairro que não fazia divisa com a região em foco.

Condições de Saúde

A ausência de opções de lazer e cultura, aliada à baixa escolaridade, refletiu-se de forma irrefutável nos indicadores de morbi-mortalidade desta população. Estes também foram comprometidos pela pouca disponibilidade de equipamentos para assistência à saúde que, não fugindo à regra, exibia déficit quantitativo e qualitativo na oferta de serviços, como mostra a Tabela 1.

Tabela 1. Equipamentos públicos de saúde segundo tipo de serviço, DA Grajaú, PMSP, 1999

Tipo de Equipamento	Número	Nº de Leitos
Unidades Básicas de Saúde[1]	8	-
Ambulatório de Especialidades	1	-
Pronto-Socorro	1	-
Hospital Geral do Grajaú[2]	1	220
Total	11	220

1. 05 UBS municipais diretas; 03 estaduais.
2. Consórcio SES/UNISA.
Fonte: ARS-9/SMS/99

A baixa oferta de serviços de atenção primária de urgência/emergência e hospitalar evidencia a distância entre os parâmetros aceitos universalmente como mínimos para garantia dos direitos constitucionais à saúde e a realidade desta população. Neste sentido, pode-se inferir que a região apresenta um déficit de aproximadamente oito unidades básicas de saúde e mais três hospitais de mesmo porte do existente na área.

MORBIDADE

O adoecimento da população, descrito a partir dos dados secundários disponíveis, traz consigo imprecisões capazes de comprometer a análise quantitativa de suas frequências sem, contudo, correr o risco de divergir em profundidade quanto à natureza dos agravos. As fontes de dados de morbidade são as estatísticas de doenças de notificação compulsória, os inquéritos de morbidade ambulatorial atendida e as estatísticas de internações hospitalares. Com exceção da primeira, os dados disponíveis são defasados e coletados com objetivos diversos da análise, segundo o distrito administrativo de residência do doente, razão pela qual aqui será referida a morbidade hospitalar principal, verificada na área de abrangência do Núcleo 2 da Secretaria de Estado da Saúde, do qual o DA Grajaú faz parte.

Quadro 1. Principais Causas de Internação Hospitalar

Classific.	Motivo
1º	Gravidez, parto e puerpério
2º	Doenças do aparelho digestivo
3º	Doenças do aparelho respiratório
4º	Lesões e envenenamentos e algumas consequências de causas externas
5º	Transtornos mentais e comportamentais

Fonte: Núcleo 2 SES/AIH – julho de 1999

Como é possível verificar no Quadro 1, os principais motivos para internação, além dos ligados ao evento do nascimento (o que pode significar uma expressiva necessidade de cuidados maternos) se concentram nas doenças do aparelho digestivo e respiratório.

O estudo de Prado sobre intercorrências na saúde das crianças de três agrupamentos de creches localizadas nos diferentes distritos da região da Capela do Socorro indicou que os episódios mórbidos mais prevalentes foram as doenças respiratórias, sendo as mesmas mais incidentes nas crianças do agrupamento das creches do DA Grajaú. Essas crianças apresentaram um número de episódios de doença respiratória mais que três vezes maior do que as crianças de outros distritos da região, como Cidade Dutra e Socorro, confirmando, dessa forma, a associação entre desigualdade social e gradiente de saúde.

Cabe destacar que as causas externas, que aparecem em 4º lugar entre as principais afecções que levaram à internação hospitalar, encabeçam a lista das principais causas de morte nesta região. A diferença de posição nas duas listas, além de evidenciar a violência cotidiana, pode ser um indício das dificuldades de acesso aos serviços de atendimento de urgências diante deste tipo de agravo.

Curioso notar que a quinta causa de internação refere-se a uma área de atenção cuja moderna abordagem propugna pela (des)hospitalização, fazendo pensar que se possa estar no caminho inverso, ou que os quadros que as determinem sejam tão graves quanto frequentes.

Pesquisa realizada por Cunha sobre hipertensão em adultos com acompanhamento ambulatorial, nesta área, constatou que a maior parte era de mulheres, donas de casa, na faixa etária de 50 a 69 anos, com baixa escolaridade e sem rendimentos. No mesmo estudo verificou que o maior problema relacionado à patologia era o déficit de conhecimento sobre a própria doença e seu tratamento. Como principais fatores de risco foram identificados o sedentarismo, dieta inadequada e o estresse. Com maior frequência apareceu antecedente familiar de doenças cardíacas, alcoolismo, diabetes e obesidade.

Entre as doenças de notificação compulsória, o Sistema Nacional de Agravos de Notificação aponta a tuberculose entre as doenças de maior incidência na região, com coeficiente de notificação superior a 56/100.000 habitantes. A frequência de casos importados de esquistossomose, da ordem de 20/100.000 habitantes é seguramente atribuível ao fenômeno da migração, haja vista a inexistência do hospedeiro intermediário na região estudada, mas que, por sua vez, exige permanente alerta para vigilância ambiental, posto que parte desta população reside em área de invasão à beira da represa. Verifica-se ainda a incidência de casos de doenças ligadas às más condições de saneamento e habitação, representados pela leptospirose, além de meningites, aids e hanseníase.

Mortalidade

Embora seja o último evento vital, a morte frequentemente é quem melhor explica a vida. Assim é no DA Grajaú. Entre as principais causas de óbito, os homicídios ocuparam lugar de destaque com coeficiente de mortalidade igual a 82,3/100.000 habitantes, representando 20,4% de todos os óbitos no ano de 1999. Atingiu predominantemente o grupo etário de 20 a 49 anos, como se vê na Tabela 2, constituindo, neste grupo, 39,3% dos óbitos. A eles seguiu-se a morte por infarto do miocárdio, com coeficiente de mortalidade 32,3/100.000 habitantes e razão de mortalidade proporcional de 8,0%.

Tabela 2. Distribuição dos óbitos em indivíduos de 20 a 49 anos, residentes no Distrito Administrativo Grajaú, 1999

Causas de morte	Nº	%
Homicídios	209	39,2
Infarto do miocárdio	34	6,4
Doença cerebrovascular	27	5,1
Acidentes de trânsito	18	3,4
Outros acidentes	15	2,8
Mortes maternas*	7	1,3
Todas as outras causas	223	41,8
Total	**533**	**100,0**

* inclusão pela importância da causa. Fonte: Pro-AIM/1999

Note-se ainda a ocorrência de sete mortes maternas nessa faixa etária que, somadas às duas ocorridas na faixa imediatamente anterior, como se observa na Tabela 3, chamam novamente à atenção para os cuidados com a maternidade.

Entre 5 e 19 anos a violência da periferia urbana se mostra, com 66,6% dos óbitos classificados no capítulo das mortes por causas externas.

Tabela 3. Distribuição dos óbitos em indivíduos de 5 a 19 anos, residentes no Distrito Administrativo Grajaú, 1999

Causas de morte	Nº	%
Homicídios	54	48,7
Acidentes de trânsito	8	7,2
Pneumonias	5	4,5
Demais anomalias congênitas	3	2,7
Doença reumática do coração	2	1,8
Morte materna*	2	1,8
Todas as outras causas	37	33,3
Total	**111**	**100,0**

* inclusão pela importância da causa. Fonte: Pro-AIM/1999

A terceira causa de morte foram as doenças cerebrovasculares, com 29,0/100.000 habitantes e 7,2% dos óbitos em todas as idades. As pneumonias (18,1/100.000 hab. e 4,5%), as doenças isquêmicas do coração (15,4/100.000 hab. e 3,8%), a hipertensão arterial sistêmica (11,1/100.000 hab. e 2,7%), e as bronquites, enfisema e asma (10,5/100.000 hab. e 2,6%) afetaram com mais intensidade as pessoas acima dos 50 anos, como mostra a Tabela 4.

Tabela 4. Distribuição dos óbitos em indivíduos de 50 e mais anos, residentes no Distrito Administrativo Grajaú, 1999

Causas de morte	Nº	%
Infarto do miocárdio	73	13,3
Doença cerebrovascular	67	12,2
Doenças isquêmicas do coração	42	7,6
Doença hipertensiva	31	5,6

Causas de morte	Nº	%
Diabetes mellitus	29	5,3
Câncer (*)	61	11,1
Todas as outras causas	247	44,9
Total	**550**	**100,0**

(*) todos os tipos de câncer reunidos. Fonte: Pro-AIM/1999

A oitava causa de morte foram os acidentes de trânsito, voltando a incidir principalmente na faixa de idade entre 20 e 49 anos. Estes eventos configuraram um coeficiente de mortalidade por causa de 10,2/100.000 habitantes e participaram com 2,5% do total dos óbitos em todas as idades.

A *diabetes mellitus* apresentou os mesmos índices que os acidentes de trânsito, porém atingindo mais acentuadamente os maiores de 50 anos.

A décima principal causa de morte foi representada pelas miocardiopatias, com coeficiente de mortalidade igual a 9,9/ 100.000 habitantes, contribuindo com 2,4% do total dos óbitos.

A razão de mortalidade proporcional apresenta número significativo de óbitos em menores de 1 ano e reduzida taxa entre maiores de 50 anos. Representada graficamente pela Curva de Nelson Moraes, tem o traçado de nível III, típico de áreas em desenvolvimento. A precocidade das mortes nesta região é evidenciada quando aplicado o índice de Guedes & Guedes, que soma 4,26 pontos. Para estabelecer uma comparação, em 1996 este mesmo índice aplicado à mortalidade brasileira era de 32,0.

O indicador de Swaroop & Uemura se assemelha ao de El Salvador em 1998, com 41,7% das mortes em maiores de 50 anos, ficando no nível 3 (entre 25 e 49%). Isto equivale a dizer que cerca de 60% da população morre antes de completar 50 anos de vida. Outros parâmetros, correspondentes a estes índices, são a baixa esperança de vida e o alto número de anos potenciais de vida perdidos – APVP.

Vale destacar que, quando agrupados em outras faixas etárias, os óbitos de pessoas acima de 65 anos representam apenas 23,1% das mortes em todas as idades. Daí, associar-se os contornos da pirâmide populacional da área à mortalidade precoce.

O coeficiente de mortalidade infantil provisório para o ano de 1999 calculado pelo SEADE ficou em 16,71/1.000 nascidos vivos. Este índice está sujeito a correções, pois os atestados de óbito de residentes em São Paulo que tenham morrido ou sido sepultados fora do município serão codificados e incluídos na estatística posteriormente. Ainda assim, o índice que foi medido já é significativo da medida da exclusão, quando se considera o de outros bairros da mesma cidade.

Entre as principais causas de morte no grupo menor de um ano destacam-se as afecções ligadas ao aparelho respiratório, fortemente sugestivas de precariedade na assistência pré-natal e ao parto, como se constata na Tabela 5.

Tabela 5. Distribuição dos óbitos em menores de 1 ano, residentes no Distrito Administrativo Grajaú, 1999

Causas de morte	Nº	%
Doenças respiratórias do RN	21	17,8
Doença da membrana hialina	15	12,6
Pneumonia	13	10,9
Infecção no período perinatal	10	8,4
Demais causas perinatais	10	8,4
Anomalias congênitas do coração	10	8,4
Desnutrição*	4	3,3
Todas as outras causas	36	30,2
Total	**119**	**100,0**

* inclusão pela importância da causa. Fonte: Pro-AIM/1999

Chama à atenção a participação das pneumonias na terceira posição mais frequente. Embora numericamente abaixo, é impossível deixar de assinalar a ocorrência de quatro óbitos por desnutrição entre menores de um ano, em 1999. Trata-se da mais evidente e chocante representação das desigualdades sociais de que o DA Grajaú é palco.

Entre as crianças de 1 a 4 anos, as doenças infecciosas ocupam as primeiras posições, como consta da Tabela 6.

Os óbitos registrados na população entre 20 a 49 anos confirmam a importância das mortes violentas na área, com a marca assustadora de 209 homicídios, 18 acidentes de trânsito, 15 outros acidentes, oito suicídios, seis quedas e quatro lesões intencionais indeterminadas. Juntos esses eventos ceifaram 260 vidas na fase produtiva em 1999, correspondendo a 48,7% dos óbitos neste grupo etário.

As mortes maternas neste grupo foram sete no ano. A mortalidade materna no ano de 1999 foi de 1,03 /1.000 nascidos vivos.

Tabela 6. Distribuição dos óbitos em indivíduos de 1 a 4 anos, residentes no Distrito Administrativo Grajaú, 1999[1]

Causas de morte	Nº	%
Pneumonia	4	20,0
Infecção meningocócica	2	10,0
Doença infecciosa intestinal	1	5,0
Anomalias congênitas do Sist. Nervoso 1	5,0	
Miocardiopatias	1	5,0
Tuberculose (¹)	1	5,0
Todas as outras causas	10	50,0
Total	**20**	**100,0**

(*) inclusão pela importância da causa. Fonte: Pro-AIM/1999

No grupo acima de 50 anos, a predominância foi de doenças crônico-degenerativas. Por estarem classificados por tipo de tumor, as neoplasias não aparecem entre as cinco primeiras causas. Entretanto, se agrupadas, estariam como segunda causa de óbito mais frequente, após as doenças cardio-circulatórias.

Entre as mortes por doenças de notificação compulsória estão a AIDS com 13 óbitos e a tuberculose com 12, apresentando coeficiente de mortalidade por causa de 3,93 e 3,63/100.000 habitantes respectivamente.

Conclusão

Os dados apresentados dão uma ideia da conformação nosológica e do tipo de vida que o cidadão paulistano pode levar no DA Grajaú. Assim, poder-se-ia dizer que, dadas as condições de vida e saúde do "severino" desta região, ao nascer, o bebê tem menor chance de sobreviver ao 1º ano de vida do que quem nasceu no DA Moema*. Sobrevivendo, terá uma esperança de vida menor que aqueles que sobreviveram em Perdizes*. Vivendo, não é certo

---

1 * Bairros da cidade de São Paulo predominantemente habitados por famílias de classe média.

que frequente uma creche, receba as vacinas em dia e por isto terá um risco maior de contrair doenças imunopreveníveis. Porque não recebeu a atenção e o estímulo desejável na primeira infância, é provável que não obtenha vaga na escola de educação infantil. Chegará ao ensino fundamental sem os primeiros passos da socialização, terá se acostumado aos riscos de acidentes domésticos, a cicatrizar sem cuidados, e poderá estar com a autoestima abalada porque já é capaz de reconhecer sua desvantagem em relação aos seus pares. Se porventura tiver problemas de adaptação terá chances muitas vezes maior de abandonar a escola antes de completar seu primeiro ciclo do que seus contemporâneos do Itaim Bibi*. Para enfrentar as adversidades do cotidiano, ainda adolescente, descobrirá rapidamente os caminhos da violência. Terá amigos de sina semelhante à sua, que morrerão por motivo fútil. Não terá esperança de constituir família, ter filhos, netos, porque, afinal, quem nasce no DA Grajaú provavelmente morrerá antes mesmo de completar 50 anos.

Assim se completa o retrato da área de interesse, no qual se pode observar condições de vida e saúde das famílias que requerem atenção especial, numa apresentação passível de se prestar a comparações futuras, quando da implementação das intervenções político-administrativas do Estado que a região está requerendo.

Então nós, que não nascemos e não moramos no DA Grajaú, perguntamos: *É preciso ser assim? É possível mudar?* Infelizmente, esse retrato é passível de ser encontrado em outras regiões da cidade de São Paulo e em outras cidades do país, que também carecem de mudanças. Para tanto, muito terá que se fazer nos serviços de saúde, e essa mudança tem início na percepção das equipes responsáveis pela definição e implantação das políticas públicas, acerca do contexto em que vivem os indivíduos a serem atendidos e das reais possibilidades que as famílias têm para decidirem sobre seus destinos. As ferramentas da Epidemiologia, que mais friamente apresentarem a leitura de dados sombrios, podem ajudar na compreensão dessa realidade e na organização dos esforços para transformá-la. Esse é o trabalho que separa o técnico apenas competente daquele comprometido com a mudança. Voltando ao poema, para se chegar à beleza de um sim numa sala negativa, é preciso antes acreditar que

> *... não há melhor resposta que o espetáculo da vida: vê-la desfiar seu fio, que também se chama vida, ver a fábrica que ela mesma, teimosamente, se fabrica...*

Bibliografia

CUNHA, I. C. K. O. *Diagnósticos e intervenções de enfermagem em pacientes com hipertensão arterial em acompanhamento ambulatorial.* São Paulo, 1999. 117 p. Tese (Doutorado) – Faculdade de Saúde Pública da Universidade de São Paulo.

FUNDAÇÃO IBGE. *Censo demográfico de 1991.* Rio de Janeiro, 1993.

FUNDAÇÃO IBGE. *Contagem da população 1996.* Rio de Janeiro, 1996.

FUNDAÇÃO SEADE. *São Paulo em dados,* [on line], São Paulo; 1998. Disponível em www.seade.gov.br [5 de junho de 1998]

MELO NETO, J. C. *Morte e vida severina.* Lisboa: Portugália, 1963.

PRADO, S. R. L. A. *Estudo de morbidade e sua relação com o estado nutricional de crianças até dois anos de idade matriculadas em creches do município de São Paulo.* São Paulo, 2000. 100 p. Dissertação (Mestrado) – Faculdade de Medicina. Universidade de Santo Amaro.

SPOSATI, A. (coord.) *Mapa da Exclusão/Inclusão Social da Cidade de São Paulo.* São Paulo: Educ, 1996. 126 p.

SPOSATI, A. (coord.) *Que cidade é esta? São Paulo: Exclusão e Inclusão.* São Paulo: Vereda – Centro de Estudos em Educação, 1996. 48 p.

Processo coletivo de produção do conhecimento: vivência do subgrupo do projeto Saúde da Família

Káthia de Carvalho Cunha, Gilberto Tadeu Reis da Silva, Henrique Sebastião Francé, Ir. Monique Bourget, Lilian Lombardi, Lourdes Bernadete Pito Alexandre, Otília Dora Simões Santos, Otília Simões J. Gonçalves, Roberta Melão, Rosa Koda D'Amaral, Rosana David, Ruth Coelho de Beluche, Vilma Rodrigues Venâncio, Zenaide Neto de Aguiar

O projeto de pesquisa

Neste capítulo discorre-se sobre a trajetória percorrida pelos integrantes do Grupo I, do "Projeto Saúde da família – Avaliação da nova estratégia assistencial no cenário das políticas públicas" – nº FAPESP: 00/01957-7, responsável pela elaboração dos instrumentos e estratégias de análise do PSF, desde sua formação até a conclusão do projeto de trabalho.

O projeto, ao qual o grupo I está vinculado, pretende avaliar o SUS/PSF por meio de contraste entre uma comunidade coberta por este programa (comunidade SUS/PSF) e outra assistida pelo SUS (comunidade SUS). A avaliação contemplará 3 aspectos distintos: estrutura, processos e resultados. Com relação à avaliação de processos, serão estudadas ações programáticas de assistência à criança, à mulher e ao idoso. Na comparação entre estes programas em comunidade SUS/PSF e comunidade SUS, os programas serão considerados *proxies* das condições PSF e não-PSF, permitindo medidas de associação entre uma ou outra condição na forma de *odds ratios,* à semelhança de estudos epidemiológicos do tipo caso e controle.

Assim, definida a comunidade SUS/PSF como o conjunto de usuários de um sistema de atenção básica à saúde reunindo facilidades de atendimento primário e secundário de natureza ambulatorial para especialidades, a comunidade SUS fica definida como um conjunto de usuários de um sistema semelhante, cuja única diferença é a ausência do PSF. Estabelecida estas premissas, a comunidade SUS/PSF fica definida como a comunidade servida pela Unidade da Saúde da Família QUALIS A. E. Carvalho. A comunidade SUS fica definida como aquela assistida pela Unidade Jardim República.

Integraram esse grupo I seis docentes da FASM, duas docentes da UNISA e sete profissionais do Qualis Santa Marcelina. Desde o início, o grupo vislumbrou a rica oportunidade de interação, colaboração e troca de vivências entre todos, sendo essa premissa priorizada no processo de discussão e elaboração do projeto. Houve a percepção de que o processo de produção de conhecimento nesse grupo poderia ser um dos aprendizados relevantes dessa vivência.

Um pressuposto a respeito da aprendizagem organizacional é que o conhecimento pode ser transferido entre indivíduos e equipes e unidades organizacionais [...] A aprendizagem organizacional fornece um importante modelo de reflexão dos processos e das capacidades necessárias para a troca de conhecimento. O grau em que as empresas e os gerentes estão dispostos a adaptar novas formas de enfocar o conhecimento e a inovação será dependente de suas histórias e instituições (LYLES, 2001: 273-90).

Foram realizadas doze reuniões em 2000 e onze em 2001, em que se elaborou o projeto que será desenvolvido pelo grupo I. Houve participação intensa dos profissionais nas reuniões em que se desenvolveu a proposta de trabalho antes de sua apresentação e validação no Grupo Geral integrado pelas coordenações geral e específicas de cada subgrupo do Projeto citado.

Manteve-se um processo de trabalho altamente produtivo e harmonioso, com ricas trocas de experiências entre os elementos presentes, o que propiciou um processo de produção coletiva altamente válido e compensador. Os presentes estiveram intensamente envolvidos e compromissados com a proposta em andamento.

Percebeu-se que as informações que passavam a compor o projeto resultavam de discussões profícuas sobre a prática dos profissionais e que estas viabilizavam uma reflexão sobre os processos de trabalho do Programa Saúde da Família e seus determinantes, e que extrapolavam a especificidade do objeto de estudo desse grupo I. Discutia-se o conhecimento gerado da prática.

> [...] esse tipo de conhecimento baseado na prática é, frequentemente, tanto distribuído quanto parcial. E também provável que seja improvisado. Como já indicamos, está disponível, porque é mais revelado na prática de como fazer as coisas do que nas declarações sobre a prática. E distribuído, porque, frequentemente, necessita de vários ou de todos os membros de um grupo que trabalham juntos para fazer as coisas. E é parcial, porque, embora cada membro do grupo possa representar uma parte do todo, ninguém, provavelmente, detém todo o conhecimento. Embora os membros dos grupos possam, aparentemente, aprender as "mesmas" coisas, as diferentes habilidades e experiências de cada um resultam em todos conhecendo coisas diferentes ou conhecendo-as de maneira diferente. A experiência compartilhada não leva ao conhecimento idêntico de todos em razão de possuírem ferramentas idênticas. O conhecimento comunitário é mais frequentemente uma partitura musical do que um equipamento (DUGUID e BROWN, 2001: 64).

Este capítulo foi então escrito com a finalidade de documentar os momentos de produção coletiva do conhecimento.

O processo de gestão do conhecimento vem sendo destacado como estratégia de diferenciação de grupos e organizações (PICHON, 1988; LAPASSADE, 1989; CARVALHO, 1994; DEMO, 1994 e 1997; FOERSTER, 1996; GLASER-FELD, 1996; CAMPOS, 2000; FLEURY e OLIVEIRA JR., 2001).

Discorrendo sobre a produção coletiva, Campos (2000: 35; 78; 80; 202) diferencia o coletivo organizado como sendo

> aqueles agrupamentos que têm como objetivo e como tarefa a produção de algum bem ou serviço.[...] O Projeto e a cogestão demandam concentração o mais racional possível. Visto que há objetivos a serem alcançados, há que se cuidar de prover os meios considerados indispensáveis para o fim almejado. [...] Quando o Sujeito ou o grupo conseguem construir e ligar-se a algum Objeto de Investimento, torna-se possível o estabelecimento de Tarefas, ou

> seja, passa a interessar a eles desenvolver ações práticas que os aproximem do objeto almejado. [...] Produzir espaços coletivos para que os grupos expressem e analisem e reconstruam suas metas, objetivos e representações. Para isso combinar dois métodos de trabalho: um que valoriza a análise da demanda do próprio grupo; por meio da associação livre, escutar e interpretar [...] Ao mesmo tempo produzir situações que obriguem o Coletivo a se pronunciar sobre metas, objetivos e representações oriundos de outras instâncias. Ou seja, trabalhar tanto com temas diretamente relacionados ao Objeto de Investimento eleito e construído pelo grupo, como com Temas decorrentes do contexto social.

Como a produção do conhecimento, neste estudo, iniciada com as discussões em grupo, seria aprofundada por meio de uma pesquisa científica, sentiu-se a necessidade de uma reflexão sobre o marco teórico de referência, o delineamento, o método e os instrumentos a serem utilizados tanto para a coleta dos dados como para o seu tratamento, bem como do desenvolvimento de "ações práticas que aproximariam do objeto de estudo".

Produzir conhecimento é uma capacidade e uma necessidade humana. Para tanto, temos disponíveis certos recursos lógicos e metodológicos que nos auxiliam a obter um conhecimento mais adequado e mais desvastador dos significados que podem ter uma manifestação do mundo circundante (LUCKESI, 1995: 79).

> O conhecimento não existe, não é construído a despeito da realidade, já que dela depende como ponto de partida e a ela retorna e deve, nesta medida, ser representativo do real. Entretanto, ao mesmo tempo, para Marx, o sujeito produtor de conhecimento não tem atitude contemplativa em relação ao real, o conhecimento não é um simples reflexo, no pensamento, de uma realidade dada; na construção do conhecimento o homem não é um mero receptáculo, mas um sujeito ativo, um produtor que, em sua relação com o mundo, com o seu objeto de estudo, reconstrói no seu pensamento esse mundo; o conhecimento envolve sempre um fazer, um atuar do homem (ANDERY e SÉRIO, 1999: 419).

O objeto de estudo e os objetivos do Projeto do Grupo I

O objeto de estudo do projeto foi caracterizado como: "operacionalização do SUS/PSF e do SUS" e para dar conta dele foram propostos os seguintes objetivos:

Geral
- Elaborar instrumentos e estratégias de análise do SUS/PSF e do SUS.

Específicos
- Caracterizar o processo de trabalho específico de cada elemento da equipe do SUS/PSF e do SUS;
- Identificar os fatores que determinam a qualidade dos processos de trabalho operacionalizados pelo SUS/PSF e pelo SUS;
- Avaliar o resultado dos processos de trabalho do SUS/PSF e do SUS tendo como indicador o SIAB;
- Caracterizar o vínculo família-profissionais das equipes do SUS/PSF e do SUS;
- Caracterizar o vínculo USF e UBS com os demais equipamentos sociais;
- Caracterizar o vínculo USF e UBS com a comunidade.

Discutiu-se que os objetivos desta pesquisa deveriam viabilizar a produção de conhecimentos que instrumentalizassem para intervenção e melhoria do Programa de Saúde da Família e de suas práticas profissionais.

Segundo Demo (1997: 20; 161):

> Nenhum instrumento é mais adequado para intervir na realidade do que o conhecimento [...] Todo conhecimento transformado em conteúdo é imediatamente submetido ao método inovador, que traz embutido em sua forma permanente. Assim, toda teoria formulada a partir de uma proposta metodologicamente inovadora, por pura coerência formal, não poderia fugir de se submeter ao processo inovador do método científico. [...] o que conserva o profissional em dia é a capacidade de pesquisa, compreendida como a competência de manejar conhecimento dentro do desafio da inovação; é claro que esta expectativa implica um repensar sobre o conceito e a prática de

pesquisa [...] não se trata de fazer de todos pesquisadores profissionais, mas profissionais pesquisadores, ou seja, que se utilizem da pesquisa como expediente permanente de renovação profissional.

A TRAJETÓRIA PARA DEFINIÇÃO DO PERCURSO TEÓRICO-METODOLÓGICO

A escolha do delineamento e do marco teórico de referência

Optou-se pela pesquisa exploratória que, segundo Gil (1995: 44-5):

> tem como principal finalidade desenvolver, esclarecer e modificar conceitos e ideias, com vistas à formulação de problemas mais precisos ou hipóteses pesquisáveis para estudos posteriores. [...] Habitualmente envolvem levantamento bibliográfico e documental, entrevistas não padronizadas e estudo de caso [...] Pesquisas exploratórias são desenvolvidas com o objetivo de proporcionar visão geral, do tipo aproximativo, acerca de determinado fato. Este tipo de pesquisa é realizado especialmente quando o tema escolhido é pouco explorado e torna-se difícil sobre ele formular hipóteses precisas e operacionalizáveis. Muitas vezes as pesquisas exploratórias constituem a primeira etapa de uma investigação mais ampla.

A pesquisa exploratória permite-nos aprofundar conhecimento sobre determinados objetos. Para Trivinos (1987: 109-10), a pesquisa exploratória permite a aproximação de uma determinada população para exploração de hipóteses ou de novos problemas a serem pesquisados. "[...] Este tipo de investigação, por exemplo, não exime a revisão de literatura, as entrevistas, o emprego de questionários, etc., tudo dentro de um esquema elaborado com a severidade característica de um trabalho científico."

O marco teórico de referência – MTR, em estudo, são os modelos Tecno--assistenciais em saúde "mais adequados à realidade brasileira, com base na releitura crítica das propostas de saúde coletiva. Os elementos que estruturam essas propostas oferecem alternativas mais abrangentes à problemática sanitária brasileira que o modelo hegemônico e suas reformas." (SILVA JR., 1998: 27) O modelo hegemônico e as reformas influenciaram práticas como Liberal-Privativista, medicina comunitária – APS, APS Seletiva, Silos, Cidades Saudáveis, e a ênfase na saúde coletiva influenciou práticas representadas pelo Silos Bahia, Saudicidade, Em Defesa da Vida (SILVA JR., 1998: 118-9).

O enfoque dos modelos tecno-assistenciais incorpora tanto "a organização da produção de serviços a partir de um determinado arranjo de saberes da área, bem como de projetos de construção de ações sociais específicas, como estratégia política de determinados agrupamentos sociais" (MERHY *et al.*, 1991: 84).

As dimensões assistencial e tecnológica evidenciam-se nesses modelos que têm como princípios centrais alguns pressupostos que nortearam o movimento sanitário. A gestão democrática, a saúde como direito de cidadania e o serviço público voltado para a defesa da vida individual e coletiva são as premissas centrais desses modelos que se conformaram histórica e socialmente, transformando-se em projeto de política.

O MTR está em construção e para tanto um primeiro conjunto de referências citado no anexo 1 foi distribuído entre os membros do Grupo I, que a estão estudando para, em momento próximo, reiniciarem as discussões em que socializarão o conhecimento produzido individualmente para iniciar o processo de produção coletiva dos enunciados e conceitos que nortearão a continuidade dessa investigação.

Segundo Contandriopoulos *et al.* (1994: 29) "no sentido estrito da palavra, uma teoria é uma explicação sistemática dos fenômenos observados e das leis relativas a eles. Uma teoria se expressa pelos enunciados das relações que existem entre conceitos.[...]

A escolha do método

O método proposto para o desenvolvimento deste estudo foi o estudo de caso uma vez que nas pesquisas exploratórias verifica-se sua maior aplicabilidade, podendo ser tanto para explorar temas complexos em fases iniciais da pesquisa como para temas mais conhecidos (GIL, 1995: 78-80).

Segundo Trivinos (1987: 133), o estudo de caso é considerado como uma classe de pesquisa qualitativa "cujo objeto é uma unidade que se analisa aprofundadamente "[...] marcado mais que outros tipos de pesquisa qualitativa, pela implicação do sujeito no processo e pelos resultados do estudo, exige severidade maior na objetivação, originalidade, coerência e consistência das ideias."

O estudo de caso "[...] é uma unidade significativa do todo [...] é uma caracterização abrangente para designar uma diversidade de pesquisas que coletam e registram dados de um caso particular ou de vários casos [...] objetivando tomar decisões a seu respeito ou propor uma ação transformadora" (CHIZZOTTI, 1991: 102).

Segundo Ludke (1986: 18) o estudo de caso é utilizado para descoberta, assim, mesmo tendo estabelecido o referencial teórico que fundamenta a pesquisa,

> [...] ele procurará manter-se constantemente atento a novos elementos que podem emergir como importantes durante o estudo. O quadro teórico inicial servirá assim de esqueleto de estrutura básica a partir da qual novos aspectos poderão ser detectados[...] Um princípio básico desse tipo de estudo é que, para uma apreensão mais completa do objeto, é preciso levar em conta o contexto em que ele se situa [...].

Chizzotti (1991: 102) considera que o estudo de caso pode ser considerado como "[...] marco de referência de complexas condições socioculturais [...] revela a multiplicidade de aspectos globais, presentes em uma dada situação."

Para Ludke (1986: 21) o estudo de caso contempla três fases: a exploratória, a de delimitação do estudo e a de análise sistemática e elaboração do relatório. A fase exploratória é aquela em que se aproxima da realidade a ser estudada para caracterizá-la: "[...] E o momento de especificar as questões ou os pontos críticos, de estabelecer contatos iniciais para a entrada em campo, de localizar os informantes e as fontes de dados necessárias para o estudo". A fase de delimitação do estudo é aquela em que o pesquisador estabelece os limites e contornos de aproximação através de um instrumento sistematizado, pois:"[...] nunca será possível explorar todos os ângulos do fenômeno num tempo razoavelmente limitado". A fase final é a de análise sistemática e elaboração do relatório, em que todos os registros são tratados, analisados e interpretados, sendo observada a relevância destes em relação aos objetivos e pressupostos que originaram o estudo.

Esses momentos do estudo de caso não acontecem, na realidade, numa sequência linear, compartimentada, ou seja, a fase de análise e interpretação dos dados inicia-se desde o momento em que o pesquisador entra em contato com o contexto e coleta suas primeiras informações.

Gil (1996) propõe quatro momentos metodológicos para o desenvolvimento do estudo de caso, sendo eles a delimitação do caso estudado; a coleta de dados; a análise e interpretação; e a elaboração do relatório final.

Entre os momentos metodológicos preconizados por Gil (1996) e Ludke (1986) há diferença apenas na forma como sistematizam-nos, ou seja, enquanto

Ludke (1986) destaca a fase exploratória inicial, Gil (1996) caracteriza-a na de delimitação. A fase de coleta é individualizada por Gil (1996) sendo que Ludke (1986) incorpora-a na de delimitação.

A escolha das unidades-caso

As unidades-caso serão a Unidade A. E. Carvalho do Qualis Santa Marcelina e a Unidade Jardim República. Esse tipo de estudo envolvendo dois ou mais casos é denominado de multicasos (TRIVINOS, 1995: 136).

O local onde se situa a Unidade A. E. Carvalho era um latifúndio de propriedade de Antonio Esteves de Carvalho que o loteou e nomeou. O bairro foi fundado em 1979 com uma estimativa populacional de até 100 mil habitantes. População esta composta na grande maioria de pessoas com baixo poder aquisitivo, fazendo deste o seu dormitório.

Localiza-se na Zona Leste da Cidade de São Paulo, entre os bairros de Itaquera e Vila Matilde. Compõe o Distrito Sanitário de Arthur Alvim formando uma Microrregião sob a Administração Regional da Penha.

Com a construção do metrô, a especulação imobiliária subiu a patamares nunca imaginados e os moradores de baixa renda foram se afastando do bairro, procurando locais distantes para residirem de acordo com o seu poder aquisitivo. Caracterizou-se como um bairro carente pela falta de infraestrutura de saneamento, creches, escolas, segurança pública, transporte e áreas de lazer. Sua população passou a conviver com o desemprego, as condições inadequadas de habitação, a violência, o analfabetismo e a fome.

Em setembro de 1998, uma Unidade Básica da Secretaria de Estado da Saúde foi adequada e transformada em uma Unidade de Saúde da Família, denominada de Unidade de Saúde da Família A. E. Carvalho, sob a coordenação do Qualis Santa Marcelina, na época Qualis Leste, parceria entre Casa de Saúde Santa Marcelina, Secretaria do Estado da Saúde e Ministério da Saúde.

A Unidade de Saúde da Família A. E. Carvalho é referência para outras Unidades de Saúde da Família do Projeto Qualis Santa Marcelina, com Ambulatório de Especialidades, proporcionando aproximadamente 2.100 consultas médicas nas clínicas de: neurologia, cardiologia, oftalmologia, otorrinolaringologia, ginecologia e obstetrícia. Oferece ampla assistência ao pré-natal de alto risco e colposcopia na prevenção e tratamento do câncer de colo de útero, contaminação de HPV e dermatologia, com sala de procedimentos para pequenas cirurgias, com ênfase na prevenção do câncer de pele. A Unidade dispõe ainda de uma equipe de saúde bucal.

Em consonância com os objetivos do Programa de Saúde da Família preconizado pelo Ministério da Saúde, a USF A. E. Carvalho dispõe de quatro equipes de Saúde da Família responsáveis por quatro áreas que foram divididas, segundo o espaço físico da unidade, o número de famílias (mil famílias) e os limites geográficos. Cada área foi subdividida de acordo com as barreiras geográficas em quatro micro-áreas e, posteriormente, em cinco.

As respectivas áreas 1, 2, 3 e 4 encontram-se subdivididas em 5 micro--áreas cada uma.

A Unidade Básica de Saúde do Jardim República foi fundada em 1992, com a história de conquista do terreno pelo movimento popular, em 1982, sendo uma das unidades do Plano Metropolitano de Saúde (PMS).

Localiza-se na zona sul do Município de São Paulo, próximo ao Bairro Jardim Primavera que pertence ao Distrito Administrativo Cidade Dutra, tendo como barreira geográfica a linha do trem que corta a área de abrangência. A referência de localização é que dista cerca de 2,5 km do Autódromo de Interlagos.

Situada à Avenida Gonçalo de Paiva Gomes 285 – Jd. República – São Paulo, atende a população de baixo poder aquisitivo, residente em torno da UBS, das 7 às 17 horas.

Dispõe de uma enfermeira, que acumula as funções de diretora técnica da UBS, dois assistentes sociais, três dentistas, quatro pediatras, dois clínicos, dois ginecologistas, oito auxiliares de enfermagem, oito escriturários e um auxiliar de serviços gerais. Oferece assistência relacionada à vacinação, inaloterapia, curativo, coleta de material para exames laboratoriais, repouso, coleta de papanicolau, atendimento do serviço social, consultas médicas e odontológicas.

A produção de consultas em pediatria é de 1.120 consultas/ mês, 660 consultas de ginecologia /mês e 880 consultas em clínica geral /mês. A sala de vacina mantém uma média mensal de 3.500 doses aplicadas, com ingresso de 50 menores de 1 ano por mês no programa de imunização.

As variáveis do estudo

Foram consideradas como variáveis a serem estudadas para análise do SUS/PSF e do SUS:

- composição da equipe; competências e atividades; problemas sentidos;
- cobertura; produtividade (qualitativa e quantitativa); resolutividade; autonomia; articulação interna e externa;
- aspectos facilitadores e dificultadores do processo de trabalho da equipe (processo e resultado);
- SIAB: operacionalização, eficácia e utilização (capacitação dos recursos humanos, equipamentos, coleta, análise e divulgação dos dados);
- aderência; retorno; retroalimentação; evasão;
- vínculo: concepção de usuários externos e internos.

As técnicas para obtenção dos dados

Para a coleta dos dados decidiu-se pela aplicação das seguintes técnicas:
- formulário para observação para caracterização das Unidades-caso, dos recursos e processos de trabalho (Instrumento 1);
- depoimento de informantes: obtidos junto aos representantes de cada categoria das equipes do SUS e do SUS-PSF (diretor/gerente, enfermeiro, médico, dentista, auxiliar, agente, líderes comunitários vigias, copeiras, auxiliares de limpeza, recepcionistas). Os depoentes serão indicados pela própria categoria, sendo que os líderes serão indicados entre aqueles já escolhidos nas áreas sorteadas (Instrumento 2);
- formulário de usuários: sujeitos acima de 10 anos (Instrumento 3);
- análise documental (Instrumento 4).

Os instrumentos 1, 2 e 3 foram submetidos a pré-teste, aperfeiçoamento e validação na Unidade Costa Melo.

O dados coletados serão submetidos à técnica de análise de conteúdo (BARDIN, 1977).

O instrumental para a coleta de dados do Grupo I

INSTRUMENTO 1 – FORMULÁRIO PARA CARACTERIZAÇÃO DAS UNIDADES

1. Dados de identificação da Unidade

USF( ) UBS( )

Nome do Serviço:
Endereço:
Rua asfaltada: Sim ( ) Não ( )
Próximo à parada de transporte coletivo: Sim ( ) Não ( )
Presença de barreiras geográficas: Não ( ) Sim ( )
Quais? ....
Acesso: térreo ( ) andares ( )
Tipo de acesso: elevador ( ) escada ( ) rampa ( )

1.1. Mapeamento e fotos:

2. Caracterização dos recursos físicos

2.1. Unidades e Elementos: Número e condições

Consultórios médicos ( ) Adequados ( ) Inadequados ( )
(pia/papeleira, aeração, iluminação natural e artificial, privacidade) Consultórios de enfermagem ( ) Adequados ( ) Inadequados ( )
(pia/papeleira, aeração, iluminação natural e artificial, privacidade)
Consultórios dentários ( ) Adequados ( ) Inadequados ( )
(pia/papeleira, aeração, iluminação natural e artificial, privacidade, equipo)
Sala administrativa ( ) Adequada ( ) Inadequada ( )
(iluminação natural e artificial, aeração, computador)
Sala de Espera ( ) Adequada ( ) Inadequada ( )
(aeração, iluminação natural e artificial, acomodação para os usuários e espaço para circulação)
Sala de Educação para a saúde ( ) Adequada ( ) Inadequada ( )
(aeração, iluminação natural e artificial, privacidade, acomodação para grupos)
Sala de medicação ( ) Adequada ( ) Inadequada ( )
(pia/papeleira, aeração, iluminação natural e artificial, privacidade, fluxo e localização)
Sala de Inalação ( ) Adequada ( ) Inadequada ( )
(pia/papeleira, aeração, iluminação natural e artificial, privacidade, fluxo e localização)
Sala de curativos ( ) Adequada ( ) Inadequada ( )
(pia/papeleira, aeração, iluminação natural e artificial, privacidade, fluxo e localização)

Sala de esterilização ( ) Adequada ( ) Inadequada ( )
(pia/papeleira, aeração, iluminação natural e artificial, privacidade, fluxo e localização)
Sala de coleta ( ) Adequada ( ) Inadequada ( )
(pia/papeleira, aeração, iluminação natural e artificial, privacidade, divã, braçadeira)
Sala de preparo de mat./esterilização ( ) Adequada ( ) Inadequada ( )
(balcão/pia/papeleira, aeração, iluminação natural e artificial, fluxo e localização)
Expurgo ( ) Adequado ( ) Inadequado ( )
(aeração, iluminação natural e artificial, pia/papeleira, descarga para esgoto, localização)
Recepção e Arquivo ( ) Adequados ( ) Inadequados ( )
(acesso, balcão aberto, aeração, iluminação natural e artificial, proximidade prontuários, praticidade e organização)
Corredores de acesso ( ) Adequados ( ) Inadequados ( )
(1,20m de largura, livre, aeração, iluminação natural e artificial)
Farmácia ( ) Adequada ( ) Inadequada ( )
(acesso, aeração, iluminação natural e artificial, organização)
Almoxarifado ( ) Adequado ( ) Inadequado ( )
(acesso ao trabalhador, aeração, iluminação natural e artificial, praticidade e organização)
Sanitário feminino ( ) Adequado ( ) Inadequado ( )
(diferenciados para usuárias e funcionárias, exclusivo para ginecologia, exclusivo para deficientes, acesso, aeração, iluminação natural e artificial)
Sanitário masculino ( ) Adequado ( ) Inadequado ( )
(diferenciados para usuários e funcionários, exclusivo para deficientes, acesso, aeração, iluminação natural e artificial)
Copa e cozinha ( ) Adequadas ( ) Inadequadas ( )
(pia/papeleira, aeração, iluminação natural e artificial, privacidade)
Dep. para lixo hospitalar externo ( ) Adequado ( ) Inadequado ( )
(externo à unidade, gradeado, azulejado, fechado, com capacidade para guarda do lixo da Unidade)

2.2. Instalações: existência

Água fria ( )
Iluminação natural ( )

Iluminação artificial ( )
Ventilação natural ( )
Ventilação artificial ( )
Piso e Parede laváveis ( )
Rampa e/ou escada com corrimão fechado ( )
Extintores de incêndio ( )
Telamento de janelas ( )

2.3. Localização da Unidade em relação a:

depósito de lixo:
Sim ( ) Não ( )
indústria ruidosa que atrapalhe as atividades:
Sim ( ) Não ( )
grandes armazéns, oficinas e depósitos de materiais inflamáveis:
Sim ( ) Não ( )
cursos de água:
Sim ( ) Não ( )

3. Caracterização dos recursos humanos

3.1. Número de profissionais por categorias e respectivas cargas horárias

Médica: previsto ( ) existente ( ) Carga horária semanal:
Gerente/Diretor: previsto ( ) existente ( ) Carga horária semanal:
Enfermeira: previsto ( ) existente ( ) Carga horária semanal:
Psicóloga: previsto ( ) existente ( ) Carga horária semanal:
Nutricionista: previsto ( ) existente ( ) Carga horária semanal:
Assistente social: previsto ( ) existente ( ) Carga horária semanal:
Educadora: previsto ( ) existente ( ) Carga horária semanal:
Auxiliar: previsto ( ) existente ( ) Carga horária semanal:
ACS: previsto ( ) existente ( ) Carga horária semanal:
Dentista: previsto ( ) existente ( ) Carga horária semanal:
Aux. administrativo: previsto ( ) existente ( ) Carga horária semanal:
ACD: previsto ( ) existente ( ) Carga horária semanal:
THD: previsto ( ) existente ( ) Carga horária semanal:
Atendente da recepção: previsto ( ) existente ( ) Carga horária semanal:

Atendente da farmácia: previsto ( ) existente ( ) Carga horária semanal:
Func. da limpeza: previsto ( ) existente ( ) Carga horária semanal:
Outros ( ) Quais, quantos e qual a carga horária?

4. Caracterização dos recursos materiais e equipamentos

Geladeira para medicação ( )
Autoclave ( ) utilização...
Computador ( ) utilização...
Telefone ( )
Fax ( )
Adequação dos recursos às necessidades apresentadas pelos usuários ( )
Problemas com medicamentos, materiais e equipamentos:
Sim ( ) Não ( )
Quais? ....
Observações:

4.1. Programa de Imunização

4.1.1. Adequação dos recursos

Área física da sala de imunização de no mínimo 9m² (total):
Sim ( ) Não ( )
Refrigerador de uso exclusivo:
Sim ( ) Não ( )
Condições elétricas do refrigerador:
Sim ( ) Não ( )
Garrafas com água e corante nas gavetas inferiores do refrigerador:
Sim ( ) Não ( )
Mapa para controle diário da temperatura do refrigerador:
Sim ( ) Não ( )
Gerador elétrico:
Sim ( ) Não ( )
Acondicionamento para o transporte das vacinas dentro da caixa de isopor:
Sim ( ) Não ( )
Fichário de vacinação:
Sim ( ) Não ( )

Quadro com esquema básico de vacinação:
Sim ( ) Não ( )
Mapa de registro diário das vacinas aplicadas:
Sim ( ) Não ( )

4.1.2. Quanto às vacinas:

Estão fora da embalagem original acondicionadas em bandejas perfuradas ( )
Estão nas embalagens originais na terceira prateleira com a distância entre si
de aproximadamente dois dedos ( )
Estão dispostas no refrigerador, respeitando-se o prazo de validade ( )
Os frascos de diluentes são conservados no refrigerador ( )

4.1.3. Quanto à temperatura do refrigerador:

É adequada a localização dos termômetros de máxima e mínima ( )
Há o registro da temperatura duas vezes por período ( )
Controla-se a temperatura, na saída e chegada dos imunobiológicos ( )

4.1.4. Quanto ao transporte das vacinas:

Veda-se a caixa de isopor durante o seu transporte ( )
Posiciona-se adequadamente as caixas de isopor dentro do veículo, durante
o transporte ( )

4.1.5. Quanto às falhas na rede elétrica:

Existem pessoas treinadas para saná-las ( )
Atitudes são tomadas. Quais? ....

5. Caracterização do processo de trabalho 5.1 Atendimento

Atendimento ao idoso	Sim ( ) Não ( )
Atendimento ao adulto hipertenso	Sim ( ) Não ( )
Atendimento ao adulto diabético	Sim ( ) Não ( )
Atendimento ao adulto em saúde mental	Sim ( ) Não ( )

Atendimento à mulher   Sim ( ) Não ( )
Atendimento à criança   Sim ( ) Não ( )
Outros:..
Tipo de agendamento:..
Uso de senhas: Sim ( ) Não ( ) Como? ....
Tempo médio de espera entre o dia do agendamento até o dia da consulta
   Mulher:
   Criança:
   Idoso:
Nº de agendamentos do último mês:
   Mulher:
   Criança:
   Idoso:
Nº de consultas do último mês:
   Mulher:
   Criança:
   Idoso:
Existe um sistema de referência e contrarreferência operacionalizado:
Sim ( ) Não ( ) Como? ....

5.2. Planejamento e organização da unidade

Planejamento: Não ( ) Sim ( ) Que tipo? ....
Diretrizes e objetivos organizacionais explicitados: Não ( ) Sim ( )
Metas específicas: Não ( ) Sim ( ) Quais? ....
Rotinas, procedimentos e normas: Não ( ) Sim ( )
Funções por categoria profissional: Não ( ) Sim ( )
Supervisão: Não ( ) Sim ( ) Que tipo? ....
Avaliação: Não ( ) Sim ( ) Que tipo? ....
Registro das atividades: Não ( )Sim( ) Que tipo? ....
Estatística: Não ( ) Sim ( ) Que tipo? ....
Organização do prontuário: Não ( ) Sim ( ) Que tipo? ....

5.3. Produtividade

5.3.1. Dados de produção do Serviço no Atendimento, em um período de 30 dias, a serem obtidos na planilha de produção.

Produtividade	Criança	Mulher	Idoso	Total
Matriculados				
Faltosos				
Consultas médicas				
Consultas odontológicas				
Consultas de enfermagem				
Curativos, inalações e medicações				
Vacinações				
Internações				
Visitas do acs				
Visitas médico, enfermeira e auxiliar				
Grupos realizados				
(palestra registra em grupos)				

Tipo e número de encaminhamentos realizados no último mês: Convocação dos faltosos: Não ( ) Sim ( )

Que faltosos? ....

Como? ....

INSTRUMENTO 2 – QUESTÕES NORTEADORAS PARA OBTENÇÃO DOS DEPOIMENTOS

Para os profissionais:

- Descreva a sua última vivência como trabalhador da equipe da USF e da UBS.
- Dentre as atividades desenvolvidas por você como trabalhador, qual a vivência mais significativa? A que mais marcou? Fale sobre ela.
- O que você entende por família?
- Caracterize o processo de trabalho específico de cada elemento da equipe da USF/UBS;
- Identifique os fatores que determinam a qualidade do processo de trabalho operacionalizado pela USF/UBS;
- Avalie o resultado do processo de trabalho da equipe tendo como indicador o SIAB;
- Caracterize o vínculo família-profissional da equipe da USF/UBS;

- Caracterize o vínculo UBS/USF com os demais equipamentos sociais;
- Caracterize o vínculo UBS/USF com a comunidade.

Para os líderes:
- O que representa o PSF desta Unidade para a comunidade?
- Que opinião a comunidade tem desta USF e do PSF (desta UBS e do SUS)?
- Que dificuldades relacionadas ao PSF (SUS) a comunidade traz até você?
- Fale sobre as experiências mais importantes da comunidade com o PSF (SUS) desta Unidade?
- Fale sobre o vínculo desta Unidade com os demais equipamentos sociais locais.
- A comunidade procura esta Unidade para quê?
- Que conceito a comunidade tem de família?

Para a Coordenadora Municipal do PSF/Diretora do Distrito:
- Você poderia discorrer sobre como tem sido operacionalizada a assistência à saúde pela USF/UBS?
- Qual foi o investimento na capacitação de RH no último ano? (Entender capacitação como cursos institucionalizados com carga horária superior a 20 horas)
- O que você entende por família?
- Caracterize o processo de trabalho específico de cada elemento da equipe da USF/UBS;
- Identifique os fatores que determinam a qualidade do processo de trabalho operacionalizado pela USF/UBS;
- Avalie o resultado do processo de trabalho da equipe tendo como indicador o SIAB;
- Caracterize o vínculo família-profissional da equipe da USF/UBS;
- Caracterize o vínculo UBS/USF com os demais equipamentos sociais;
- Caracterize o vínculo UBS/USF com a comunidade.

Para os funcionários:
Serão colhidos depoimentos de um funcionário de cada categoria de vigias, copeiras, auxiliares da limpeza e recepcionistas.
- Fale sobre sua vivência na Unidade;
- O que você entende por família?

Instrumento 3 – Formulário do usuário

(Sujeito: respondente acima de 10 anos)

1. Como você chega até a Unidade:
( ) a pé
( ) apenas 1 ônibus
( ) mais de 1 ônibus
( ) lotação
( ) táxi
( ) carona
( ) outro
Qual? ....

2. Você participa das atividades da Unidade?
Sim ( )
Não ( )   Por quê? ....

3. Você possui algum convênio?
Não ( )
Sim ( )   Qual? ....

4. Em que situações você usa o seu convênio?

5. Você foi visitado por alguém da sua Unidade?
Não ( )
Sim ( )   Por quem? ....

6. Neste último ano você procurou a Unidade para qual atividade?
(válido mais de uma resposta)
a) consulta médica
b) grupo de orientação
c) vacinas
d) medicação
e) consulta de enfermagem
f) outra   Qual? ....

Processo coletivo de produção do conhecimento

Considere sempre 1 a pior nota e 5 a melhor nota.

7. Que nota você dá para o tipo de atendimento que você recebeu?
1( ) 2 ( ) 3 ( ) 4 ( ) 5 ( )

8. Quanto à facilidade que você teve para falar com:
Agente Comunitário de Saúde   1( ) 2( ) 3( ) 4( ) 5( )
Auxiliares de Enfermagem   1( ) 2( ) 3( ) 4( ) 5( )
Enfermeiro   1( ) 2( ) 3( ) 4( ) 5( )
Médico   1( ) 2 ( ) 3 ( ) 4 ( ) 5 ( )
Gerente   1( ) 2 ( ) 3 ( ) 4 ( ) 5 ( )
Recepção   1( ) 2( ) 3( ) 4( ) 5( )
Farmácia   1( ) 2 ( ) 3 ( ) 4 ( ) 5 ( )

9. Você já indicou o serviço da Unidade para alguém?
Sim ( )   Por quê? ....
Não ( )   Por quê? ....
10. Em relação ao atendimento das suas expectativas pela Unidade, que nota você dá:
1( ) 2 ( ) 3 ( ) 4 ( ) 5 ( )

11. A Unidade ofereceu o que você procurou?
1( ) 2( ) 3( ) 4 ( ) 5 ( )

12. Que nota você dá para a qualidade do atendimento recebido:
1( ) 2 ( ) 3 ( ) 4 ( ) 5 ( )

13. Que nota você dá para a qualidade do atendimento de todos os profissionais da Unidade:
1( ) 2 ( ) 3 ( ) 4 ( ) 5 ( )

14. Que nota você dá para a qualidade do atendimento dado pela equipe médica:
1( ) 2 ( ) 3 ( ) 4 ( ) 5 ( )

15. Que nota você dá para a qualidade do atendimento dado pela equipe de enfermagem:
1( ) 2 ( ) 3 ( ) 4 ( ) 5 ( )

16. Que nota você dá para a qualidade do atendimento dado pela equipe de odontologia:
1( ) 2 ( ) 3 ( ) 4 ( ) 5 ( )

17. Que nota você dá para a qualidade do atendimento dado pelas agentes comunitárias de saúde:
1( ) 2( ) 3 ( ) 4 ( )5( )

18. Que nota você dá para a qualidade do atendimento dado pelos atendentes da recepção:
1( ) 2( ) 3 ( ) 4 ( ) 5( )

19. Que nota você dá para a qualidade do atendimento dado pelos atendentes da farmácia:
1 ( ) 2( ) 3( ) 4 ( ) 5 ( )

20. Para você ser atendido na Unidade é:
(primeiro perguntar se sim ou não para todas as alternativas, depois voltar perguntando que nota dá para cada uma delas)

ser ouvido em suas queixas, que serão atendidas por qualquer profissional da Unidade:
Não ( ) Sim ( )   1 ( ) 2 ( ) 3 ( ) 4 ( ) 5 ( )

ser consultado por outros profissionais da equipe:
Não ( ) Sim ( )   1 ( ) 2 ( ) 3 ( ) 4 ( ) 5 ( )

ser consultado por um médico:
Não( ) Sim ( )   1 ( ) 2 ( ) 3 ( ) 4 ( ) 5( )

ter a indicação de realização de exames:
Não( ) Sim ( )   1( ) 2( ) 3 ( ) 4 ( ) 5( )

ter a indicação de uso de medicamentos:
Não ( ) Sim ( )   1 ( ) 2 ( ) 3 ( ) 4 ( ) 5 ( )

realizar exames laboratoriais ou de diagnóstico:
Não ( ) Sim ( )   1 ( ) 2 ( ) 3 ( ) 4 ( ) 5 ( )

ser encaminhado para a realização de exames laboratoriais ou de diagnóstico:
Não ( ) Sim ( )   1 ( ) 2 ( ) 3 ( ) 4 ( ) 5 ( )

conseguir a medicação na Unidade:
Não ( ) Sim ( )   1 ( ) 2 ( ) 3 ( ) 4 ( ) 5 ( )

receber individualmente orientação para a saúde:
Não ( ) Sim ( )   1 ( ) 2 ( ) 3 ( ) 4 ( ) 5 ( )

receber coletivamente orientação para a saúde:
Não( ) Sim ( )   1( )2( ) 3 ( ) 4 ( )5( )

poder participar de outras atividades oferecidas pela Unidade:
Não ( ) Sim ( )   1 ( ) 2 ( ) 3 ( ) 4 ( ) 5 ( )

receber a visita de um membro da equipe de Saúde da Família em sua casa:
Não ( ) Sim ( )   1 ( ) 2 ( ) 3 ( ) 4 ( ) 5 ( )

21. A atenção dada a todos de sua família merece a nota:
1 ( ) 2 ( ) 3 ( ) 4 ( ) 5 ( ) não se aplica ( )

22. O agendamento da consulta com enfermeiro merece a nota:
1 ( ) 2 ( ) 3 ( ) 4 ( ) 5 ( ) não se aplica ( )

23. O agendamento de consulta com médico merece a nota:
1 ( ) 2 ( ) 3 ( ) 4 ( ) 5 ( ) não se aplica ( )

24. O acompanhamento pelo médico merece a nota:
1 ( ) 2 ( ) 3 ( ) 4 ( ) 5 ( ) não se aplica ( )

25. O agendamento de consulta com médico especialista merece a nota:
1 ( ) 2 ( ) 3 ( ) 4 ( ) 5 ( ) não se aplica ( )

26. O atendimento domiciliar às crianças merece a nota:
1 ( ) 2 ( ) 3 ( ) 4 ( ) 5 ( ) não se aplica ( )

27. O atendimento domiciliar às gestantes merece a nota:
1 ( ) 2 ( ) 3 ( ) 4 ( ) 5 ( ) não se aplica ( )

28. O atendimento domiciliar aos idosos merece a nota:
1 ( ) 2 ( ) 3 ( ) 4 ( ) 5 ( ) não se aplica ( )

29. O atendimento domiciliar aos hipertensos merece a nota:
1 ( ) 2 ( ) 3 ( ) 4 ( ) 5 ( ) não se aplica ( )

30. O atendimento domiciliar aos diabéticos merece a nota:
1 ( ) 2 ( ) 3 ( ) 4 ( ) 5 ( ) não se aplica ( )

31. A consulta do médico merece a nota:
1 ( ) 2 ( ) 3 ( ) 4 ( ) 5 ( ) não se aplica ( )

32. A consulta do enfermeiro merece a nota:
1 ( ) 2 ( ) 3 ( ) 4 ( ) 5 ( ) não se aplica ( )

33. A oportunidade em participar de outras atividades merece a nota: 1 ( )
2 ( ) 3 ( ) 4 ( ) 5 ( ) não se aplica ( )

34. O encaminhamento para a internação nos hospitais da região merece a nota:
1 ( ) 2 ( ) 3 ( ) 4 ( ) 5 ( ) não se aplica ( )

35. Quando você ou seus familiares precisaram de uma visita ela foi realizada?
( ) Sim
( ) Não
( ) não se aplica

36. Você se sente à vontade com a presença da equipe em sua casa?
( ) Sim
( ) Não   Com quem? ....
( ) Nunca recebi a equipe.

37. Você se sente à vontade para dar informações sobre sua família?
( ) Sim
( ) Não   Por quê? ....

38. Gostaria de falar sobre outros assuntos?
( )Não
( ) Sim   Quais? ....

Instrumento 4 – Análise documental

Plano de ação anual e relatório;
Protocolos;
Histórico;
SIAB;
Prontuário;
Relatório de visita do acs.

Confrontar a realidade com a Política e Diretrizes do SUS e do PSF/SUS e investigar determinantes dificultadores e facilitadores, continuidade, demanda, agente da assistência e outros.

Considerações finais

O processo construído pelos profissionais que integram o Grupo I para elaboração do seu projeto de trabalho pautou-se em premissas relacionadas à importância da produção coletiva de conhecimento. Assim, a troca de informações e de vivências deu-se continuamente, enriquecendo as perspectivas individuais, o processo vivenciado e os resultados obtidos. A reflexão, o questionamento, a dúvida, o compromisso e o interesse estiveram presentes mobilizando energia e direcionando para a trajetória percorrida.

Acreditamos que essa vivência favorecerá a continuidade das atividades, possibilitando a compreensão mais abrangente do contexto em que o objeto de estudo deste grupo se insere.

Anexo – Bibliografia inicial para embasamento do Marco Teórico de Referência

ALMEIDA, Célia. Novos modelos de atenção à saúde. *In*: COSTA, N. R., RIBEIRO, J. M. [Org.]. *Políticas de saúde e inovação institucional uma agenda para os anos 90*. Rio de Janeiro: Escola Nacional de Saúde Pública, 1996. p. 69-98.

AYRES, J. R. de C. M. *Epidemiologia e emancipação*. São Paulo/Rio de Janeiro: Hucitec/Abrasco, 1995.

BRASIL. Ministério da Saúde. *Programa de agentes comunitários de saúde – Paes.* Brasília : Comunidade Solidária/Brasil em ação, 1997.

BRASIL. Ministério da Saúde. *Saúde familiar no Brasil: linhas estratégicas para o quadriênio 1999/2002: resumo executivo*. Brasília, 1998.

BRASIL. Ministério da Saúde. Fundação Nacional de Saúde. *Programa Saúde da Família*. Saúde dentro de Casa. Brasília, 1994.

CAMPOS, G. W. de S. *Repensando a saúde*. São Paulo: Hucitec, 1992.

CAMPOS, G. W. de S. *Um método para análise e co-gestão de coletivos: a constituição do sujeito, a produção de valor de uso e a democracia em instituições – o método da roda*. São Paulo: Hucitec, 2000.

CECÍLIO, L. C. de O. [Org.]. *Inventando a mudança na saúde*. Hucitec: São Paulo, 1994.

DANTAS, Maria Beatriz Pragana [Coordenação geral]. *Avaliação qualitativa do Paes*. Setembro, 1994.

EIBENSCHUTZ, C. [Org.]. *Política de saúde: o público e o privado*. Rio de Janeiro: Fiocruz, 1996.

GONÇALVES, R. B. N. *Tecnologia e organização social das práticas de saúde: característica tecnológica de processos de trabalho na rede estadual de centro de saúde de São Paulo*. São Paulo/Rio de Janeiro: Hucitec/Abrasco, 1994.

GONÇALVES, R. B. M. *Práticas de saúde: processos de trabalho e necessidades*. São Paulo: CEFOR, 1992. (Cadernos CEFOR, série textos, 1)

MENDES, E. V. *Uma agenda para a saúde*. São Paulo: Hucitec, 1996.

MERHY, E. E; ONOCKO, R. [Org.] *Agir em saúde: um desafio para o público*. São Paulo: Hucitec, 1997.

MERHY, E. E. *A saúde pública como política*. São Paulo: Hucitec, 1992.

MERHY, E. E. *"Planejamento ascendente: será que os municípios tem algo a dizer sobre isto, para a montagem do SUS?" Saúde em Debate*, nº 45, p. 38-42, dez. 1994.

MOSTRA Nacional de Produção em Saúde da Família, 1. *Livro de Resumos: Construindo um modelo de 22-25 de novembro de 1999*. Brasília: Centro de Convenções Ulysses Guimarães, 1999.

PROJETO Parceria. Ministério da Saúde, Secretaria de Estado da Saúde e Casa de Saúde Santa Marcelina/reorientação das ações de saúde em unidades básicas no núcleo III/V, 1995.

PROJETO qualidade integral em saúde: Qualis: uma reorientação das ações de saúde em unidades básicas do núcleo III (Zona Leste). Parceria entre: ministério da Saúde-MS, Secretaria de Estado da Saúde-SES, Casa de Saúde Santa Marcelia – CSSM. (São Paulo), 1995.

PROJETO: Saúde da Família: Avaliação da nova estratégia assistencial no cenário das Políticas Públicas. N. Fapesp: 00/01957-7.

RIVERA, F. J. U. *Agir comunicativo e planejamento social: uma crítica ao enfoque estratégico*. Rio de Janeiro: Fiocruz, 1995.

SÃO PAULO (Estado) Secretaria de Estado da Saúde. *Sistema de Informação*. Qualis/Leste – Casa de Saúde Santa Marcelina. São Paulo.

SCHRAIBER, L. B. *Políticas públicas e planejamentos nas práticas de saúde*. *Saúde em debate*, nº 47, p. 28-35, jun. 1995.

SAWELL, Lesa Cristina [Org.]. *Estado e política social no neoliberalismo*. s.l.: Cortez, 1998.

SIAB: Sistema de Informação de atenção básica: Proposta de fluxo. Qualis/Leste--Qualidade Integral em saúde CSSM/SES/ MS. (São Paulo).

TESSER, C. D. *A clínica, a epidemiologia e os outros saberes em saúde: pensando os modelos assistenciais*. *Saúde em debate*, v. 45, p. 38-42, dez. 1994.

BIBLIOGRAFIA

ANDERY, M. A. P. A.; SÉRIO, T. M. de A. P. A prática, a história e a construção do conhecimento: Karl Marx. *In*: ANDERY, M. A. P. A. *et al*. *Para compreender a ciência: uma perspectiva histórica*. São Paulo/Rio de Janeiro: Educ/ Espaço e Tempo, 1999.

BARDIN, L. *Análise de conteúdo*. Lisboa-Portugal: Edições 70,1979.

BRASIL. Agência Nacional de Vigilância Sanitária. *Portaria Interministerial nº 482 de 16 de abril de 1999*.

BRASIL. Agência Nacional de Vigilância Sanitária. *Portaria nº 674 de 31 de dezembro de 1997*. Normas para projetos físicos de estabelecimentos assistenciais de saúde.

BRASIL. Agência Nacional de Vigilância Sanitária. *Resolução – RE nº 176, de 24 de outubro de 2000*.

CAMPOS, G. W. de S. *Um método para análise e cogestão de coletivos: a constituição do sujeito, a produção de valor de uso e a democracia em instituições – o método da roda*. São Paulo: Hucitec, 2000.

CARVALHO, M. C. M. [Org.]. *Construindo o saber*. Campinas: Papirus, 1994.

CHIZZOTTI, A. *Pesquisa em ciências humanas e sociais*. São Paulo: Cortez, 1991.

DEMO, P. *Pesquisa e construção do conhecimento: metodologia científica no caminho de Habermas*. Rio de Janeiro: Tempo Brasileiro, 1994

DEMO, P. *Conhecimento moderno: sobre ética e intervenção do conhecimento.* Petrópolis: Vozes, 2000.

DUGUID, P; BROWN, J. S. Estrutura e espontaneidade: conhecimento e organização. *In*: FLEURY, M. T. L.; OLIVEIRA JR., M. de M. [Org.]. *Gestão estratégica do conhecimento: integrando aprendizagem, conhecimento e competências.* São Paulo: Adas, 2001.

GIL, A. C. *Métodos e técnicas de pesquisa social.* São Paulo: Atlas, 1995.

_____. *Como elaborar projetos de pesquisa.* São Paulo: Atlas, 1996.

GLASERSFELD, E. A construção do conhecimento. *In*: SCHNITMAN, D. E. [Org.]. *Novos paradigmas, cultura e subjetividade.* Porto Alegre: Artes Médicas, 1996.

FLEURY, M. T. L.; OLIVEIRA JR., M. de M. [Org.]. *Gestão estratégica do conhecimento: integrando aprendizagem, conhecimento e competências.* São Paulo: Atlas, 2001.

FOERSTER, H. Visão e conhecimento: disfunções de Segunda ordem. *In*: SCHNITMAN, D. F. [Org.]. *Novos paradigmas, cultura e subjetividade.* Porto Alegre: Artes Médicas, 1996.

LAPASSADE, G. *Grupos, organizações e instituições.* [Trad. Araújo de Mesquita]. Rio de Janeiro: Francisco Alves, 1989.

LYLES, M. A. Aprendizagem organizacional e transferência de conhecimento. *In*: FLEURY, M. T. L.; OLIVEIRA JR., M. de M. [Org.]. *Gestão estratégica do conhecimento: integrando aprendizagem, conhecimento e competências.* São Paulo: Adas, 2001.

LUCKESI, C; COSMA, E. B. J.; BAPTISTA, N. *Fazer universidade: uma proposta metodológica.* São Paulo: Cortez, 1995.

LUDKE, M. *Pesquisa em educação: abordagens qualitativas.* São Paulo: EPU,1986.

MERHY, E. E. *et.al.* Por um modelo técnico-assistencial da política de saúde em defesa da vida. *Rev. Saúde em Debate*, nº 33, p. 83-9, 1991.

PICHON, E. R. *O processo grupal.* [Trad. Marcos Aurélio Velloso]. São Paulo: Martins Fontes, 1988.

SILVA JR., A. G. da. *Modelos tecnoassistenciais em saúde: o debate no campo da saúde coletiva.* São Paulo: Hucitec, 1998.

TRIVIÑOS, A. N. S. *Introdução à pesquisa em ciências sociais: a pesquisa qualitativa em educação.* São Paulo, 1987.

O Serviço de Saúde na Dimensão da Qualidade e da Técnica

PARTE

II

ASPECTOS CONCEITUAIS DA AVALIAÇÃO DA QUALIDADE EM SERVIÇOS DE SAÚDE

EULÁLIA MARIA APARECIDA ESCOBAR

O termo avaliação vem do latim *valere* e do francês *évaluer* e refere-se a valorar, a atribuir certo valor ou mérito a um objeto ou coisa. Assim, quando se avalia ao objeto avaliado um conceito bom ou ruim de acordo com as expectativas relativas a ele e conforme critérios de caráter objetivo e subjetivo.

A qualidade distingue as coisas, e segundo FERREIRA (1986):

> é a propriedade, atributo ou condição das coisas ou das pessoas, capaz de distingui-las das outras e de lhes determinar a natureza e num outro sentido, numa escala de valores, a qualidade permite avaliar e, consequentemente, aprovar, aceitar ou recusar qualquer coisa.

No caso do setor saúde, a avaliação da qualidade de assistência não se restringe à verificação do cumprimento dos objetivos propostos, pois até eles são matéria de avaliação. Deve-se avaliar constantemente se estes são socialmente definidos, e se estão congruentes com as aspirações e expectativas dos técnicos da área e dos usuários. Precisa-se colocar ainda em questão a discussão do papel esperado de determinado sistema de assistência à saúde e o seu atendimento a essa finalidade precípua.

Contudo certos autores salientam que, tanto o processo saúde-doença, como as ações que o tomam por objeto, são fenômenos complexos, embora apresentem características que envolvem o uso de tecnologia para diagnóstico e controle, mas, como práticas sociais, possuem uma historicidade própria.

DONABEDIAN (1990), o maior estudioso do tema, considera que a qualidade da assistência à saúde está baseada na capacidade esperada ou concreta de possibilitar o mais alto nível de melhoria das condições de saúde, por meio do uso da ciência e da tecnologia, de forma aceita tanto pelo cliente, como por sua família e comunidade.

Entretanto parece que não existe unanimidade com relação ao que seja qualidade dos sistemas de saúde, pois o conceito em si será sempre tão variável quanto os valores sociais e os políticos vigentes nas comunidades. Em decorrência disso, até mesmo na própria área pode haver uso de parâmetros diversos, como exemplo, o fato de os políticos de saúde e os administradores poderem interessar-se mais pela melhoria dos sistemas, enquanto os prestadores da assistência e os consumidores puderem estar mais interessados na melhoria dos cuidados prestados ou recebidos, individualmente.

Por melhoria da qualidade do sistema de saúde pode-se entender o aumento de recursos financeiros, a melhoria da gerência e da qualificação de recursos humanos, o aumento do contingente de pessoal, a estruturação adequada do sistema de informação e comunicação, e o aperfeiçoamento do serviço pode ocorrer por meio da introdução de medidas sistemáticas de qualidade na prestação de serviços à saúde individual

A qualidade de um serviço de saúde pode também ser considerada, ainda, sob dois aspectos distintos: como a melhor assistência possível a ser proporcionada ao usuário por meio de pessoal altamente qualificado e com o emprego de tecnologias de última geração ou como a assistência possível de ser prestada com os recursos existentes, ou seja, aquela que se traduz pela plena utilização do que está disponível.

Alguns autores conceituam qualidade nos serviços de saúde como a capacidade de o sistema de saúde responder às necessidades de determinados grupos populacionais.

Outros ressaltam que os componentes da assistência à saúde de alta qualidade poderiam ser sintetizados como a realização do procedimento correto, executado de forma hábil, no momento e no local adequados pelos profissionais de saúde responsáveis pela assistência.

Parece, entretanto, que a qualidade pode ser promovida pela conjugação de esforços dos níveis micro e macro da prestação de assistência e que se concretiza por uma conjunção de fatores que devem ser vistos globalmente.

DONABEDIAN (1968,1980) considera que existem diversos conceitos de qualidade, e cada um deles comporta várias definições todas legítimas, desde que compreendidas em seu contexto de origem. Reafirma ainda que o balanço entre os benefícios e os riscos constitui-se no núcleo essencial da definição de qualidade em saúde, como também, o seu elemento mais problemático. Comenta ainda que as inadequações em avaliar a qualidade da assistência à saúde são apresentadas, se este conceito não estiver claramente definido ou se sua definição basear-se apenas no desempenho técnico, sem considerar a realidade e o que se compreende por benefícios.

Na tentativa de propiciar melhores formas de se avaliar serviços de saúde, este autor em 1980 propõe um modelo de caráter unificador englobando benefícios, riscos e custos; ressalta que, quando o bem-estar do paciente é considerado de forma exclusiva, há uma definição de qualidade centrada em um único objetivo, ou seja, absolutista.

Caso todos os benefícios sejam desfrutados pelo indivíduo ocorrerá uma definição individual de qualidade refletindo os valores e expectativas de cada um; e, finalmente, a definição social que abrange os mesmos fatores que a definição individual, com a distribuição social dos custos e benefícios.

DONABEDIAN (1982) define ainda a qualidade em termos dos resultados obtidos com a assistência, assim, consideram-na como as melhorias ocorridas no estado de saúde que poderiam ser atribuídas ao cuidado.

Também aponta dois elementos fundamentais para a qualidade do cuidado à saúde descritos como técnico e interpessoal. O técnico diz respeito à aplicação do conhecimento e da habilidade por parte dos profissionais no processo de prestação da assistência à saúde. Ao passo que o interpessoal acontece por ocasião da troca de informações entre o usuário do serviço e o profissional de saúde. Seria, desse modo, o veículo por meio do qual o cuidado técnico se implementa e de que depende para ser bem sucedido.

Em 1990, os sete pilares da qualidade foram descritos por DONABE-DIAN (1990) que podem ser compreendidos como os atributos do cuidado à saúde: eficácia, efetividade, eficiência, otimização, aceitabilidade, legitimidade e equidade.

A eficácia é definida como o uso de toda a potencialidade da ciência e do cuidado como meio de proporcionar melhorias na saúde e no bem-estar: ou seja, o melhor que possa ser feito na assistência à saúde, realizado sob as mais favoráveis circunstâncias, dadas as condições do paciente; a eficácia sempre é obtida quando as condições são ideais. A efetividade, ao contrário da eficácia, seria o benefício alcançado sob as circunstâncias comuns da prática diária. Quando a qualidade passa a englobar custos, os atributos envolvidos são a eficiência e a otimização. A medida de custo de qualquer melhoria alcançada na saúde é considerada como eficiência.

Assim, entre duas estratégias de assistência à saúde igualmente eficazes, a que custa menos é a mais eficiente. Quando os efeitos do cuidado à saúde são avaliados não em termos absolutos, mas relativos, após contabilizar os custos estabelece-se a otimização que seria o balanço mais vantajoso entre custo e benefício.

Aceitabilidade significa adaptação do cuidado à saúde aos desejos, expectativas e valores do cliente e sua família. Este atributo depende do interrelacionamento entre os profissionais da saúde e o cliente, das características do cuidado e das preferências deste, se puder optar, considerados efetividade e custos. Por legitimidade, compreende-se a aceitação do cuidado (aceitabilidade) pela comunidade ou sociedade em geral. O princípio de equidade é relativo ao que é justo e equitativo na distribuição dos cuidados e benefícios à saúde, entre os membros de uma população.

Assim, de acordo com DONABEDIAN (1990) os diversos atributos da qualidade estão profundamente implicados, pois o cuidado mais efetivo é usualmente mais aceitável e legitimado. Entretanto, estes atributos podem também estar em conflito, sobretudo no que diz respeito às preferências sociais que variam. Assim, cada sociedade e cultura podem apresentar diversas noções do que é ótimo e justo, cabendo aos profissionais que atuam na avaliação e na garantia da qualidade da assistência à saúde a análise destes elementos.

Atualmente, o termo qualidade muitas vezes é relativo a uma série de características desejáveis da assistência à saúde definidas como efetividade, eficácia, eficiência, equidade, aceitabilidade, acessibilidade, adequação, qualidade técnica e científica.

A acessibilidade segundo DONABEDIAN (1988) compreende as características que dificultam ou impedem a utilização dos serviços de saúde pelo usuário. Estas características podem ser consideradas em termos de acessibilidade geográfica e temporal, sendo ambas intrinsecamente relacionadas. A primeira considera a facilidade ou não do usuário, em termos de espaço físico, em atingir o serviço. A acessibilidade temporal refere-se às limitações de tempo em que os recursos estão disponibilizados para a população.

Existe ainda outra vertente que considera a acessibilidade social. Esta se refere a outros recursos que também podem facilitar ou obstruir a utilização de um determinado serviço pelo usuário. Esta característica do acesso leva em conta a aceitabilidade e a disponibilidade financeira.

Ressalta-se que a assistência à saúde pode ser julgada em conformidade com expectativas e padrões que derivam das ciências do cuidado à saúde determinantes de sua eficiência e pelos valores individuais e expectativas que definem a sua aceitabilidade, e também pelos valores sociais que indicam a sua legitimidade.

Entretanto, alguns autores afirmam que existe com frequência uma superposição entre as definições de eficácia e efetividade. As autoras observam que mais recentemente há uma tendência na área da administração em saúde de se considerar a eficácia como efeito potencial ou o efeito em determinadas condições experimentais, e efetividade como efeito real num sistema operacional, ou seja, de um determinado serviço de saúde sobre um grupo populacional. Para elas, a efetividade é a descrição do bom resultado em indivíduos, e o impacto seria dado pelo efeito da ação sobre grupos populacionais.

Estas características em nível de política de saúde possuem uma hierarquia e uma ordenação. Assim, os serviços teriam de ser primeiramente eficazes, efetivos e eficientes para, posteriormente, serem distribuídos com equidade, sendo acessíveis e adequados em relação à demanda e também socialmente aceitos.

Entretanto alguns críticos consideram que estes aspectos foram tornando-se equivalentes à própria definição de qualidade da assistência à saúde, e mesmo Donabedian, a partir de 1990, passou a considerar tais atributos que somados à otimização passaram a integrar sua definição de qualidade.

Assim, tanto a avaliação quanto o conceito de qualidade pressupõem um juízo de valor apresentando aspectos distintos, dependendo do grupo considerado. Portanto, ao realizar-se a avaliação da qualidade dos serviços de saúde, deve-se levar em conta tanto a realidade social em que eles se inserem como os diferentes aspectos teóricos que sustentam a definição de qualidade.

A qualidade não pode ser avaliada apenas com base em avaliações técnicas ou somente pelos profissionais da saúde, pois quem recebe o cuidado deve ser considerado, levando-se em conta as preferências individuais e as da sociedade. De acordo com DONABEDIAN (1990), o controle da qualidade em saúde deve ser atividade contínua e periódica com o propósito de rever a qualidade da assistência e, consequentemente, propor a melhoria do sistema.

Atualmente, no âmbito do modelo industrial e produtivo, o conceito de qualidade tem sido definido de diversas maneiras pelos chamados *gurus da qualidade* como Deming e Juran. No modelo do setor produtivo, o consumidor converte-se em uma parte da linha de produção já que ao consumir o produto, ele comprova sua qualidade e gera informação para sua melhoria; e os custos constituem parte da definição de qualidade, pois são um dos elementos que o consumidor considera como tal.

Para DONABEDIAN (1993 a e b), uma das características que distingue o modelo de garantia de qualidade no setor produtivo do modelo de garantia de qualidade na área da saúde é o enfoque que considera o consumidor como árbitro final. Embora o segundo modelo reconheça a importância da satisfação do cliente para a garantia da qualidade do cuidado prestado, engloba também um conjunto mais complexo de responsabilidades tanto do usuário como da sociedade. Considera que o profissional de saúde atua sob um contrato bastante distinto daquele que regulamenta a indústria, pois além de ter a responsabilidade pela saúde individual do cliente, é também responsável pela segurança e bem-estar da população.

Estes modelos diferem ainda quanto à concepção e valor atribuído à relação entre custo e qualidade. No modelo da assistência à saúde, o aumento dos custos ao incrementar certos aspectos geradores da qualidade de vida como, por exemplo, um acréscimo na longevidade das pessoas pode ser considerado no modelo industrial como desperdício, visto que esse investimento não gera aumento na força de trabalho disponível para a sociedade, não significando, portanto, lucro.

Assim a assistência à saúde é simultaneamente um bem público e privado, nos quais, muitas vezes, os riscos e os benefícios acabam superando o próprio indivíduo, criando dificuldade para harmonizar preferências e interesses individuais com as necessidades de ordem social.

Nos países em desenvolvimento, nos quais grande parcela da população não tem as mínimas condições de vida, e a capacidade do exercício pleno da cidadania é por vezes limitada, não se pode considerar a qualidade com base nas expectativas dos usuários que em geral são baixas.

Bibliografia

ACÚRCIO, F. A.; CHERCHIGLIA, M. L.; SANTOS, A. *Avaliação e qualidade dos serviços de saúde*. Saúde Debate, 33:50-3,1991.

CORDERA, A. & BOBENRIETH, M. Evaluación. *In:* _____. *Administración de sistemas de salud*. México, Editores, 1983. p. 529-67.

CORTADA, J. Q. & QUINTELLA, H. M. Uma revolução na qualidade? *In:* _____. *Gerência de qualidade total*. São Paulo: Makron, 1994. p.11-9.

DEVER, A. G. E. A epidemiologia da utilização dos serviços de saúde. *In:* _____. DEVER, A. G. E. *A epidemiologia na administração dos serviços de saúde*. São Paulo: Pioneira, 1998. p. 211-36.

DONABEDIAN, A. *Some issues in evaluating the quality of nursing care*. Am. J. Public Health Nations Health., 59:1833-36,1969.

DONABEDIAN, A. *The evaluation of medical care programs*. Buli. New York Academy Med., 44:117-24, 1968.

DONABEDIAN, A. The definition of quality and approaches to its assessment. *In:* _____. *Explorations in quality assessment and monitoring*. Ann Arbor, Michigan. Health Administration Press, 1980. v. 1. p. 81-128.

DONABEDIAN, A. *The quality of care: how can it be assessed*. JAMA, 260:1743--8, 1988a.

DONABEDIAN, A. *The seven pillars of quality*. Arch. Pathol. Lab. Med., 114:1115-8, 1990.

DONABEDIAN, A. *Continuidad y cambio en la búsqueda de la calidad*. Salud Pública Méx., 35:238-47, 1993a.

DONABEDIAN, A. *Prioridades para el progreso en la evaluación y monetoreo de la calidad de la atención*. Salud Pública Aí ex., 35:94-7, 1993b.

DONABEDIAN, A.; WHEELER, J.C.; WYSZEWIANSKI,L. *Calidad, costo y salud: un modelo integrador*. Med. Care, 20:975-92,1982.

ESCOBAR, E. M. A. *Avaliando a assistência prestada à criança numa Unidade Básica de Saúde do município de São Paulo*. São Paulo, 1994. 131 p. [Tese Mestrado. Universidade Federal de São Paulo. Escola Paulista de Medicina.]

KUSHNER, C. Quality assurance in Canada: what are the health professionals doing? *In*: KING, A.; HYCLAK, T.; THORTON, R.; MCMAHON, S. *North american health care policy in the 1990s*. West Sussex, Wiley, 1993.

LEBOW, J. L. *Consumer assessments of the quality of medical care*. Med. Care, 12:328-37,1974.

REIS, E. J. F. B.; SANTOS, F. P.; CAMPOS, F. E.; ACÚRCIO, T.; LEITE, T. T.; LEITE, M. L. C.; CHERCHIGLIA, M. L.; SANTOS, M. A. *A avaliação da qualidade dos serviços de saúde: notas bibliográficas.* Cad. Saúde Pública, 6:50-61, 1990.

SILVA, L. M. V & FORMIGO, V. L. A. *Avaliação em saúde: limites e perspectivas.* Cad. Saúde Pública, 10:80-91, 1994.

VUORI, H. A. *A qualidade da saúde.* Cad. Cienc. Tecnol., 1:19-24,1991.

Resolutividade dos serviços de saúde e satisfação do cliente[2]

Ruth Natalia Teresa Turrini

Em 1986, na VIII Conferência Nacional de Saúde, estabeleceu-se que a saúde é um direito inerente à cidadania, de responsabilidade do Estado e que deve garantir o atendimento equânime e integral à saúde da população. Para que isto fosse alcançado, o grupo propôs como estratégias a regionalização, a hierarquização, a descentralização administrativa e a gestão social dos serviços[1]. Posteriormente, a nova Constituição Brasileira, promulgada em 1988, incorporou esses princípios.

Um sistema de saúde assim organizado focaliza o serviço de atenção primária à saúde como a porta de entrada do sistema.

Segundo as recomendações da Organização Mundial da Saúde (OMS), ser porta de entrada do sistema de saúde significa que essas unidades devem ter a capacidade de resolver, pelo menos, 80% dos problemas de saúde da população de sua área programada. Sendo assim, a estrutura dos serviços de saúde precisa se organizar a partir das necessidades de saúde da população[2]. Para Paim, citado por MADUREIRA *et al.*[3], a tecnologia necessária ou adequada à atenção primária, segundo esta perspectiva, passaria a ser definida

---

2 Extraído da tese de doutorado – Percepção dos usuários sobre a resolutividade e a satisfação pelos serviços de saúde da região sudoeste da Grande São Paulo, São Paulo, 2001.

conforme a estrutura epidemiológica de cada região e, claro, de acordo com a disponibilidade de recursos.

Como os serviços de atenção primária à saúde são a porta de entrada do usuário e devem atender à maioria dos casos da comunidade, sua complexidade e sua caracterização, bem como aquela dos demais níveis hierárquicos, vão se diversificar de acordo com as necessidades de saúde da população.

A articulação entre os diferentes níveis requer um sistema de referência e contrarreferência, em que são imprescindíveis a comunicação e a interação dinâmica entre os diferentes níveis de atenção à saúde. Para a referência de casos, devem ser definidos critérios de necessidades, oferecer alternativas viáveis de encaminhamentos, reconhecer e eliminar barreiras que comprometam a articulação, assegurar a continuidade de serviços e avaliar o seu efeito. São necessários normas e procedimentos claros, de "por quem", "por que", "como" e "quando" a referência ou contrarreferência deve ser realizada, e para isso, cada serviço de saúde precisa conhecer os estabelecimentos disponíveis e sua competência apropriada, nos diferentes níveis dentro de uma determinada área[4].

Desta forma, a efetividade do sistema de saúde é determinada pelos resultados, ou seja, os efeitos na saúde da população, a satisfação do paciente com sua saúde e o grau de cobertura da atenção primária na comunidade[4].

A resolutividade dos serviços, assim estruturados, pode ser avaliada por dois aspectos. O primeiro, dentro do próprio serviço, quanto à capacidade de atender à sua demanda e de encaminhar os casos que necessitam de atendimento mais especializado e, o segundo, dentro do sistema de saúde, que se estende desde a consulta inicial do usuário até a solução de seu problema. Portanto, se o cliente precisou de outros serviços especializados, a resolutividade abrange também o acesso aos demais serviços.

Observa-se assim a importância da estruturação de um modelo tecno-assistencial para que se possa melhor analisar os indicadores de resolutividade.

Além dos aspectos relacionados à estrutura dos serviços de saúde, tanto a resolutividade quanto a satisfação do cliente envolvem questões relativas à qualidade do cuidado.

Para se avaliar a qualidade do cuidado fornecido pelos serviços, é importante compreender ou, ao menos, tentar definir o que é qualidade. Segundo RUTSTEIN et al.[5], qualidade é o efeito do cuidado sobre a saúde do indivíduo e da população. Ela ainda pode ser definida como o máximo que se pode esperar ao melhorar o estado de saúde de um indivíduo, dentro dos limites dos conhecimentos atuais e da capacidade do cliente em melhorar sua saúde, dentro desses mesmos limites[6,7]. Considerando-se a rede de serviços hierarquizados, o bom atendimento também está relacionado aos recursos tecnológicos locais e à sua articulação com os outros níveis de atenção à saúde.

Por outro lado, a definição de qualidade envolve outros dois aspectos: um que visa ao aspecto técnico do cuidado e outro que envolve fatores da relação interpessoal entre o cliente e o provedor do cuidado, conforto do cuidado e os princípios éticos que governam a conduta dos assuntos gerais e, em particular, do cuidado à saúde[8,9]. Numa definição mais sistêmica, a qualidade englobaria outras características como as relativas aos profissionais, por exemplo, recrutamento, formação profissional, especialização, aprimoramento, educação continuada, entre outros[9].

Donabedian, por décadas, discutiu a avaliação da qualidade acreditando ser essencial para a sua análise considerar a estrutura, o processo e os resultados obtidos no cuidado à saúde.

Estrutura-processo-resultado não são atributos da qualidade, mas apenas meios pelos quais as pessoas inferem sobre a qualidade do cuidado. A estrutura é definida como a parte física e organizacional do estabelecimento onde o cuidado é feito, processo é o que é feito para o paciente, e resultado, o que é obtido pelo paciente[8,10].

A análise da estrutura do serviço compreende os objetivos da assistência à saúde, os recursos físicos, materiais, humanos e financeiros. A abordagem desses aspectos, por sua vez, deve considerar a disponibilidade e qualidade dos serviços, a capacitação dos recursos humanos, o impacto das novas tecnologias sobre os papéis profissionais e o aparecimento de profissões na área, e características voltadas a amenidades como limpeza, acesso, estacionamento, entre outros[11,12].

O processo do cuidado engloba a competência técnica do provedor e os aspectos interpessoais e humanísticos da relação provedor-paciente. A competência técnica envolve conhecimentos, habilidades, julgamento e, essencialmente, a "ciência" do cuidado à saúde. A dimensão humana do cuidado é a "arte" do cuidado, enfatiza integridade e compaixão por parte de quem dá o cuidado, assim como um respeito mútuo entre o médico e o paciente pela dignidade de ambas as partes[13].

Na prática, a avaliação do processo baseia-se na acurácia de diagnóstico, na adequação do tratamento e condutas, nas relações de comunicação e formas de relacionamento dos profissionais e da organização com os pacientes e suas famílias, na eficiência no fluxo de pacientes e curtos períodos de espera, entre outros[11].

O resultado pode ser definido como o estado ou condição, individual ou de uma população, atribuída ou atribuível aos cuidados de saúde recebidos. Inclui alterações no estado de saúde, no conhecimento ou comportamento pertinente ao futuro estado de saúde, satisfação com o cuidado (expressa como opinião ou inferida pelo comportamento)[10].

Os resultados avaliam indiretamente a qualidade do serviço, pois apenas permitem uma inferência sobre a qualidade do cuidado, ou seja, se o cuidado foi bom. Mesmo assim, não se pode afirmar que este foi de elevada qualidade. Por exemplo, se o paciente morreu, não se pode dizer que o atendimento foi de má qualidade[10], mas sim evolução natural da doença devido à gravidade ou ao estágio de desenvolvimento.

Além disso, o resultado dependerá de o cliente assumir a responsabilidade pelo autocuidado e, concomitantemente, pelo tratamento, bem como sua cooperação com os profissionais da saúde[8].

Segundo o mesmo autor, a importância de avaliar os resultados reside no fato de que não se trata apenas de uma medida de saúde, bem-estar ou qualquer outro estado, é uma mudança no estado atual e futuro de saúde do indivíduo que pode ser atribuída ao cuidado anterior.

É indiferente que se avalie a qualidade por meio dos resultados ou do processo do cuidado, pois tudo depende da credibilidade das informações recebidas para que ocorra mudança de comportamento[14]. O resultado dessas avaliações está na dependência de quem as faz, o gerente, o médico, outro profissional da saúde ou usuário do serviço, porque os critérios utilizados nesse processo podem ser muito diferentes e incluem conhecimentos técnicos, valores, expectativas, custos, acessibilidade, alcance social e disponibilidade de recursos, entre outros. A maneira pela qual um indivíduo olha um objeto é muito pessoal e, quando esse olhar é de um gestor da saúde, estão incluídos a filosofia e os objetivos da organização, que não estão presentes nos critérios do usuário.

Considerando as doenças crônico-degenerativas ou aquelas afecções que, por algum motivo, deixaram sequelas ou incapacidades, a avaliação que o cliente fará do cuidado também sofrerá influências do grau de compreensão e aceitação da sua situação atual de saúde.

A resolutividade dos serviços de saúde e a satisfação do cliente são maneiras de se avaliar os serviços de saúde, a partir dos resultados obtidos do atendimento ao usuário.

RESOLUTIVIDADE

A palavra resolutividade, embora utilizada amplamente na literatura, é um neologismo da língua portuguesa derivado de resolver. Para manter a semelhança com os demais autores[15,16,17], utilizou-se resolutividade ao invés de resolubilidade, como consta no dicionário.

Para se analisar a resolutividade dos serviços de saúde, alguns conceitos devem ser colocados. CAMPOS[15] apresenta três acepções para o significado da palavra. A primeira era utilizada na pedagogia e na educação médica para avaliar a capacitação desses profissionais. Desejava-se uma formação que provocasse um impacto na "demanda apresentada a serviços de saúde correntes como resposta racionalizadora ao encarecimento dos custos da atenção médica" (p. 82).

A segunda, surgida com o Plano CONASP (Conselho Consultivo da Administração de Saúde Previdenciária), de conotação normativa e racionalizadora, reduzia o conceito à porcentagem de casos referidos[13].

A terceira derivou da ótica dos trabalhadores da saúde e foi constatada por GONÇALVES[17], em estudo realizado na década de 80, para analisar as características tecnológicas do processo de trabalho na rede estadual de centros de saúde de São Paulo. Nesse caso, o conceito relaciona-se à resolução final dos problemas trazidos ao centro de saúde e à satisfação dos clientes e do médico. No entanto, para esse autor, a ideia de resolutividade dos serviços deveria passar pelo conceito epidemiológico de eficácia, que considera a relação de associação causal entre o uso de uma determinada tecnologia e as modificações nas características desse evento, seja em nível individual, seja em nível coletivo, por meio de indicadores de saúde, geralmente esquecidos nos relatos de profissionais da saúde.

Para um serviço típico de saúde pública ser resolutivo, deve conseguir a melhoria dos indicadores epidemiológicos de incidência e prevalência de doenças, bem como a redução e alteração do perfil de mortalidade. Porém, coloca que, para os serviços assistenciais, a resolutividade seria o atendimento da demanda que comparece à unidade de saúde, produzindo ações eficazes e satisfatórias aos usuários[13].

No modelo assistencial decorrente das Ações Integradas de Saúde, proposto em 1983, a principal medida de efetividade era dada pela resolutividade. NEMES[18] comenta que:

É difícil encontrar nos documentos oficiais definições precisas sobre essas noções. Esses documentos se referem, com frequência, à capacidade da unidade básica para resolver, no seu nível, a maioria dos problemas de saúde trazidos pelos usuários; à necessidade de adequar os recursos humanos e materiais para uma efetiva incorporação da assistência médica, e à necessidade de integração com a rede hospitalar e laboratorial. A questão resolutividade aparece, invariavelmente, em todos os documentos ligados ao incremento de equipamentos médicos (medicamentos, exames subsidiários, aparelhagem de RX etc.) e à necessidade de implementar pronto-atendimento nos Centros de Saúde.

A utilização da resolutividade para avaliar a presença de equipamentos médicos nos serviços de saúde, conforme constava desses documentos, contrapõe-se aos pressupostos da hierarquização dos serviços. Nesse enfoque, os serviços de atenção à saúde primária dificilmente seriam considerados resolutivos. Isso mostra que as próprias políticas públicas de saúde incorporaram a palavra resolutividade sem a compreensão clara do seu significado em um sistema de saúde regionalizado e hierarquizado.

JUNQUEIRA e INOJOSA[19] vinculam a resolutividade de um serviço à garantia de acesso do usuário a todos os níveis de assistência, o que mostra a importância de haver um sistema de referência e contrarreferência já estabelecido no sistema de saúde.

Outro ponto importante é que a resolutividade dos serviços de saúde é uma efetiva correlação entre os serviços e os objetivos aos quais estão institucionalmente destinados[13].

Como a resolutividade tem sido discutida com diferentes enfoques, mais ou menos abrangentes, poder-se-ia dizer que ela depende de quem avalia e o que se avalia no momento. E, resumidamente.

Sendo assim, a questão da resolutividade envolve muitos aspectos como, por exemplo, os relativos à demanda, à qualidade do cuidado, à satisfação do cliente, às tecnologias dos serviços de saúde, à existência de um sistema de referência preestabelecido, à acessibilidade dos serviços, à formação dos recursos humanos, às necessidades de saúde da população, à adesão ao tratamento, aos aspectos culturais e socioeconômicos da clientela, entre outros.

A capacidade resolutiva é apontada como o principal indicador de eficácia, de solução dos problemas de saúde, de evitar danos. É geralmente definida como a porcentagem de clientes que não foram encaminhados para atendimento especializado, ou seja, usuários cujos problemas foram resolvidos em determinado nível de atenção à saúde[3,20].

SIMÉANT[20] utilizou como marco conceitual, para avaliar a capacidade resoluta dos serviços na zona rural do Chile, a oferta e a demanda de atenção à morbidade, sendo que esta se apresentaria sob dois aspectos: um deles quantitativo, lembrando que a demanda varia no tempo e no espaço, e outro qualitativo, que se altera em função da etiologia das necessidades que motivaram a demanda (cirurgia, clínica médica, obstetrícia, pediatria, etc.) e da complexidade dessas necessidades. Este autor refere, ainda, que existem dois tipos de demanda expressa pela comunidade: uma, espontânea, que surge das necessidades percebidas e outra, induzida, decorrente das necessidades de prevenção nem sempre sentidas pela população, mas sim impostas pelo Estado, por meio dos programas de saúde pública.

Toda solicitação de atenção não satisfeita é reprimida e todo paciente atendido, cuja necessidade de atenção não pode ser satisfeita neste nível, é encaminhado a um nível de complexidade maior. A falta de referência significa que o profissional determinou que o paciente pode receber ou recebeu, nesse nível, a melhor resposta diagnóstico-terapêutica para o caso, de acordo com os avanços da ciência e da medicina existentes no país. Isso não significa que o caso clínico foi resolvido ou, menos ainda, que o paciente esteja curado, significa apenas que a necessidade de saúde que motivou a demanda foi satisfeita[20].

Por outro lado, a falta de referência também pode estar relacionada a questões de qualidade técnica do profissional que fez o atendimento ou a dificuldades em se fazer o encaminhamento adequado como, por exemplo, por ausência de serviços especializados na região.

A capacidade resolutiva quantitativa depende, sobretudo, do número e da distribuição de horas dos profissionais que se podem mobilizar para absorver a demanda onde e quando ela ocorre. A qualidade resolutiva responde ao aspecto qualitativo da demanda e depende da natureza e da complexidade dos recursos físicos, humanos, materiais, diagnósticos e terapêuticos envolvidos na prestação dos serviços. Do grau de capacidade dos recursos humanos e da tecnologia empregada nos serviços de apoio dependerá o grau de complexidade da prestação outorgada[20].

Ao se avaliar a capacidade resolutiva de um profissional de saúde, de um estabelecimento ou de um nível de atenção à saúde consideram-se tanto os aspectos quantitativos quanto qualitativos. O primeiro será avaliado pela razão entre o número de clientes atendidos e o número de clientes que solicitaram o serviço, e o indicador de avaliação será o número de demanda reprimida. O outro será avaliado pela razão do número de casos resolvidos e o número de casos atendidos, e o indicador de avaliação será o número de clientes encaminhados[20].

O padrão de resolutividade de um serviço está relacionado com a sua capacidade e limites tecnológicos para a realização de consultas/primeiros socorros, diagnóstico e condutas terapêuticas adequadas, tomando como referência desde as enfermidades mais simples até as mais complexas[21].

O termo resolutividade traz alguns impasses nas avaliações de serviços, uma vez que não qualifica a demanda aceita e resolvida e aquela encaminhada e não resolvida. Ou seja, o volume de encaminhamentos feitos não reflete a qualidade do serviço. Aquele que só encaminha 5% de sua demanda, porque não tem condições e recursos humanos capacitados para diagnosticar a necessidade real de encaminhamentos, pode ser considerado um ótimo serviço quando, na realidade, pode não sê-lo. Por outro lado, um serviço que encaminha 20% de sua demanda pode ser um bom serviço, de acordo com seus recursos, desde que esteja diagnosticando essa necessidade de encaminhamentos. Um paciente pode ser encaminhado a outro serviço por diversos motivos: necessidade da avaliação de um especialista, de recursos de serviços de apoio ao diagnóstico e/ou terapêuticos não disponíveis nesse nível, porque o paciente assim o quer ou por normas que atendem às políticas de saúde[3].

CAMPOS[15] diz que ao se tomar como referência básica a população teoricamente adscrita à uma unidade de saúde e comparando-a com a população que efetivamente a utiliza, pode-se afirmar que tanto maior será a qualidade ou a resolutividade da unidade, quanto maior for a proporção da demanda teoricamente pertencente àquela área que faz uso da unidade. Inversamente, quanto maior a parcela dessa população adscrita que busca serviços fora da área, menor será a resolutividade dessa área. Ainda, segundo esse autor, "existem aqueles a quem não é dada a opção e devem compulsoriamente dirigir-se aos únicos serviços que os podem atender. Se os que podem optar elegem determinado serviço, é porque o serviço escolhido deve ter, segundo a sua percepção, determinada qualidade ou resolutividade para superar às das outras opções possíveis" (p. 113-15).

Nessa perspectiva, para estudar a resolutividade dos serviços de saúde de dois municípios de Minas Gerais, Janaúba e Bocaiúva, CAMPOS[13] considerou a mesma equivalente à conjugação entre os indicadores de efetividade (entendida como produto entre eficácia e eficiência) e a satisfação.

Como a percepção do cliente sobre determinado serviço é muito particular, pois não se conhece quais os critérios que o cliente utiliza para definir a qualidade do serviço, também é difícil dizer o que significa para ele um serviço ser capaz de resolver seu problema de saúde.

Os dados de resolutividade dos serviços de saúde são obtidos a partir de estudos de demanda ou por meio de análise dos relatórios de produtividade dos serviços como, por exemplo, número de consultas realizadas, de agendamentos, de procedimentos realizados, extensão de cobertura vacinal e dados de morbimortalidade. Também pode-se avaliá-la por meio da percepção do usuário sobre a solução de seu problema de saúde e pelos estudos de adesão ao tratamento nas doenças crônicas.

As informações da satisfação dos usuários obtidas em perguntas não diretivas sobre o assunto mostram que a satisfação do cliente pode ser um indicador de resolutividade dos serviços de saúde, uma vez que alguns usuários utilizam como critério de avaliação a melhora obtida no estado de saúde[22].

Supõe-se que quanto maior a resolutividade de um serviço, mais voltado e preparado está para atender as necessidades de saúde da população, bem como para deixar o cliente mais satisfeito.

Satisfação do cliente

Para BERWICK[23], a qualidade da assistência nos serviços de saúde pode ser definida como satisfação das necessidades dos clientes. É para eles que devem ser dirigidas as estratégias na busca da qualidade. Os clientes devem ser ouvidos acerca da avaliação sistemática das atitudes dos profissionais de saúde, como também a respeito do impacto dos processos de tratamento sobre a saúde.

A satisfação do cliente é uma maneira de se avaliar a qualidade do serviço e do atendimento, cujas informações podem servir para analisar a estrutura, o processo ou o resultado. Além disso, satisfazer o cliente deixa implícita a possibilidade de seu retorno ao serviço quando necessitar de atendimento médico e disseminação de seu agrado para a comunidade, garantindo uma demanda crescente.

A partir do usuário, é possível obter-se um conjunto de conceitos e atitudes relacionados à atenção recebida, com os quais se adquirem informações que beneficiam a organização dos serviços de saúde e os usuários ao serem atendidas as suas necessidades e perspectivas. Esse método representa uma das formas mais rápidas para avaliar os aspectos da qualidade dos serviços e oferece benefícios a um custo relativamente baixo[24].

Segundo Vuori, citado por WILLIANS[25], "a satisfação do paciente deveria ser incluída na contribuição à garantia de qualidade como (...) um atributo da qualidade de cuidado; como um resultado legitimado e desejado. Ou seja, o cuidado não pode ser considerado de excelente qualidade a não ser que o paciente sinta-se satisfeito" (p. 510).

A satisfação humana é um conceito complexo que está relacionado a inúmeros fatores que incluem estilo de vida, experiências passadas, expectativas e valores, tanto do indivíduo quanto da sociedade. Por isso, as investigações acabam por buscar as fontes de insatisfação. Como as fontes de insatisfação são muito variadas, a satisfação pode ter várias definições e bem diferentes, segundo as pessoas, e até mesmo pela mesma pessoa, em momentos distintos[26].

O que as pessoas querem dizer quando expressam estar satisfeitas com determinado aspecto do serviço? Segundo WILLIANS[23], apesar de a avaliação do paciente ser importante, devemos primeiro compreender como ele avalia, antes que a sua opinião possa ser examinada e interpretada. Ao desconhecer a maneira pela qual o paciente avalia um objeto, as inferências que se fazem sobre os resultados obtidos nos inquéritos de satisfação não sustentam as verdades dos usuários dos serviços.

Segundo Pascoe, citado por CLEARY e McNEIL[27], a satisfação consiste de avaliações cognitivas e uma reação emocional à estrutura, ao processo e ao resultado dos serviços oferecidos.

LINDER-PELTZ[28] define satisfação como múltiplas avaliações de diferentes aspectos do cuidado da saúde, os quais são determinados pelas percepções e atitudes individuais, bem como pelos processos de comparação. Nessa definição, identificaram-se cinco variáveis sócio-psicológicas como prováveis determinantes da satisfação com o cuidado da saúde: (1) ocorrência: evento que se caracterizará pela percepção do indivíduo; (2) valor: avaliação, em termos de bom ou ruim, de um atributo ou aspecto do cuidado; (3) expectativa: esperança fundada na probabilidade de certos atributos estarem associados com o evento ou o objeto e o provável resultado desta associação; (4) comparações interpessoais: comparação do encontro atual com todos os outros vivenciados pelo paciente ou relatados por conhecidos e (5) intitulação: crença que o indivíduo possui de que tem o direito de procurar ou clamar por um determinado resultado.

A definição de Linder-Peltz se baseia na teoria psicossocial em que a satisfação expressa uma atitude, uma resposta afetiva relacionada tanto na crença de que o cuidado possui certos atributos – componentes/dimensões – quanto uma avaliação pelo próprio paciente desses atributos. A satisfação do paciente passa então a ser definida como uma avaliação positiva de diferentes dimensões do cuidado da saúde[29].

Fitzpatrick, citado por SITZIA e WOOD[29], embora aceite que a satisfação envolva inúmeros componentes, propôs três modelos independentes para defini-la: (1) a necessidade do familiar: as expectativas socialmente condicionadas são o primeiro determinante no grau de satisfação; (2) os objetivos da procura de ajuda: a principal preocupação para a maioria dos pacientes não é a satisfação, mas alguma resolução para seu problema de saúde, ou seja, julga o profissional ou tratamento recebido. Pergunta-se: os cuidados foram úteis para resolver o problema? e (3) importância das necessidades emocionais, uma vez que a maioria dos problemas médicos envolve uma experiência emocional.

O objetivo manifesto do paciente em ter seu problema de saúde resolvido é geralmente acompanhado por um objetivo latente de ter sua ansiedade resolvida. Desde que ele não tem competência para julgar o quanto as atividades técnicas do médico contribuem para o alcance de seus objetivos, os critérios que ele utiliza para avaliar a interação são aqueles relacionados ao grau de suporte emocional que acompanha o curso do tratamento. Portanto, a satisfação imediata do cliente é consequência do modo com que o profissional responde ao problema e não ao conteúdo da resposta[30].

Medir a satisfação do cliente relaciona-se à compreensão das experiências dele no cuidado à saúde, promoção da cooperação com o seu tratamento e identificação de problemas no cuidado à saúde, bem como sua avaliação[6]. Sabe-se que a satisfaçao com o cuidado tem grande importância para determinar se o indivíduo procura orientação médica, adere ao tratamento e mantém contato constante com o provedor de cuidado[26]. Portanto, a satisfação do cliente pode ser usada para predizer se ele seguirá as recomendações dadas, se retornará para dar continuidade ao tratamento e se mudará de serviço de saúde[31].

As expectativas dos clientes podem ser bem diferentes entre si, pois variam em função da personalidade, contato prévio com o provedor do cuidado, valores sociais e culturais e o contexto onde o cuidado é recebido. O maior custo do serviço também está relacionado à maior insatisfação[27].

Quando o cliente diz se está satisfeito ou insatisfeito com o cuidado recebido, ele está passando um julgamento sobre a qualidade do cuidado.

Na realidade, o que está sendo julgado e em que grau de validade é incerto. Sabe-se, no entanto, que o julgamento do cliente é fortemente influenciado pelas relações interpessoais e, em menor grau, pelos aspectos relacionados ao seu conforto, caracterizados pela hotelaria dos serviços de saúde. A importância dada a esses aspectos também está relacionada a aspectos socioeconômicos do indivíduo, ou seja, à sua classe social. Apesar dessas incertezas, a opinião do cliente é muito importante para monitorar a qualidade, especialmente se for desejável obter informações sobre a aceitabilidade da interação paciente-profissional e sobre as questões que envolvem o conforto do cliente. O que é feito com a informação e que medidas de intervenção gerarão é algo pouco conhecido[14].

Embora nem sempre valorizado pelos gestores ou profissionais da saúde envolvidos no atendimento ao usuário, este, de alguma maneira avalia, a competência técnica do profissional. O cliente pode não ter parâmetros para avaliar todas as etapas da execução de determinado procedimento, no entanto, conhece algumas delas como, por exemplo, a realização de exame físico de ouvido quando o cliente refere dor de ouvido.

Essa situação foi observada nas falas dos entrevistados na análise da (in)satisfação pelo atendimento do profissional no estudo realizado por TURRINI[22].

CALNAN et al.[32] reuniram citações da literatura de modo a apresentar algumas vantagens em se utilizar a percepção do cliente para avaliar a qualidade do cuidado:

- os pacientes constituem uma fonte importante de informações sobre acessibilidade ou eficácia do cuidado (Donabedian);
- a opinião do paciente influencia diretamente sua adesão ao tratamento e a continuidade da interação médico-paciente e, consequentemente, os resultados do cuidado (Pascoe);
- a medida da percepção do paciente constitui uma abordagem positiva para a avaliação do cuidado, em contraste com aqueles enfoques negativos que buscam medir processos inadequados ou resultados indesejáveis (Rosenthal e Shannon);
- comparado a outros métodos de avaliação da qualidade é barato, não depende da qualidade dos registros médicos e é mais sensível às diferenças na qualidade do cuidado do que indicadores como taxas de mortalidade ou de complicações (Rosenthal e Shannon).

Os estudos que avaliam a satisfação dos clientes mostram resultados muito particulares em função do grupo estudado e das metodologias utilizadas[33,34,35,36,37,38,39].

O tipo de instrumento utilizado para se medir a satisfação do cliente é muito importante. Os procedimentos mais utilizados têm sido a aplicação de questionários, no momento da alta hospitalar ou após a consulta, para serem respondidos no local ou em casa e, posteriormente remetê-los por correio, contatos telefônicos com o cliente ou questionários enviados pelo correio *(follow-up)* e caixa de sugestões[40].

Segundo FRENCH[41], quando os inquéritos são feitos depois de decorrido um determinado tempo da consulta, questões relacionadas à memória do indivíduo interferem nas respostas e pode ocorrer um aumento no número de opiniões que expressam uma gratidão pelo atendimento recebido.

Por outro lado, quando a avaliação é feita no dia da entrevista, a carga emocional experimentada pelo usuário, resultante de uma combinação de expectativas, sofrimento pelo problema de saúde e sua interação com o ambiente, também pode interferir na avaliação com resultados, possivelmente, diferentes daqueles que se obteriam se o inquérito fosse realizado em casa e o cliente tivesse retornado às suas atividades habituais.

Uma das maneiras de coleta de dados sobre a percepção dos clientes quanto aos serviços de saúde é pelos inquéritos domiciliares. Esse procedimento, realizado por intermédio de uma amostra representativa de determinada população, é considerado uma importante fonte de informação para o conhecimento da situação de saúde dos indivíduos, demanda, utilização e acesso aos serviços de saúde, características da atenção médica, grau de satisfação pela atenção recebida, frequência de automedicação e custos, fornecendo subsídios ao planejamento e à avaliação destes[42,43,44].

Para CAMPOS[15], existem alguns problemas relativos aos inquéritos populacionais que devem ser contornados como os episódios vinculados a eventos mórbidos que tendem a desaparecer da memória dos informantes se o tempo abrangido pela pesquisa for longo. A experiência tem mostrado que o período máximo de informação confiável está em torno de 15 dias. Depois disso, dificilmente podem ser obtidos dados confiáveis.

Contrapondo-se a CAMPOS[15], segundo CAMPOS CEA[42], as informações sobre a utilização dos serviços de saúde são menos afetadas pela memória. Nesse caso, os períodos de recordação poderiam estender-se a seis meses para as consultas médicas ou até um ano para as internações.

No caso da satisfação do cliente, observou-se no estudo de TURRINI[22] que passados 15 dias da consulta médica ou um ano da hospitalização, a população entrevistada expressou melhor os motivos de insatisfação, enquanto na satisfação cerca de 50,0% das respostas foram caracterizadas como inespecíficas (atendeu bem, cuidou bem ou tratou bem).

Ou seja, parece que o cliente não só identifica melhor o que lhe desagrada, mas também estas impressões permanecem por mais tempo na memória. Por este motivo, muitos serviços de saúde optam por analisar os motivos da insatisfação dos clientes.

BIBLIOGRAFIA

1. BRASIL. Ministério da Saúde. *Relatório final da 8ª Conferência Nacional de Saúde.* Brasília (DF); 1986.
2. TEIXEIRA, S. M. F. Descentralização dos serviços de saúde: dimensões analíticas. *Rev. Adm. Pública*, v. 24, nº 2, p. 78-9, 1990.
3. MADUREIRA, P. R.; DE CAPITANI, E. M.; CAMPOS, G. W. S. *Avaliação da qualidade da atenção à saúde na rede básica.* Cad. Saúde Pública v. 5, nº 1, p. 45-59,1989.
4. NOVAES, H. M. *Ações integradas nos sistemas locais de saúde – silos: uma análise conceitual e apreciação de programas selecionados na América Latina.* São Paulo: Livraria Pioneira e Editora, 1990.
5. RUTSTEIN, D. D. *et al. Measuring the quality of medical care.* A clinical method. New Engl. J. Med. v. 294, nº 11, p. 582-8, 1987.
6. DONABEDIAN, A.; WHEELER, J. R. C.; WIASKI, L. *Quality, cost and health: an integrative model.* Med. Care v. 20, nº 6, p. 975-992, 1982.
7. RHEE, K. J.; DONABEDIAN, A.; BURNEY, R. E. *Assessing the quality of care in a hospital emergency unit: a framework and its application.* QRB Qual. Rev. Bull. v. 13 nº l, p. 4-16, 1987.
8. DONABEDIAN, A. *Explorations in quality assessment and monitoring. The definition of quality and approaches to its assessment.* Ann Arbor: Health Administration Press; 1985. v. l.
9. DONABEDIAN, A. *Quality assurance in our health care system.* Qual. Assur. Util. Rev. v. 1, nº 1 , p. 6-12, 1986.
10. DONABEDIAN, A. *The role of outcomes in quality assessment and assurance.* QRB Qual. Rev. Bull. v. 18, p. 356-360, 1992.

11. MALIK, A. M. *Qualidade em serviços de saúde nos setores público e privado.* Cad. Fundap nº 19, p. 7-24, 1996.

12. MALIK, A. M.; SCHIESARI, L. M. C. *Qualidade na gestão local de serviços e ações de saúde.* São Paulo: Faculdade de Saúde Pública, 1998. (Série: Saúde & Cidadania), p. 25.

13. LOHR, K. N. *Outcome mesurement: concepts and questions.* Inquiry, v. 25, nº l, p. 37-50, 1988.

14. DONABEDIAN, A. Part II – Reflections on the effectiveness of quality assurance. *In*: PALMER, R. H. *et al. Striving for quality health care: an inquiry into police and practice.* Ann harbor (MI), Health Administration Press, 1991. p. 59-129.

15. CAMPOS, E. E. *Resolutividade: uma aproximação à avaliação qualitativa dos serviços de saúde.* 1988. Tese (Doutorado em Saúde Pública) – Escola Nacional de Saúde Pública/FIOCRUZ, Rio de Janeiro.

16. CAMPOS, G. W. S. *Um balanço do processo de municipalização dos serviços de saúde no Brasil. Saúde em Debate* nº 28, p. 24-27,1990.

17. GONÇALVES, R. B. M. *Tecnologia e organização social das práticas de saúde: características tecnológicas do processo de trabalho na rede estadual de centros de saúde de São Paulo.* São Paulo: Hucitec/ABRASCO; 1994.

18. NEMES, M. B. I. Ação programática em saúde: recuperação histórica de uma política de programação. *In*: SCRAIBER, L. B [Org.]. *Programação em saúde.* São Paulo: Hucitec; 1993. cap. 2. p. 65-115.

19. JUNQUEIRA, L. A. P.; INOJOSA, R. M. *Descentralização do modelo de prestação dos serviços de saúde em São Paulo.* Rev. Adm. Pública v. 24, nº 4, p. 7-25,1990.

20. SIMEANT, S. *Capacidad resolutiva de la demanda de atención morbilidad a nivel primario.* Chile, 1981. Boi Of Sanit Panam v. 97, nº 2, p. 125-41, 1984.

21. RIBEIRO, C. A. *O padrão de resolutividade do Pronto-Socorro Municipal da Lapa – São Paulo.* 1998. Dissertação (Mestrado em Saúde Pública) – Faculdade de Saúde Pública da Universidade de São Paulo, São Paulo.

22. TURRINI, R. N. T. *Percepção dos usuários sobre a resolutividade e a satisfação pelos serviços de saúde na região sudoeste da Grande São Paulo.* 2001. Tese (Doutorado em Saúde Pública) – Faculdade de Saúde Pública da Universidade de São Paulo, São Paulo.

23. BERWICK, D. M. *Melhorando a qualidade dos serviços médicos, hospitalares e da saúde.* São Paulo: Makron Books, 1994.

24. RAMÍREZ-SÁNCHEZ, T. J.; NÁJERA-AGUILAR, P.; NIGENDA-LÓPEZ, G. *Perception de la calidad de la atención de los servicios de salud en México: perspectiva de los usuários.* Salud Publica Mex v. 40, nº l, p. 3-12, 1998.
25. WILLIANS, B. *Patient satisfaction: a valid concept?* Soc. Sci. Med.; v. 38, nº 4, p. 509-16, 1994.
26. CARR-HILL, R. A. *The measurement of patient satisfaction.* J. Public Health Med. v. 14, nº 3, p. 236-49, 1992.
27. CLEARY, P. D.; McNEIL, B. J. *Patient satisfaction as an indicator of quality care.* Inquiry v. 25, nº l, p. 25-36, 1988.
28. LINDER-PELTZ, S. *Toward a theory of patient satisfaction.* Soc. Sci. Med. v. 16, nº 5, p. 577-582, 1982.
29. SITZIA, J. S.; WOOD, N. *Patient satisfaction: a review of issues and concepts.* Soc. Sci. Med. v. 45, nº 12, p. 1829-43, 1997.
30. BEN-SIRA, Z. *The function of the professional's affective behavior in client satisfaction: a revised approach to social interaction theory.* J. Health Soc. Behav. v. 17, nº 3, p. 3-11, 1976.
31. FITZPATRICK, R. *Surveys of patient satisfaction: I – Important general considerations.* BMJ v. 302, nº 6779, p. 887-8, 1991.
32. CALNAN, M. *et al. Major determinant consumer satisfaction with primary care in different health systems.* Fam. Pract. v. 11, nº 4, p. 468-78, 1994.
33. BEAR, M.; BOWER, S. C. *Using a nursing framework to measure client satisfaction at a nurse-managed clinic.* Public Health Nurs. v.15, nº l, p. 50-9, 1998.
34. HADDAD, S. *Patient perception of quality following a visit to a doctor in a primary care unit.* Fam. Pract. 2000; 17 (1): 21-9.
35. JUNQUEIRA, L. A. P.; AUGE, A. P. F. Qualidade dos serviços de saúde e satisfação dos clientes. *Cad. Fundap* 1996; (19): 60-78.
36. ROGERS, A.; KARLSEN, S. *Addington-Hall J. All the services were excellent. It is when the human element comes in that things go wrong: dissatisfaction with hospital care in the last year of life.* J. Adv. Nurs. v. 31, nº 4, p. 766-74, 2000.
37. SANTOS, S. R.; LACERDA, M. C. N. *Fatores de satisfação e insatisfação entre os pacientes assistidos pelo SUS.* R. Bras. Enferm. v. 52, nº 1, p. 43-53, 1999.
38. WILLIANS, S. A. *Quality and care: patient's perception.* J. Nurs. Care Qual. v. 12, nº 6, p. 18-25, 1998.
39. WILLIANS, S. J.; CALNAN, M. *Key determinants of consumer satisfaction with general practices.* Fam. Pract. v. 8, nº 3, p. 237-42, 1991.

40. BROWN, S. W.; NELSON, A. M.; BRONKESH, S. J. *Patient satisfaction pays: Quality service for practice success.* Gaitherburg, An Aspen Publications; 1993; cap. 14, p. 158-172.

41. FRENCH, K. *Methodological considerations in hospital patient opinion surveys.* Int. J. Nurs. Stud. v. 18, nº 1, p. 7-32, 1981.

42. CAMPOS, C. E. A. *Os inquéritos de saúde sob a perspectiva do planejamento.* Cad. Saúde Pública v. 9, nº 2, p. 190-200, 1990.

43. CESAR, C. L. G.; TANAKA, O. Y. *Inquérito domiciliar como instrumento de avaliação de serviços de saúde: um estudo de caso na região sudoeste da área metropolitana de São Paulo, 1989-1990.* Cad. Saúde Pública v. 12, nº (supl. 2), p. 59-70, 1996.

44. MEDINA, E. *El uso de encuestas en la medición del nivel de salud.* Cuad Med. Soc. v. 19, nº 2, p. 5, 1978.

A aplicação da técnica de estimativa rápida como instrumento de apreensão das condições de vida da comunidade e de integração das disciplinas de Administração e de Saúde Coletiva

Káthia de Carvalho Cunha, Lourdes Bernardete dos Santos Pito Alexandre, Maria Celeste Soares Ribeiro, Otília Dora Simões Santos, Mara Rúbia Farias de Oliveira

Contexto e conceitos envolvidos

Discorre-se, nesse capítulo, sobre a aplicação da técnica de estimativa rápida, a partir do reconhecimento das condições de vida da comunidade de uma micro-área contemplada pelo Programa de Saúde da Família da Unidade A. E. Carvalho, Itaquera, São Paulo.

Essa estratégia, que visa sensibilizar o aluno quanto à importância do planejamento em saúde e integrar as Disciplinas de Administração e de Saúde Coletiva do Curso de Graduação de Enfermagem da Faculdade Santa Marcelina-FASM, vem sendo utilizada para favorecer a aproximação do aluno da conformação territorial e para o reconhecimento das condições de vida da população, das necessidades e prioridades.

A utilização dessa estratégia metodológica foi proposta, em 2000, pela docente de Administração e imediatamente aceita pelas professoras da área de Saúde Coletiva que trabalham os conteúdos de Saúde Ambiental e da Comunidade, Epidemiologia e Bioestatística.

A abordagem da estimativa rápida foi introduzida na Disciplina de Saúde Ambiental e da Comunidade, ministrada no primeiro ano do Curso de Graduação em Enfermagem da FASM, após discussão de políticas de saúde, dos equipamentos sociais, do contexto socioeconômico e ambiental, do processo saúde-doença e determinantes, da metodologia do planejamento e concomitantemente aos conteúdos da Disciplina de Epidemiologia e Bioestatística.

A aplicação da técnica de estimativa rápida, nesse contexto, viabiliza o conhecimento, pelo graduando de enfermagem, de uma técnica de planejamento local, de baixo custo, ágil e muito importante para caracterização do perfil de uma dada comunidade, com destaque para os problemas prioritários que requerem intervenção da equipe de saúde. Viabiliza também a vivência rica de uma estratégia participativa de planejamento que demanda conhecimentos, habilidades e atitudes muito peculiares por parte do aluno para que se introduza nos diferentes contextos da instituição de saúde e da comunidade procurando refletir sobre como juntos podem construir um processo de planejamento ascendente mais resolutivo.

A técnica de estimativa rápida possibilita a identificação de grupos populacionais que evidenciam condições semelhantes de vida, quando analisadas variáveis socioeconômicas, demográficas, de saneamento básico, risco, saúde, entre outras, para que a equipe de saúde possa priorizar suas ações para grupos em piores condições de vida, com riscos mais evidentes de adoecimento e de morte, com atenção especial ao princípio de equidade. (ACÚRCIO *et al.*, 1998)

O Programa de Saúde da Família também trabalha com priorização de grupos populacionais, utilizando a estratégia de reconhecimento de problemas da população cadastrada.

O aluno de enfermagem da FASM tem maior contato com o Programa de Saúde da Família no segundo ano do seu Curso, durante as Disciplinas de Enfermagem Preventiva e Doenças Transmissíveis. Assim sendo, vivência duas formas diferentes de aproximação do território, para apreensão da realidade e identificação das necessidades e problemas, visando ao planejamento das intervenções em saúde, fato esse favorecedor do seu aprendizado.

A estimativa rápida, pela identificação de problemas específicos àquele espaço, bem como de seus determinantes, viabiliza propostas de intervenção para problemas de saúde e favorece a aproximação e interação entre a comunidade e a equipe de saúde que a atende, envolvendo todos na análise da situação vivenciada e na proposição de ações compatíveis. Subsidia a manutenção de uma base de dados importante, sempre atualizada pela captação dos diferentes movimentos e transformações que ocorrem nesse espaço estudado que nunca termina de se desconstruir e reconstruir.

O investimento em diretrizes para a implementação da técnica de estimativa rápida, em 1988, pela Organização Mundial de Saúde, deu-se com o intuito de desenvolver métodos capazes de contribuir para a melhoria das condições de saúde das populações pela identificação e priorização das necessidades de saúde e elaboração, execução e avaliação de planos de ação para enfrentamento dos problemas priorizados. (ANNETT, RIFKIN, 1988)

Considerou-se a gravidade das condições de vida das populações, principalmente, das residentes em periferias e ou em bolsões de pobreza e a correlação com as condições socioambientais, a dificuldade de se manter informações confiáveis sobre a realidade em que vivem essas comunidades, bem como aquelas inerentes ao processo de enfrentamento e superação dos problemas que se agravam e ampliam.

ESTRATÉGIA DE ENSINO-APRENDIZAGEM E INSTRUMENTOS UTILIZADOS PARA A ESTIMATIVA

Como estratégia de ensino, a técnica de estimativa rápida foi apresentada aos alunos como uma das possibilidades para se subsidiar o planejamento na saúde. Não aprofunda a captação da realidade, permite uma visão geral, rápida, envolve a comunidade no diagnóstico, análise e proposta de ações para intervenção, valorizando princípios como o da equidade, participação e intersetorialidade. É o passo inicial na elaboração do plano, necessitando, portanto, de outros instrumentos e técnicas complementares para melhor fundamentação do planejamento. Viabiliza uma primeira aproximação e retrata um determinado momento sujeito a contínuas modificações.

Por meio da estimativa rápida obtêm-se apenas os dados mínimos, pertinentes e correlacionados com identificação e caracterização das condições de vida e especificidades locais, desprezando-se aqueles que requeiram mais tempo para análise, mesmo que estejam disponíveis no momento da coleta.

Foi apresentada como uma técnica que permite a obtenção de informações iniciais, superficiais, sobre a realidade vivida pela comunidade, considerando a percepção dessa população, ou seja, apoiando-se em um referencial de planejamento participativo, ascendente, por meio do qual busca-se envolver os moradores de determinado território com os profissionais que têm os recursos para atender as necessidades evidenciadas. Destacou-se o cuidado de não se restringir a participação da comunidade ao momento de obtenção de informações para que os técnicos da saúde possam realizar uma dada intervenção sanitária predeterminada. O envolvimento deve ocorrer durante o processo de planejamento de ações eficazes para os problemas identificados, a intervenção e a avaliação dos resultados e dos processos utilizados.

As necessidades, evidenciadas por meio da estimativa rápida, precisam ser investigadas por métodos mais precisos e específicos, pois a estimativa rápida oferece informações importantes que deverão ser revalidadas e principalmente complementadas.

As informações foram obtidas por meio de entrevistas, observação e análise documental.

Os instrumentos utilizados para coleta de dados foram submetidos a pré-teste e discutidos com profissionais da Unidades A. E. Carvalho para aperfeiçoamento.

As entrevistas foram realizadas com líderes da comunidade, moradores e profissionais de saúde que atuam na área e que, por conhecê-la profundamente, fornecem informações importantes sobre as necessidades e prioridades envolvidas, recursos, problemas, dificuldades e trajetória de vida dessa comunidade.

A observação foi feita no campo, durante a Disciplina de Saúde Ambiental e da Comunidade, pelos alunos coordenados pelas docentes e agentes comunitários de saúde, momento em que se retratou e analisou o contexto em que vivem as famílias e registrou-se os aspectos mais relevantes, relacionados aos problemas de saúde, destacando as características locais em um mapa. Foram observados os recursos existentes, tipo de residência, presença de vetores e outros animais, saneamento do meio, transporte, obstáculos, áreas de lazer, entre outros aspectos que se destacaram.

A análise documental refere-se ao estudo de dados em todos os tipos de documentos que possam conter registros sobre a dada comunidade. Desses registros extrai-se as informações significativas para o planejamento de ações de saúde para aquela comunidade. Identificam-se as necessidades e o grau de prioridade.

A análise documental buscou informações complementares sobre as condições de vida, os problemas, as necessidades, os riscos, enfim, aquilo que interfere na qualidade de vida da comunidade e que requer intervenções imediatas ou atenção especial no planejamento em saúde.

Os alunos vivenciam esse momento durante a Disciplina de Epidemiologia, quando identificam e analisam os indicadores tradicionais de saúde da região em que se insere a micro-área estudada. A docente favorece a obtenção dos dados por meio de captação em fontes secundárias, na Fundação SEADE e IBGE, em função do tempo disponível para essa atividade.

A sistematização do conjunto das informações obtidas subsidiam a construção de um perfil, que, embora ainda muito superficial, caracteriza as condições de vida daquela comunidade, seus problemas e prioridades.

Os alunos vivenciaram o contexto maior em que a técnica da estimativa rápida se insere, ou seja, o processo de viabilização do envolvimento e da participação conjunta entre os professores, graduandos, técnicos da saúde da Unidade A. E. Carvalho e comunidade de uma micro-área, o acesso ao território em que a comunidade vive, favorecido pela agente comunitária de saúde, e a captação da dinamicidade que permeia a vida local.

Sentiram também a importância da determinação, disposição, atenção, percepção aguçada, bom senso, delicadeza, respeito e consideração necessários para viabilizar a aproximação, a obtenção de informações, sua análise e proposição de ações.

Superaram a inibição, barreira inicial na primeira abordagem das famílias nas residências, e envolveram-se validando a crença de que, por meio da estimativa rápida, não se obtêm apenas informações, tem-se acesso ao contexto familiar, às residências e à dinâmica de vida de cada família, que, para falar sobre suas condições de vida, precisa ter criado um vínculo inicial pautado na discrição, no respeito, no compromisso e na corresponsabilidade que se torna inerente à atitude esperada do técnico da saúde na relação com seus clientes.

A abordagem nas residências de moradores foi feita em um único dia, por alunos de duas salas, no período da manhã e da tarde, em que se utilizou um instrumento que continha os dados que deveriam ser obtidos junto às famílias.

Esses dados referiam-se ao nome da família, endereço, número de pessoas que residiam na casa, nome de cada um, sexo, data de nascimento, relação de parentesco, escolaridade, ocupação, registro em carteira, imunização, cirurgias, doenças, tratamentos, lazer, alimentação, problemas referidos, tipo de casa, número de cômodos, aeração, insolação, limpeza, saneamento (água e esgoto), propriedade da casa, rede elétrica, pavimentação, animais domésticos e de criação, roedores, meios de comunicação e de transporte que mais utiliza,

% da renda gasta com transporte, veículo próprio, grupos comunitários que frequenta, lixo produzido, acondicionamento e destino deste, óbitos na família (número, data e causa), quem procura quando adoece, satisfação com o local, renda familiar, dificuldades e riscos locais, observações.

Foram visitadas 97 residências. Considerou-se informantes-chave um trabalhador da equipe de saúde, um líder comunitário, um representante de organização comunitária e um morador antigo, comerciante local.

As entrevistas com os informantes foram norteadas pelas questões:

Fale sobre as condições de vida desta comunidade em relação a:

- Habitação (propriedade da casa, tipo, aeração e insolação, situação de risco);
- Saneamento (água, esgoto, destino das fezes e da urina, roedores, insetos);
- Saúde: problemas de saúde da população, doenças, óbitos, abortos, serviços (cobertura, acessibilidade, qualidade, resolutividade), grupos de risco, quem a comunidade procura quando doente;
- Educação: instituições (equipamentos educacionais), nível de escolarização, analfabetismo, acesso;
- Ambiente: pavimentação, rede elétrica, poluição (ar, água, solo), RSU (produção de lixo, acondicionamento, coleta e destino), áreas de risco;
- Serviços Sociais: creches, centros sociais, áreas de recreação e lazer;
- Transporte: cobertura, confiabilidade, qualidade;
- Inserção no mercado de trabalho formal e informal, registro em carteira, segurança e riscos;
- Movimentos organizados na comunidade (tempo de existência, causas, conquistas);
- Segurança social: acidentes, crimes, violência doméstica.

Fale sobre os principais problemas da comunidade.

Fale sobre as características desta comunidade.

VALIDAÇÃO DA ESTRATÉGIA DE ENSINO-APRENDIZAGEM E DOS INSTRUMENTOS UTILIZADOS PARA A ESTIMATIVA

A estratégia de utilização da técnica de estimativa rápida como uma das possibilidades para o planejamento local foi anteriormente utilizada por graduandas do 4º ano do Curso de Enfermagem da Universidade Estadual do Oeste do Paraná-UNIOESTE, durante o estágio de Administração em Enfermagem em 1999, em uma comunidade agroindustrial de um sub-distrito do Município de Cascavel, no Paraná. Objetivou-se, naquela ocasião, o diagnóstico das condições de vida para subsidiar o planejamento de ações em um processo que envolveu Secretaria de Saúde do Município, comunidade e universidade.

A comunidade foi escolhida pelo fato de que nem a Secretaria de Saúde, nem a Emater possuíam informações que pudessem configurar um perfil aproximado da realidade sobre as condições de vida e os problemas vivenciados pela comunidade para subsidiar um plano de ação.

Esse estudo, intitulado "Diagnóstico das condições de vida da população de uma comunidade agroindustrial do Oeste do Paraná" (CUNHA *et al.*, 1999), foi desenvolvido por meio da utilização da técnica de estimativa rápida e da concepção de território como processo, em permanente construção, o que requer constante mudança nas práticas sanitárias. Entrevistou-se moradores de 78,81% das residências urbanas, ou seja, de 186 das 236 residências da comunidade.

Os objetivos deste estudo foram alcançados, contudo, como o diagnóstico foi amplo e superficial e evidenciou problemas, coube aos profissionais compromissados com o planejamento local a tarefa de envolver a população no aprofundamento dos recortes desse diagnóstico, ou seja, de algumas variáveis priorizadas, para a construção coletiva de alternativas e possibilidades de ações visando à melhoria da qualidade de vida local.

A população local precisava da orientação dos profissionais para que juntos pudessem lutar pelo direito à saúde, pela melhoria da qualidade de vida, sendo essa uma questão eminentemente política, pois contempla a questão do poder sobre as condições de vida que se leva, incluindo nela a consciência sobre o exercício da cidadania. Esse processo árduo, demorado, porém válido, estaria diretamente relacionado ao respeito que cada um tem por si e pelos demais.

Avaliação da vivência dos graduandos de enfermagem da Faculdade Santa Marcelina com a aplicação da técnica de estimativa rápida

Por meio da experiência relatada, os alunos do Curso de Graduação em Enfermagem da Faculdade Santa Marcelina puderam correlacionar conceitos teóricos discutidos em sala de aula com a vivência na micro-área, onde vivem os sujeitos cadastrados no Programa Saúde da Família da Unidade A. E. Carvalho.

A Unidade de Saúde da Família A. E. Carvalho conta com 3687 famílias cadastradas, totalizando 13.648 pessoas. A concentração de pessoas por família é de 3.7, sendo uma população eminentemente jovem, pois o número de pessoas com idade acima de 50 anos representa apenas 18% da população. A micro--área 10, onde aplicou-se a técnica de estimativa rápida, tem 181 famílias cadastradas e um total de 667 pessoas, sendo 1% delas menores de 1 ano de idade e 20% com mais de 50 anos. Apresenta boas condições de saneamento básico, sendo servida em 100% de rede de água e esgoto, eletricidade e coleta de lixo. Contudo, apenas 80% das famílias usam a água tratada em seus domicílios, 18% das crianças de 7 a 14 anos estão fora das escolas e 4% dos moradores maiores de 15 anos não são alfabetizados.

Durante a abordagem teórica, os alunos interessaram-se à medida em que perceberam a importância de buscarem as informações direto com a comunidade e a partir delas elaborarem um diagnóstico inicial sobre as suas condições de vida.

Durante a coleta de dados identificaram dificuldades decorrentes do instrumento utilizado e do despreparo para a aproximação da comunidade. Essa vivência já viabilizou avaliações interessantes e sugestões muito pertinentes por parte dos alunos para aprimoramento da estratégia de ensino-aprendizagem.

Uma das sugestões destacou a importância de serem descritos medidores para cada necessidade investigada, o que facilitará a obtenção e o tratamento dos dados.

Outra sugestão referiu-se à exclusão de alguns dados do instrumento, uma vez que na coleta observou-se que as respostas não foram suficientemente consistentes para serem consideradas em um planejamento.

Essas duas sugestões favorecerão a aplicação da técnica, no próximo ano letivo, melhorando a coleta, o tratamento, a análise dos dados e a elaboração do perfil inicial da comunidade estudada.

Os alunos, em curto espaço de tempo, perceberam que a estimativa rápida viabilizou a correlação de informações advindas da observação, das entrevistas com os moradores da micro-área, dos depoimentos dos informantes e dos dados acrescentados pelos profissionais que atuam na Unidade de Saúde da Família obtidos por meio de análise documental. Essa associação de informações proporcionou a oportunidade de um diagnóstico inicial muito próximo à realidade, o que já contribuiu para o reconhecimento das condições de vida e para a identificação dos problemas e necessidades mais relevantes para o planejamento das ações de saúde em nível local.

A discussão na Unidade A. E. Carvalho, após o processo, enriqueceu a vivência.

A oportunidade de aplicar uma técnica e analisá-la enquanto instrumento para o planejamento local de ações de saúde, e de sugerir mudanças visando ao aperfeiçoamento para melhor adequação aos seus objetivos, validou a experiência dos alunos de graduação e a estratégia usada pelas disciplinas integradas do Curso de Graduação em Enfermagem da FASM. Em 2002, os alunos já utilizarão instrumento aperfeiçoado com cada necessidade decodificada por meio de seus medidores.

Uma das premissas mais relevantes que norteou a aplicação dessa estratégia de ensino-aprendizagem foi a crença na possibilidade e importância do planejamento participativo, ascendente que exista em defesa das comunidades por melhores condições de vida e de assistência aos seus problemas.

CECÍLIO *et al.* (1994: 26) reiteram essa convicção ao defenderem "a adoção de um modelo tecno-assistencial em defesa da vida que pressupõe a garantia do acesso dos cidadãos a todo o desenvolvimento tecnológico hoje à disposição da humanidade, para prolongar e melhorar a qualidade da vida das pessoas; o desenvolvimento de uma consciência sanitária que contribua para que homens e mulheres possam caminhar no sentido de reconhecer e lutar por suas necessidades mais legítimas; o desenvolvimento de formas criativas e eficazes de controle dos cidadãos sobre o estado, no sentido de que este possa ser um dos espaços para uma vida melhor para todos. A noção de que na articulação de necessidades, demandas e direitos, mais do que o imperativo dos saberes tecnológicos, se impõem as disputas que os diferentes sujeitos sociais travam para inscreverem seus interesses como questões sociais, como problemas/objetos das ações políticas concretas."

MERHY (1994: 133) publicou uma experiência de implantação de um modelo assistencial em defesa da vida, discutindo momentos e pressupostos que o nortearam, dando destaque à necessidade de se apostar na possibilidade de se criar um caminho de disputas pelo sentido futuro, de dar um salto em direção do idealizado, quando se "aposta socialmente na construção de um modelo de saúde em defesa da vida, temos que conseguir a adesão, a cumplicidade do conjunto de trabalhadores das unidades de saúde, a fim de que este projeto possa ser a aposta, não só do governo, mas abraçado pelo conjunto de trabalhadores daquela unidade". Sua metodologia fundamentou-se no planejamento, problematização do cotidiano, processamento dos problemas, discussão do processo de trabalho, gestão coletiva e monitoramento.

Considerações Finais

Para 2002 pretende-se aprimorar a estratégia desde o enfoque teórico, os instrumentos para a coleta de dados, o tratamento dos dados e, principalmente, o envolvimento com a equipe do Programa de Saúde da Família e a devolução à Unidade A. E. Carvalho.

A principal contribuição dos alunos para aprimoramento da estratégia referiu-se ao aprimoramento do instrumento norteador das entrevistas com os moradores. Para eles o instrumento deve caracterizar as condições de vida segundo as necessidades relacionadas a habitação, alimentação, saúde, educação, recreação, segurança, previdência ou seguro social, transporte e instalação material.

A habitação seria avaliada por meio dos seguintes medidores: quantidade de pessoas por unidade (quarto), rede de água e esgoto, serviço de coleta de lixo, habitação de material durável, local seguro.

A alimentação seria avaliada por meio dos medidores: existência de fome e de dificuldade para alimentar-se.

A saúde seria avaliada por meio dos medidores: mortalidade infantil, mortalidade materna, cobertura vacinal, diarreia, diabetes, hipertensão, tuberculose, cardiopatias e doenças imunopreveníveis.

A educação seria avaliada por meio dos medidores: analfabetismo, taxas de reprovação, evasão, adesão idade-série, escolarização.

A recreação seria avaliada por meios dos medidores: lazer regular e tempo livre do trabalho remunerado.

A segurança seria avaliada por meio dos medidores: mortes súbitas, acidentes, violência, medo e crimes.

A previdência ou seguro social seria avaliada por meio dos medidores: população coberta pelo sistema previdenciário, pensionistas e aposentados.

O transporte seria avaliado por meio dos medidores: % do salário mínimo investido, regularidade, pontualidade e cobertura.

A instalação material ou excedente seria avaliada por meio dos medidores: motorização, mecanização dos trabalhos domésticos e turismo.

Essas sugestões serão contempladas no planejamento das disciplinas integradas para o ano 2002, tendo como premissa que esse processo estará em contínua reconstrução e que tem a sua maior validade relacionada ao compromisso e ao envolvimento manifestados pelos alunos durante o desenvolvimento dessa estratégia pedagógica.

Em um próximo momento, em discussão com os profissionais da Unidade A. E. Carvalho, essas sugestões serão revistas para elaboração do próximo instrumento de coleta de dados e aperfeiçoamento da estratégia de ensino-aprendizagem.

Segundo AYRES (1995: 203-4) "O passado não cessa de transformar-se. O que precisamos é assumir, a cada momento histórico, nossos papéis de sujeitos dessa transformação. Reconstruamos, então, o passado do futuro de liberdade e criatividade que nos permite pensarmo-nos como gênero humano. (...) Trata-se isso sim de buscar uma atitude possível no presente que faça dos fatos pretéritos não a lembrança de uma experiência 'fossilizada', mas o substrato ainda vivo dos valores pelos quais nos compreendemos hoje e que nos movem rumo ao futuro."

BIBLIOGRAFIA

ANNETT, H.; RIFKIN, S. *Diretrizes para uma estimativa rápida visando avaliar as necessidades de saúde da comunidade.* Genebra: OMS, 1998.

ACÚRCIO, F. de A.; SANTOS, M.A. dos; FERREIRA, S.M.G. A aplicação da técnica da estimativa rápida no processo de planejamento local. *In*: MENDES, E. V. [Org.]. *A organização da saúde no nível local.* São Paulo: Hucitec, 1998.

CUNHA, Káthia de Carvalho [Org.] *Diagnóstico das condições de vida da população de uma comunidade agroindustrial do oeste do Paraná.* Cascavel, 1999. Relatório de pesquisa – Curso de Enfermagem, Universidade Estadual do Oeste do Paraná.

CECÍLIO, L. C. de O. [Org.] *Inventando a mudança na saúde.* São Paulo: Hucitec, 1994.

MERHY, E. E. Em busca da qualidade dos serviços de saúde. *In*: CECÍLIO, L. C. de O. [Org.] *Inventando a mudança na saúde.* São Paulo: Hucitec, 1994. cap. 3, p. 117-60.

Anexo. Instrumento para entrevista com os moradores

Estimativa rápida			
Instrumento de entrevista com os moradores			
Unidade:			
Área:		Micro-área:	
Endereço:			
Família:			
Número de pessoas que residem na casa:			
Medidores	**Necessidade**		**Observações**
	Habitação		
No de pessoas por quarto			
Rede pública de esgoto	Sim	Não	Outro:
Rede pública de abast. de água	Sim	Não	Outro:
Serv. público de coleta de lixo	Sim	Não	Outro:
Casa de material durável	Sim	Não	Outro:
Local seguro	Sim	Não	Problemas:
	Alimentação		
Existência de fome	Sim	Não	Frequência:
Dificuldade para comprar alimentos	Sim	Não	Frequência:

Medidores	Necessidade		Observações					
	Saúde							
Mortalidade infantil	Não	Sim	Motivo:			Nº de óbitos:		
Mortalidade materna	Não	Sim	Motivo:			Nº de óbitos:		
Vacinação atualizada	Não	Sim						
Diarreia	Não	Sim	Tratamento:	s ( )	n ( )	Nº de pessoas:		
Diabetes	Não	Sim	Tratamento:	s ( )	n ( )	Nº de pessoas:		
Hipertensão	Não	Sim	Tratamento:	s ( )	n ( )	Nº de pessoas:		
Tuberculose	Não	Sim	Tratamento:	s ( )	n ( )	Nº de pessoas:		
Cardiopatias	Não	Sim	Tratamento:	s ( )	n ( )	Nº de pessoas:		
Doenças imunopreveníveis	Não	Sim	Tratamento:	s ( )	n ( )	Nº de pessoas:		
Aborto	Não	Sim	Motivo:			No:		
	Educação							
Analfabetismo	Não	Sim	Quantas pessoas:					
Reprovações	Não	Sim	Quantas pessoas:					
Evasão	Não	Sim	Quantas pessoas:					
Adesão idade-série	Não	Sim						

Escolarização por nº de pessoas da casa	Fund. comp.	Fund. incomp.	Méd. comp.	Méd. incomp.	Sup. comp.	Sup. incomp.	Menor de 7 anos	Observações

Estimativa rápida		
Instrumento de entrevista com os moradores (continuação)		
Medidores	Necessidade	Observações
	Recreação	
Lazer regular	Sim Não	
Tempo livre de trab. remuner.	Sim Não	Fora período de sono
	Segurança	
Mortes súbitas	Não Sim	Número: Motivo:
Acidentes	Não Sim	Tipo:
Violência	Não Sim	Tipo
Medo	Não Sim	Motivo:
Crime	Não Sim	Tipo
	Previdência ou seguro social	
Pessoas com prev. social	Não Sim	Número: Motivo:
Aposentados	Não Sim	Número: Motivo:
Pensionistas	Não Sim	Número: Motivo:

Estimativa rápida			
Instrumento de entrevista com os moradores (continuação)			
Medidores	Necessidade		Observações
	Transporte		
% do sal. mínimo investido			
Regularidade	Sim	Não	
Cobertura em toda área	Sim	Não	
Pontualidade	Sim	Não	
	Excedente econômico		
Motorização	Não	Sim	
Mecanização do trab. domést.	Não	Sim	
Turismo	Não	Sim	

AVALIAÇÃO DO ATENDIMENTO MÉDICO DE EQUIPES DO PROGRAMA DE SAÚDE DA FAMÍLIA ATRAVÉS DE AUDITORIA DE PRONTUÁRIOS

CIBELE NAVARRO DE SOUZA, WILMA BRAGA DE GÓES, SANDRA GRISI

INTRODUÇÃO

O modelo biomédico de atenção primária em vigor no país prevê a assistência de três profissionais médicos distintos: clínico, pediatra e ginecologista, tendo como objeto de atenção a doença. Cada qual cuidando de sua área de competência especializada. Quanto à atenção à saúde coletiva, conta com a participação de médicos sanitaristas, também especializados e com pouca integração com o trabalho assistencial das unidades, muitas vezes apenas administradores em saúde ou vozes políticas do contexto local e com pouca ação prática junto às necessidades da população e de suas famílias.

A partir de 1986, na 1ª Conferência Internacional Sobre Promoção de Saúde, Canadá, nasce a necessidade de se rever o paradigma de atenção à saúde centrado no biológico, para substituí-lo por um modelo mais abrangente, que resgatasse as dimensões psicológicas, socioculturais e ambientais do ser humano. O novo modelo passa a ter como objeto não só a ausência de doença, mas, principalmente, a qualidade de vida.

Dentro desse contexto, surge no Brasil o Programa de Saúde da Família, que prevê um novo modelo de atenção primária. Exige do profissional médico uma qualificação diferente do modelo tradicional. Demanda três habilidades, ou "espectros" de ação do médico. Estes "espectros" não têm uma ordem de importância, mas agrupam-se em equidade às situações distintas, podendo tornar melhor ou pior a eficácia do trabalho do médico dentro da equipe do PSF. São os seguintes:

- amplo conhecimento médico geral e sistêmico;
- sensibilidade em relação aos múltiplos fatores (social, econômico, ambiental, familiar, cultural, etc) componentes do processo saúde-doença;
- maleabilidade para o trabalho em equipe.

A cultura médica ampla do profissional é influenciada pela formação acadêmica e também pelo interesse individual. De maneira desfavorável, nossas escolas de graduação estimulam precocemente a especialização, em detrimento à formação geral (em saúde da criança, adultos, idosos e mulheres) e à promoção da saúde. O ensino é fragmentado, não há uma Disciplina que integre todo o conhecimento adquirido. A metodologia didática das diversas Disciplinas não estimula a problematização, apenas memorização de conceitos. A prática torna-se empobrecida devido à falta de articulação com a teoria. Em consequência, a aplicação dos conhecimentos para diagnósticos, com tecnologias cada vez mais avançadas, tornou-se regra. O jovem médico é treinado desde cedo para "diagnosticar e tratar" doenças e não sabe como cuidar do ser humano. Sabe que exames pedir, mas não sabe ouvir. Ele faz diagnósticos com uso de aparelhos sofisticados, mas desconhece que mais de noventa por cento da demanda ambulatorial geral é resolvida sem ajuda de exames ou especialistas.

Ensina-se a respeito de doenças e não de pessoas doentes, que têm família, amigos, trabalho, onde vivem e interagem, e que, certamente, contribuem para a saúde, o adoecimento e a recuperação. Apesar da formação médica não oferecer integração, é possível que o profissional médico seja sensível a essa complexidade e consiga unir conhecimentos tecnológicos com humanismo. A Medicina "encantou-se" demais com o enorme avanço do conhecimento biológico-científico das últimas cinco décadas, dispensando de maneira equivocada o lado humanístico fundamental da profissão. A maioria das Faculdades de Medicina não oferece as Disciplinas de Antropologia, Sociologia, Filosofia e História da Medicina. Esta carência empobrece a cultura geral do estudante de medicina e diminui a consciência crítica da realidade humana e social.

A vivência pessoal do médico, suas características de personalidade e suas experiências são os fatores que determinarão sua maior ou menor habilidade em lidar com o lado humano da profissão. Enquanto médicos especialistas podem "evitar", até certo ponto, enfrentar complicadas situações sócio-familiares, valendo-se de sua atuação localizada em certo órgão ou função, o médico da equipe do PSF não pode recorrer a este recurso. Portanto, o médico do PSF deve, obrigatoriamente, ter maior abertura para ajudar seus pacientes a obter qualidade de vida. McWinney[8] cita os três "C" das características pessoais do médico de família: colaboração (tomar decisões com o paciente, não para o paciente), compromisso (ter responsabilidade, comprometer-se) e compaixão (cuidar, solidarizar-se com o sofrimento alheio). Em outros países, a formação médica é muito diferente da oferecida no Brasil[3,13-8] e a Disciplina de Medicina de Família faz parte do currículo fundamental, preparando o jovem médico para a atenção integral e humanizada em saúde.

Quanto ao trabalho em equipe, ele exige integração do médico com a enfermagem e com as agentes comunitárias de saúde (representantes da população). Mais uma vez, a formação acadêmica é insuficiente, pois estimula o trabalho individual e a competição. Dentro da equipe de saúde da família, o médico deve ser capaz de dialogar, problematizar, promover educação em saúde e em autocuidado, enfim, conscientizar[4,7] a equipe e a população por ele assistida. Deve socializar e compartilhar seus conhecimentos em vários níveis de necessidades, tanto curativas como preventivas.

O Programa de Saúde da Família proposto pelo Ministério da Saúde em nosso país contempla excelentes ações em atenção primária, principalmente a socialização do conhecimento em saúde. As atribuições médicas e de enfermagem não são tão rígidas como no modelo tradicional, e muitas vezes se confluem de maneira extremamente favorável ao andamento do trabalho em equipe, e, principalmente, em resolutividade para a população. A demanda para especialidades é racionalizada, diminuindo a sobrecarga da atenção secundária. Trata-se de um modelo racional e equânime, porém, exige mudanças do setor saúde do país para as quais ele não está preparado. Demanda profissionais médicos que a academia não sabe formar e que ainda forma e coloca no mercado um excesso de especialistas desnecessários ao sistema. Cria desemprego para aqueles que não aderem ao Programa, e aos que aderem, a angústia de não se sentirem capacitados para exercê-lo. O PSF, apesar de ser resolutivo e adequado ao nosso país, está provocando sérios conflitos com as entidades acadêmicas e, principalmente, com as sociedades de especialidades médicas, defensoras de interesses de classes e da medicina privada, ressentidas com a realidade da perda de mercado de trabalho.

Portanto, o PSF não é somente um novo modelo de atenção primária, é um novo gerenciamento da atenção em saúde, mais racional, equânime e resolutivo, com consequências em outros níveis: obriga mudanças radicais no sistema educacional dos profissionais da saúde a médio e longo prazo e desafia o mercado de trabalho desses profissionais a curto prazo.

O presente trabalho pretende avaliar a produção do profissional médico das equipes do QUALIS/PSF Santa Marcelina no aspecto biológico, ou seja, o quanto de conhecimento técnico ele utiliza no seu cotidiano. Esta avaliação será conduzida através de seus registros em prontuários. Estes foram observados criticamente e os dados tratados quantitativamente. Os dados escolhidos para pesquisa cobrem situações e/ou sinais clínicos estudados na formação médica básica.[10,12,13-c]

Essa avaliação pretende auxiliar futuros planejamentos de ações voltadas para a capacitação técnica de médicos que vierem a integrar equipes do PSF.

OBJETIVOS

Objetivo geral

Avaliar o atendimento médico das equipes de Saúde da Família do QUALIS/PSF Santa Marcelina através da análise de anotações em prontuários.

Objetivos específicos

Avaliar o atendimento médico prestado à criança, à mulher e ao adulto através da análise de anotações específicas em prontuários, selecionadas a partir de padrões considerados de consenso na literatura médica e que indicam algumas situações de risco para cada grupo.

METODOLOGIA

Foram analisados, aleatoriamente, 168 prontuários familiares relativos ao trabalho de 44 médicos integrantes de equipes de Saúde da Família do QUALIS/PSF-Santa Marcelina durante o mês de outubro de 1999, que na época constituíam 100% dos profissionais contratados.

Estes prontuários familiares continham 626 prontuários individuais, ou seja, 626 pessoas em acompanhamento pelo PSF.

Foram coletados dados contidos nas anotações de consultas médicas, através de um instrumento que quantificou a presença ou ausência de anotações a respeito das seguintes informações:

Saúde da Mulher: ciclo menstrual/planejamento familiar, data do último citológico cervical/coleta/resultados e consulta de puerpério (pós-parto).

Saúde do Adulto: aferição de peso/índice de massa corpórea, tabagismo, etilismo, hipertensão arterial e diabetes.

Saúde da Criança: vacinação, diagnóstico nutricional em geral, ganho ponderal e estímulo ao aleitamento materno em consultas de puericultura.

O Banco de Dados foi analisado pelo Programa Epi-INFO da OMS.

Previamente à coleta dos dados, em agosto de 1999, os profissionais médicos foram informados através de notificações que a pesquisa seria realizada, salientando-se a importância de reconhecer e anotar em prontuário aspectos essenciais da Saúde da Mulher, da Criança e de Adultos.

Algumas informações da Ficha A (Cadastro Familiar) foram utilizadas para auxiliar a análise dos dados obtidos através das anotações médicas. A Ficha A é preenchida pelas Agentes Comunitárias de Saúde durante a 1ª visita a uma família e atualizada mensalmente, a cada visita de rotina. A Ficha A é padronizada pelo Ministério da Saúde e contém informações a respeito da família (número de pessoas, idade, escolaridade, renda e morbidades referidas e/ou conhecidas, dependências químicas, etc.) e também do ambiente (situação de saneamento, moradia, inserção em grupos sociais, etc). Os dados obtidos pela Ficha A são utilizados para alimentar o SIAB (Sistema de Informações da Atenção Básica) do Ministério para uso deste e, também, para controle local das Equipes do PSF.

RESULTADOS

Informações da Ficha de Cadastro (Ficha A)

a) Houve prontuários onde não foi encontrada a Ficha A:

Com ficha A	144	85,7%
Sem ficha A	24	14,3%
TOTAL	168	100%

b) Famílias e crianças (menores de 14 anos):

Famílias com crianças	114	79,3%
Famílias sem crianças	30	20,7%
TOTAL	144	100%

c) Indivíduos cadastrados pelas Fichas A disponíveis:

Menores de 14 anos	264	37,2%
Homens	199 (13 são >60 anos)	28%
Mulheres	247 (22 são >60 anos)	34,8%
TOTAL	710	100%

d) Anotações* de prioridades e/ou condições referidas pelas famílias:

Hipertensão Arterial	38	26,4%**
Diabetes	7	4,9%**
Alcoolismo	11	7,6%**
Tabagismo	32	22,2%**

* um prontuário pôde ser citado em mais de uma prioridade e/ou condição.
** % calculada sobre o total de 144 (100% de cadastro conhecido).

Informações obtidas pelas anotações médicas:

a) Demanda geral de consultas médicas:

Haviam 626 prontuários individuais utilizados para consultas médicas nos 168 prontuários familiares. Não foi possível calcular o número total de pessoas cadastradas devido a 14,3% desses prontuários familiares estarem sem Ficha A.

b) Média de pessoas atendidas/família = 3,73 (mediana = 3).

c) Demanda para consultas médicas:

Crianças < 1 ano	24	3,8%
Crianças de 1 a 14 anos	240	38,4%

Homens	115	18,4%
Mulheres	247	39,4%
TOTAL (pessoas atendidas)	626	100%

d) Demanda de mulheres nos prontuários familiares:

Prontuários de pelo menos 1 mulher atendida	156	92,9%
Prontuários sem mulheres atendidas	12	7,1%
TOTAL	168	100%

d-1) Citologia cervical uterina (Papanicolaou)*:

SIM	104	66,7%
NÃO	52	33,7%
TOTAL	156	100%

* consideraram-se positivas as anotações de data do último exame, descrições da coleta e condutas a partir de resultados trazidos de outros Serviços ou do próprio, realizadas exclusivamente pelo médico, em pelo menos 1 mulher daquela família.

d-2) Ciclo Menstrual e Planejamento Familiar*:

SIM	71	45,5%
NÃO	85	54,5%
TOTAL	156	100%

* consideraram-se positivas as anotações a respeito da Data da Última Menstruação (independentemente da idade ou queixa da paciente), uso de métodos anticoncepcionais (inclusive citações de laqueadura tubária ou vasectomia do parceiro), data da menopausa ou histerectomia pregressa, realizadas exclusivamente pelo médico, em pelo menos 1 mulher daquela família.

d-3) Pré-Natal pregresso (realizado ou não na Unidade)*:

SIM	35	22,4%
NÃO	121	77,6%
TOTAL	156	100%

* consideraram-se positivas as anotações médicas de Pré-Natal concluído.

128 SAÚDE NA FAMÍLIA E NA COMUNIDADE

d-4) Consulta Médica de Puerpério (Revisão de colo/consulta ginecológica)*:

SIM	117	48,6%
NÃO	18	51,4%
TOTAL	35	100%

* consideraram-se positivas as anotações de consulta médica (com avaliação ginecológica), em pelo menos 1 puérpera daquela família, em qualquer ocasião dentro de 6 meses após o parto (ou referências anotadas que o exame foi feito em outro Serviço).

e) Demanda de adultos nos prontuários familiares:

Prontuários com adultos atendidos	162	96,4%
Prontuários somente com crianças	6	3,6%
TOTAL	168	100%

e-1) Anotações de peso e/ou Índice de Massa Corpórea (IMC)*:

SIM	107	66%
NÃO	55	34%
TOTAL	162	100%

* consideraram-se positivas as anotações de peso e/ou IMC (ou comentários sobre estado nutricional do adulto), feitas exclusivamente pelo médico, em pelo menos 1 adulto daquela família durante uma consulta médica qualquer (excetuando-se as de Pré-Natal).

e-2) Atendimento de hipertensos:

Prontuários com hipertensos	39	24,1%
Prontuários sem hipertensos	123	75,9%
TOTAL	162	100%

e-3) Atendimento de diabéticos*:

Prontuários com diabéticos	18	11,1%
Prontuários sem diabéticos	144	88,9%
TOTAL	162	100%

* na amostragem estudada apareceram somente diabéticos do tipo 2.

AVALIAÇÃO DO ATENDIMENTO MÉDICO 129

e-4) Referências a respeito de tabagismo*:

SIM	64	39,5%
NÃO	98	60,5%
TOTAL	162	100%

* consideraram-se positivas as anotações realizadas exclusivamente pelo médico durante a anamnese ou exame físico, em pelo menos 1 adulto daquela família em qualquer situação, a respeito do hábito de fumar (por ex., "nega tabagismo", "fuma 10 cigarros/dia", "fumou 20 anos e parou há 1 ano", "odor de fumo", etc.).

e-5) Referências a respeito de etilismo*:

SIM	53	32,7%
NÃO	109	67,3%
TOTAL	162	100%

* consideraram-se positivas as anotações realizadas exclusivamente pelo médico durante a anamnese ou exame físico, em pelo menos 1 adulto daquela família em qualquer situação, a respeito do abuso e/ou uso de bebidas alcoólicas (por ex., descrição do questionário CAGE, "nega etilismo", "bebe 2 latas de cerveja/dia", "refere 2 internações devido ao abuso de álcool", "hálito etílico", etc.)

f) Demanda de crianças (<14 anos) dos prontuários familiares:

Prontuários com crianças	123	73,2%
Prontuários sem crianças	45	26,8%
TOTAL	168	100%

f-1) Referências a respeito de Vacinação*:

SIM	160	48,8%
NÃO	63	51,2%
TOTAL	123	100%

* consideraram-se positivas as anotações realizadas exclusivamente pelo médico a respeito da situação do calendário vacinal de pelo menos 1 criança daquela família, independentemente da idade ou motivo da consulta.

f-2) Diagnóstico Nutricional*:

SIM	1106	86,2%
NÃO	17	13,8%
TOTAL	123	100%

OBS: * consideraram-se positivas as anotações realizadas exclusivamente em consultas médicas a respeito do estado nutricional, da curva de crescimento, condutas em casos de desnutrição ou obesidade, em pelo menos 1 criança daquela família, ou mesmo somente a aferição do peso (esta última situação não aconteceu em 17 prontuários familiares, ou seja, houve consultas médicas pediátricas em que a criança não foi pesada).

f-3) Puericulturas pregressas*:

Prontuários familiares com anotações de puericulturas pregressas	27	22%
Sem puericultura	96	78%
TOTAL	123	100%

* os prontuários individuais mostraram:

Crianças com < de 4 consultas médicas no 1º ano de vida	9	33,3%
Crianças com 4 ou + consultas médicas no 1º ano de vida	18	66,7%
TOTAL	27	100%

f-4) Puericulturas pregressas e em andamento:

Puericulturas em andamento	22
Puericulturas pregressas	27
TOTAL de Puericulturas	49
% sobre Pront. Fam. c/ criança (123)	39,8%
% sobre Pront. Fam. geral (168)	29,2%

f-5) Ganho ponderal na Puericultura*:

SIM	33	67,4%
NÃO	16	32,6%
TOTAL	49	100%

* consideraram-se positivas as anotações feitas exclusivamente pelo médico nas consultas de puericultura a respeito da evolução ponderal da criança, comentários e

condutas, orientações e curva de crescimento presente (adequada ou parcialmente construída); nas 16 puericulturas "negativas", não havia nenhuma menção sobre a evolução ponderal da criança.

f-6) Aleitamento Materno na Puericultura*:

SIM	30	61,2%
NÃO	19	38,8%
TOTAL	49	100%

* consideraram-se positivas as anotações em que o médico, durante a Puericultura, anotou condutas que estimulassem o aleitamento materno, como, por ex., "suspender leite de vaca", "orientações à mãe sobre as vantagens do aleitamento materno", "aumento da oferta de líquidos à mãe", "orientações à mãe sobre a pega", etc.

ANÁLISE E DISCUSSÃO DOS DADOS

Não havia a Ficha A de cadastro familiar em 14% dos prontuários familiares, provavelmente por estarem com as agentes comunitárias para atualização ou em digitação de dados para o SIAB. A ausência da ficha de cadastro prejudica a consulta médica, pois o profissional não tem acesso às várias informações a respeito da inserção sócio-familiar do indivíduo atendido (com quem vive, quais as condições da moradia, dados de escolaridade geral e idades dos membros daquela família) e, também, impossibilita saber previamente se o indivíduo pertence àquele núcleo familiar por ele referido (algumas vezes são parentes ou amigos que moram em outro local e querem ser atendidos na Unidade). No entanto, o problema pode ser contornado pelo médico com uma anamnese bem feita.

Quanto à avaliação comparativa entre a população cadastrada e a população atendida (demanda para consultas médicas), o estudo mostrou que a demanda de menores de 14 anos é aproximada ao observado no cadastramento, em torno de 44% e 40%, respectivamente, o que demonstra boa procura para atendimento pediátrico no PSF. Pelo cadastramento, quase 80% das famílias têm menores de 14 anos, o que torna o conhecimento em puericultura e saúde da criança indispensável ao médico do PSF.

Ainda comparando-se cadastro e demanda, houve predominância da demanda feminina: 39% de prontuários individuais de mulheres e 18% de homens. A população geral cadastrada foi de quase 35% de mulheres e 28% de homens (Ficha A). Os dados mostraram que a população masculina procura menos o PSF em relação à feminina, talvez pelo menor número de ações dedicadas à atenção específica à saúde do homem. Anteriormente, havia a crença que a população masculina não procurava serviços de saúde devido ao trabalho, porém, na atualidade, tanto homens como mulheres estão quase igualmente inseridos no mercado de trabalho. Em algumas regiões do país, as mulheres têm, inclusive, maior oferta de empregos do que os homens. Outra crença ainda culturalmente presente na população é de que os serviços de atenção primária ofereçam apenas vacinação, puericultura, pré-natal e ginecologia, portanto, serviços para mulheres e crianças. É necessário incrementar programas voltados para a saúde do homem, como prevenção de câncer de próstata, assim como em saúde mental, abuso de álcool e drogas. Com a entrada da mulher no mercado de trabalho, houve mudanças importantes na estruturação familiar moderna. A figura masculina provedora enfraqueceu, principalmente em localidades onde a oferta de empregos para homens é menor. A qualidade de vida masculina tornou-se pior, principalmente em populações com baixa escolaridade nos grandes centros urbanos. Desemprego, baixa autoestima, maior tendência à violência, alcoolismo e abuso de drogas são mais comuns entre homens do que mulheres.

Quanto à referência, no ato do cadastramento, de algumas patologias prevalentes, como hipertensão arterial e *diabetes melitus*, foi interessante notar que 26,4% referiu ter ciência de sua hipertensão e 4,9% do diabetes. Em comparação à quantidade de hipertensos atendidos, 24,1%, foi próximo ao do cadastro. Portanto, o PSF não incrementou diagnósticos de hipertensão arterial, mas, ofereceu seguimento a quase todos os hipertensos da área. Diferentemente do diabetes, em que a porcentagem de atendidos na amostragem foi de 11,1% e os cadastrados, 4,9 %, o que pode mostrar que novos diabéticos foram diagnosticados e estão sendo seguidos no PSF. A periodicidade dos atendimentos e a resolutividade das ações propostas não foram consideradas no estudo.

Saúde da Mulher

Quanto à saúde da mulher, houve grande demanda de mulheres para consultas médicas em geral, mais de 90% dos prontuários familiares continham algum prontuário individual de pacientes femininas. Portanto, o médico da equipe do PSF necessita de consideráveis conhecimentos a respeito da atenção básica em saúde da mulher, independentemente do motivo que a trouxe para consulta.

O estudo mostrou que em cerca de 33% dos prontuários familiares com mulheres, não havia anotações a respeito da data do último exame citológico cervical de nenhuma mulher daquela família, apesar de terem passado por consultas médicas por variados motivos. É fato fundamental do conhecimento médico que o exame de Papanicolaou é simples e eficaz na prevenção do câncer de colo uterino (ainda muito prevalente em nossa população) e de doenças sexualmente transmissíveis com potencial carcinogênico, como o HPV. Se não foi anotado, provavelmente não foi considerado importante no entendimento do profissional. Além do atendimento da queixa principal, cabe ao médico da equipe do PSF orientar e conscientizar ações preventivas essenciais como esta.

O fato de alguns médicos não interrogarem sobre o Papanicolaou não é justificável, visto que até as agentes comunitárias são treinadas para orientar e conscientizar a população a respeito dos riscos da falta desse procedimento preventivo de rotina.

Vale salientar que a coleta de Papanicolaou nas Unidades do QUALIS/PSF S. Marcelina é realizada regularmente, com agendamento prévio ou a qualquer momento se for necessário.

Em aproximadamente metade dos prontuários familiares com mulheres não havia anotações, durante as consultas médicas, a respeito do ciclo menstrual, menopausa ou sangramentos genitais em geral. A fisiologia e as principais patologias ginecológicas se apresentam como ausência ou irregularidades das perdas sanguíneas genitais, não importando a faixa etária.

A presença de uma gravidez incipiente (ainda não diagnosticada) com riscos do uso de drogas teratogênicas, início tardio do Pré-Natal, métodos anticoncepcionais inadequadamente utilizados (ou seus efeitos colaterais simulando síndromes clínicas), abortamentos incompletos ou infectados, sangramentos excessivos não referidos (por pudor, por ex.) como causa de anemias crônicas e perdas sanguíneas pós-menopausa (com grande risco de neoplasia endometrial ou cervical) são algumas possíveis situações que o profissional, por não ter interrogado à paciente sobre seu ciclo menstrual, deixou de fazer o diagnóstico precoce, prevenção e tratamento de patologias graves, incapacitantes ou fatais.

Em mulheres no menacma, o interrogatório sobre o ciclo menstrual abre a discussão, em conjunto com a paciente, sobre os métodos anticoncepcionais por ela experimentados e qual o método em uso atualmente. Esclarecimentos sobre possíveis dúvidas tornam-se mais fáceis e evitam-se gestações não-planejadas. Outra possibilidade para estas ocasiões é o incentivo ao uso de preservativos, tanto para o planejamento familiar como para prevenção de DSTs (Doenças Sexualmente Transmissíveis).

Quanto ao Pré-Natal, a amostragem continha 22,4% de prontuários individuais de mulheres com referências de Pré-Natais concluídos (realizados ou não no PSF), citações de parto recente, ou presença concomitante de prontuário de filho menor de 6 meses. Foram desconsiderados os Pré-Natais em andamento.

Dos Pré-Natais concluídos, mais de 50% não traziam referências quanto à consulta de puerpério (exame ginecológico geral cerca de 40 dias pós-parto), apesar de alguns terem consultas anotadas por outros motivos. Conclui-se que essas mulheres não foram vistas pelo médico da equipe do PSF com a visão sistêmica em saúde. Perderam-se oportunidades de diagnóstico, prevenção e tratamento das frequentes ectopias cervicais pós-parto e que, muitas vezes, requerem cauterização (o que facilita a cura e evita risco de malignização, principalmente em multíparas e portadoras de HPV).

Perdeu-se, também, a oportunidade para orientação anticoncepcional precoce e para incentivo ao aleitamento materno exclusivo. A orientação dada à puérpera leva indiscutivelmente à melhor qualidade de vida dela própria, de seu recém-nascido e de sua família.

Saúde do Adulto

Quanto à saúde do adulto em geral, o estudo mostrou grande demanda clínica para o médico da equipe do PSF, pois mais de 96% das famílias o procuraram para atendimento de adultos.

A literatura médica mostra em inúmeros trabalhos que os hábitos de vida influenciam, ou até podem determinar, cerca de 50% dos problemas de saúde do adulto. A qualidade de vida é fortemente determinada pelos hábitos desenvolvidos ao longo da vida. Estes hábitos, em conjunto com outros fatores, podem adiar ou trazer precocemente as incapacidades consequentes às doenças crônicas-degenerativas.

A avaliação do índice de massa corpórea (peso [kg]/altura^2 [m]) é um procedimento simples, facilmente realizável em qualquer consulta médica. Fornece importantes informações a respeito do estado nutricional do adulto, assim como alerta para tendências de risco para a desnutrição ou obesidade.

Como consequência aos erros alimentares e ao sedentarismo dos tempos atuais, a obesidade está aumentando de maneira preocupante. Doenças plurimetabólicas e cardiovasculares, como diabetes, hipertensão arterial e dislipidemias resultantes do excesso de peso, aparecem em populações cada vez mais jovens. A equipe do PSF deve estar atenta para orientar a respeito de hábitos alimentares saudáveis e estimular a atividade física da população.

Quanto às referências a respeito de aferição de peso dos adultos (excetuando-se as gestantes) durante a consulta médica, o estudo mostrou que 66% dos prontuários familiares continham informações do peso, cálculos de IMC, críticas ou citações sobre obesidade ou riscos consequentes ao excesso de peso ou desnutrição.

O interrogatório e aconselhamento a respeito de hábitos alimentares, do ponto de vista qualitativo, é relativamente fácil (ex. evitar alimentos gordurosos, estimular o consumo de fibras, etc.). Quanto à avaliação quantitativa, cada situação deve ser individualizada conforme a atividade física, idade, patologias associadas, etc. Uma avaliação perfeita para cada caso compete a profissionais nutricionistas especializados, mas o médico da equipe do PSF deve fazer um seguimento do peso do paciente, obtendo assim um dado objetivo para avaliar a aderência a dietas.

Não há dúvida de que a obesidade é um fator de risco para várias patologias e leva à pior qualidade de vida. Em cerca de 30% dos prontuários familiares não houve aferição de peso em nenhuma consulta médica clínica, apesar da indiscutível necessidade para diagnóstico de obesidade e para seguimento de diabéticos e hipertensos.

Quanto ao tabagismo, as referências de cadastro estão em conformidade com a literatura, cerca de 20% da população em geral é fumante. Em 60% dos prontuários familiares não havia qualquer citação positiva ou negativa a respeito do hábito de fumar.

Bronquite crônica, enfisema, infarto do miocárdio e neoplasia pulmonar são patologias obviamente associadas ao tabagismo e até propagadas pela imprensa e pelo Ministério da Saúde. Além disso, o tabagismo ocasiona também outra série de problemas que levam a aumento da demanda para consultas médicas e a sua relação com o hábito de fumar é frequentemente subvalorizada. Cefaleias inexplicáveis, "resfriados" que demoram a curar, sinusites de repetição, problemas gengivais e laringofaringites, síndromes dispépticas, hálito fétido, perda de apetite, emagrecimento, fadiga, tosse crônica, insônia, palpitações, hipertensão arterial, crises anginosas, impotência e dores em panturrilhas são alguns exemplos que levam o paciente a procurar o médico.

Outra possibilidade pouco lembrada, mas fundamental para o médico da equipe do PSF, é a observação de fumantes passivos no domicílio. As crianças que convivem com fumantes têm maiores possibilidades de adoecer com doenças respiratórias do que as que não convivem, fato confirmado em diversos estudos. Idosos próximos e cônjuges de fumantes são também prejudicados.

Outras consequências do tabagismo são os acidentes vasculares cerebrais, insuficiências coronarianas, insuficiências arteriais periféricas e gangrenas de membros inferiores, principalmente se associadas com hipertensão arterial, dislipidemias e diabetes. São patologias sérias e podem gerar incapacidades definitivas para o indivíduo. A família é afetada também, pois suportará as consequências das sequelas no cuidado com o doente.

O estudo mostrou que apenas 40% dos prontuários familiares continham alguma referência médica a respeito de tabagismo. O esperado seria uma maior porcentagem, visto a alta prevalência de fumantes na população cadastrada. Perderam-se oportunidades de aconselhamento vindas do profissional médico. Muitos estudos mostraram que o conselho médico é mais efetivo na interrupção do hábito de fumar do que outros meios.

Quanto às referências sobre etilismo, cerca de 30% dos prontuários familiares mostraram alguma citação, sobre qualquer situação de consumo ou abstenção de álcool. Os 70% restantes não mostraram anotações a respeito em nenhuma consulta médica daquela família.

O cadastro mostrou que há aproximadamente 7% de etilistas referidos. Provavelmente, essa porcentagem seja maior, visto que o alcoolista comumente nega sua situação, além de ser "estigmatizado" socialmente pelos transtornos que provoca.

O abuso de álcool é uma doença e deve ser tratada. Leva a distúrbios mentais, neurológicos (demência e neuropatias), cardiovasculares e hepáticos. Portanto, deve ser investigado em qualquer consulta médica, seja pela anamnese ou durante o exame físico. Para o médico da equipe do PSF, a importância dessa investigação é maior, pois o médico deve sempre fazer a análise do contexto familiar. A qualidade de vida do alcoolista e de sua família é, indiscutivelmente, prejudicada por maiores probabilidades de internações (psiquiátricas ou clínicas), violência doméstica e geral, desemprego, desestruturação familiar e negligência com crianças e idosos.

Na maioria dos prontuários analisados (70%), não havia anotações médicas a respeito do consumo de álcool pelas famílias.

Saúde da Criança

O estudo mostrou grande demanda de menores de 14 anos, cerca de 70% dos prontuários familiares traziam consultas individuais de crianças. Portanto, o médico da equipe do PSF deve ter bons conhecimentos em pediatria preventiva e curativa no nível da atenção básica.

Quanto às referências a respeito de vacinação, em aproximadamente 50% dos prontuários familiares com atendimento médico de crianças não havia qualquer citação de calendário vacinal, de nenhuma criança daquela família. Não há dúvidas sobre a necessidade da vacinação na infância. Inclusive, há obrigatoriedade pela legislação e campanhas nacionais de vacinação justificáveis pela eficácia indiscutível na prevenção de doenças infecciosas. A omissão, por parte do médico do PSF, em interrogar a situação vacinal da criança atendida foi mostrada pelo estudo.

Como o QUALIS/PSF S. Marcelina está inserido em regiões periféricas de um grande centro urbano (com relativo bom acesso às campanhas de vacinação), assim como a presença das agentes comunitárias de saúde na equipe, supervisionando rotineiramente o estado vacinal das crianças da área, pode ter levado o médico da equipe do PSF a minimizar a importância de interrogar o fato durante as consultas. Apesar disso, como o trabalho é realizado em equipe, o reforço de cada membro só melhora o resultado. Pode ter havido um pressuposto, por parte do médico que não interrogou a respeito das vacinas, de que elas estavam em dia, quando poderiam não estar. Clinicamente, estas crianças correram riscos de confusões diagnósticas, sem contar com os inúmeros riscos epidemiológicos (ex: rubéola em uma criança de 4 anos, não vacinada aos 15 meses, confundida com erupção medicamentosa e que a mãe está grávida e nunca teve rubéola).

Quanto ao estado nutricional da criança, na maioria dos prontuários (86,2%) havia alguma referência sobre o diagnóstico nutricional, curva de crescimento, condutas em relação à desnutrição ou obesidade, ou somente aferição do peso da criança durante a consulta médica. Visto o dinamismo do crescimento e desenvolvimento, é indiscutível a extrema importância de seu diagnóstico e acompanhamento.

Apenas a minoria, 13,8% dos prontuários familiares, mostraram consultas médicas em que crianças foram atendidas sem serem pelo menos pesadas. O cálculo correto de drogas ficou prejudicado sem o conhecimento do peso. O seguimento temporal da criança e possíveis variações de estado nutricional (interferência de morbidades em seu desenvolvimento) ficou também prejudicado.

Dos prontuários familiares com crianças, havia registros de consultas de puericultura em 40% deles. Portanto, o médico da equipe do PSF deve ter bons conhecimentos em crescimento e desenvolvimento, alimentação da criança e aleitamento materno.

Dos prontuários com seguimento de puericultura, em 66,7% observou-se 4 ou mais consultas médicas durante o 1º ano de vida. Portanto, em um terço das puericulturas, houve menos de 4 consultas/ano, quantidade considerada insuficiente para um seguimento adequado. A OMS (Organização Mundial de Saúde) recomenda 1 consulta/mês no 1º semestre de vida seguido de 1 consulta bimestral até a criança completar 2 anos. O cuidado médico é essencial para acompanhamento e intervenção precoce em possíveis anormalidades.

Ainda em relação à puericultura, o estudo mostrou que em 67,4% das puericulturas houve considerações a respeito de ganho ponderal, comentários e orientações baseados na evolução da curva de crescimento. É indiscutível que evolução ponderal faz parte da consulta médica de menores de 2 anos. Se não houve esta observação em 32,6%, provavelmente o profissional cuidou apenas da queixa do momento e perdeu um parâmetro indispensável para seguimento da criança.

Quanto ao incentivo ao aleitamento materno, cerca de 60% dos prontuários com puericultura continham considerações que reforçavam o estímulo ao aleitamento. Inúmeros estudos comprovam a superioridade do aleitamento natural e, no entanto, em 40% das puericulturas não havia anotações sobre incentivo ao aleitamento, mesmo com toda a promoção existente na literatura médica e na imprensa leiga a respeito do assunto. Talvez o trabalho em equipe explique essa abordagem, fazendo com que o médico considerasse que o "reforço" para o aleitamento tenha sido realizado pelos outros membros da equipe do PSF (enfermagem e agentes comunitários), à semelhança da vacinação.

Conclusões

Através do estudo desses prontuários, foi possível concluir que o atendimento médico prestado não conseguiu alcançar a proposta.

O profissional médico não conseguiu ter visão sistêmica do paciente nem conseguiu fazer integração dos conhecimentos biomédicos adquiridos na sua formação, provavelmente pela visão fragmentada que obteve através do estudo das diferentes especialidades, voltadas para a patologia. Como consequência, tem dificuldades também em ações preventivas gerais.

Um dos pontos principais do novo modelo de atenção é o acompanhamento do paciente. Apesar da aferição de peso ser um dado limitado, dele podemos deduzir que, quando valorizado pelo profissional, pode mostrar que este tem interesse em rever e seguir a evolução do paciente, principalmente em crianças, diabéticos e hipertensos. A baixa valorização do peso de adultos e o fato de muitas crianças não serem pesadas durante a consulta médica mostrou a dificuldade que o profissional médico teve com o seguimento, possivelmente, por ter valorizado apenas a queixa principal.

A investigação de hábitos foi subvalorizada, como mostrou a baixa preocupação em interrogar a respeito de tabagismo e etilismo.

É indiscutível que estes hábitos são importantes para diagnóstico e tratamento de várias patologias e pelas suas sérias implicações sócio-familiares. O profissional médico também não fez aconselhamento a respeito desses hábitos prejudiciais, pois não questionou a respeito dessas situações.

Ações preventivas básicas como vacinação, prevenção de câncer de colo uterino e incentivo ao aleitamento materno foram pouco questionadas e anotadas no prontuário.

Portanto, a avaliação mostrou falta de preparo dos profissionais médicos inseridos nas equipes do PSF. O estudo sugere que falta ao médico:

- visão clínica integral do indivíduo (visão sistêmica);
- noção evolutiva das diferentes situações clínicas (seguimento ambulatorial);
- noção evolutiva da criança (crescimento e desenvolvimento);
- noções básicas de saúde da mulher;
- formação para aconselhamento em saúde;
- formação em ações preventivas básicas em saúde.

Infelizmente, o que falta ao médico do PSF também deve faltar aos outros profissionais médicos, pois a formação acadêmica é a mesma. As exigências peculiares do PSF é que tornou possível essa revelação.

Mesmo com as excelentes diretrizes do Programa, este não poderá avançar com qualidade se não houver treinamento e capacitação dos recursos humanos, adequando-os à proposta, que sabidamente é muito diferente daquela oferecida pela academia.

Para os profissionais inseridos no Programa, é urgente a necessidade de incrementação de cursos de capacitação, de educação médica continuada, de incentivos à pesquisa em Medicina de Família e a promoção de encontros para troca de experiências entre os profissionais.

As Universidades necessitam realizar reformas curriculares para oferecer aos novos profissionais médicos uma formação mais abrangente. Infelizmente, em nosso país, há uma distância considerável entre a formação universitária médica regida pelo Ministério da Educação e a necessidade populacional em saúde regida pelo Ministério da Saúde. Como consequência, não se formam profissionais preparados para a realidade da população. O Programa de Saúde da Família tem demonstrado com clareza esse fato. É um grande desafio para as instituições de ensino, que terão de adequar seus formandos às novas condições do mercado de trabalho e às reais necessidades de saúde da população brasileira.

A reforma de modelo de atenção à saúde no Brasil está em construção. Está chegando com atraso e enfrentando esperadas dificuldades e resistências. Os profissionais de saúde e os centros de formação de recursos humanos deverão se adaptar a essa nova realidade.

BIBLIOGRAFIA

1. BRASIL, Ministério da Saúde. *Avaliação da Implantação e Funcionamento do Programa de Saúde da Família – PSF*. Brasília, 2000.
2. BRASIL, Ministério da Saúde. *Relatório Final: Perfil dos Médicos e Enfermeiros do Programa de Saúde da Família no Brasil, volume I (Brasil e Grandes Regiões)*. Brasília, 2000.
3. BRASIL, Ministério da Saúde. *I Seminário de Experiências Internacionais em Saúde da Família – Relatório Final*. Brasília, 2000.

4. BRASIL, Secretaria de Estado da Saúde de São Paulo, Centro de Vigilância Epidemiológica (CVE). *Educação em Saúde: Manual para Operacionalização das Ações Educativas no SUS-São Paulo.* São Paulo, 1997.

5. DIVULGAÇÃO EM SAÚDE PARA DEBATE, número 21. *Os caminhos do PSF no Brasil, as cidades escrevendo sua história?* Rio de Janeiro, dez. 2000.

6. FRANÇA, V. G. *Direito Médico.* T. Ed. Fundo Editorial Byc, São Paulo, 2001.

7. FREIRE, P. *Pedagogia do Oprimido.* 29ª Ed. São Paulo: Editora Paz e Terra, 2000.

8. Mc WHINNEY, I. *Textbook of Family Medicine.* 2ª Ed. Oxford: Oxford--Press, 1997.

9. MLADENOVIC, J. *Segredos em Atenção Primária.* Porto Alegre: Editora Artes Médicas, 1997.

10. RAKEL, E. R. *Tratado de Medicina de Família.* 5ª Ed. Rio de Janeiro: Editora Guanabara-Koogan, 1997.

11. REVISTA BRASILEIRA DE ENFERMAGEM, vol. 53, número especial: *Saúde da Familia?* Brasília, dez. 2000.

12. TAYLOR, B. R. *Textbook of Family Medicine.* 1ª Ed. New York: Little--Brown, 1997.

13. *WEB-SITES*:
    a) www.aafjp.org (American Academy of Family Physician)
    b) www.ccfp.ca (Canadian College of Family Physician)
    c) www.ctfphc.org (Canadian Task Force)
    d) www.familydoctor.org (site da AAFP para pacientes)
    e) www.rcgp.org.uk (Royal College of General Practitioners)
    f) www.saude.gov (BRASIL, Ministério da Saúde)
    g) www.stfp.org (Society of Teachers of Family Physician)
    h) www.wonca.org (World Organization of Family Doctor)

Atenção à Mulher e à Criança

PARTE

III

Práticas obstétricas baseadas em evidências científicas: aspectos culturais organizacionais

Dulce Maria Rosa Gualda

A antropologia tem sido utilizada como uma proposta complementar e enriquecedora, na abordagem dos sistemas relativos ao processo saúde-doença e os universos sociais e culturais onde ocorrem. Sua contribuição é extremamente importante, pois torna "possível uma perspectiva crítica frente às nossas 'verdades' mais fundamentais e favorecendo a construção de um novo paradigma para a abordagem da saúde e da doença"(UCHÔA, VIDAL, 1994). Neste sentido, os estudos etnográficos buscam estimular o diálogo e examinar as "evidências culturais" para subsidiar mudanças

No que diz respeito aos aspectos relativos à reprodução humana, na literatura médica e antropológica, muitas são as informações sobre diversas culturas desde períodos muito remotos. No que tange ao nascimento, os trabalhos pioneiros tinham como fonte de informação os relatos que se concentravam mais naquilo que é peculiar ao observador, mais exótico, aparentemente mais irracional, do que nos aspectos que merecem maior destaque.

Autores como Freedman e Ferguson, em 1950, já apontavam que não havia praticamente nenhum trabalho realizado por meio de observações pessoais e diretas e por observações competentes do processo de nascimento.(FLOYD; SARGENT, 1997)

A este fato, característico do primeiro século da antropologia, (Romalis, 1981) atribui à participação masculina no desenvolvimento dos estudos antropológicos, os quais, ou não estavam interessados, ou não tinham acesso às experiências do parto nas várias culturas que estudavam. Esta tendência permaneceu até a década de setenta, quando as antropólogas entraram em cena e buscaram explorar, a partir de uma perspectiva do interior das culturas, para compreender os costumes de modo integrado ao sistema de conhecimento e de práxis.

Ao se rever a literatura produzida na área, a partir deste período, observa-se que não há hierarquia de primazia. O que ocorreu foi uma empreitada colaborativa de mulheres que abriram o caminho para o estudo do processo de nascimento que se tornaram pioneiras. Dentre elas destacam-se Margaret Mead, Niles Newton, Sheila Kitzinger, Sheila Cosminsky e Brigitte Jordan. Cada uma delas teve sua contribuição significativa na construção da antropologia do nascimento.

Em 1967 (MEAD e NEWTON) elaboraram um estudo comparativo extenso, onde revisaram dados sobre padrões de comportamento na gravidez, parto e período neonatal. Analisaram trabalhos realizados em culturas primitivas, culturas tradicionais, assim como culturas industriais da época. Várias categorias de padrões, nos períodos específicos, foram elaboradas e descritas individualmente, bem com as implicações para a pesquisa que era o principal objetivo do trabalho.

Essas categorias versaram sobre as formas de reagir à criança, à gravidez, ao nascimento, ao período de transição. Foram elaboradas ainda categorias que englobavam o período reprodutivo como um todo, incluindo a vida familiar e o apoio da comunidade, medicação e nutrição, estímulo sensorial e mecânica corporal e assistência x "laissez-faire".

As autoras não traçaram conclusões definitivas, dada à precariedade dos dados, mas constataram que *muitas são as variações na forma que os seres humanos lidam com a reprodução e que muitos aspectos são ignorados em certa cultura, enquanto em outras é enfatizado.* Isto é principalmente verdadeiro, quando se compara culturas primitivas com culturas industrializadas.

Particularmente interessantes são as subcategorias descritas nas formas de reagir ao nascimento. As autoras afirmam que todas as culturas estudadas atribuem importância ao nascimento, e que este pode ser visto como uma doença ou um fato fisiológico normal; como um evento sexual aberto ou secreto; merecedor de recompensa e elogio; sujo ou poluído; e/ou com envolvimento do sobrenatural.

Sheila Kitzinger, antropóloga social, que também se dedicou ao preparo para o parto, produziu várias obras sobre o tema nascimento e maternidade. A primeira delas foi gerada a partir de discussões entre obstetras, pediatras, psiquiatras, psicólogos, estatísticos e clínicos gerais que, atendendo ao convite do National Childbirth Trust, se encontraram para debater sobre a assistência obstétrica inglesa da época (KITZINGER e DAVIS, 1978). O foco era o impacto dos avanços tecnológicos e o aumento da burocracia no sistema de saúde. Nesta obra, os vários autores procuraram realizar uma análise crítica, numa perspectiva histórica, tendo como base as políticas de saúde, os dados epidemiológicos, vários estudos experimentais, e suas próprias experiências. Mais contundentemente, questionavam a tendência do momento articulada à política governamental centralizadora, que impunha que todos os partos fossem atendidos em unidades específicas, sob a coordenação de especialistas, com a finalidade de garantir uma assistência segura, que, na visão de Huntingford, (1978), ia de encontro à possibilidade de realização pessoal de muitas mulheres que buscavam na maternidade a expressão dos seus valores culturais.

Na perspectiva de (DAVIS,1978), sob o pretexto de maior segurança, não se pode adotar uma atitude de intervenção ao ritmo natural do processo, no qual está incluída a hospitalização do parto, sem levar em conta a interpretação de dados epidemiológicos de mortalidade perinatal, as condições socioeconômicas e a própria evolução do conhecimento da medicina. Sugere que a imposição do parto hospitalar não trouxe os benefícios esperados.

Para (RICHARDS,1978) dados da Suécia, com 100% de hospitalização, comprovam os excelentes resultados perinatais, enquanto os Estados Unidos, com semelhante característica, apresenta resultados bem piores. Complemente lembrando que a Holanda apresenta os melhores resultados com apenas 50% de hospitalização. Endossando este ponto de vista, (ASHFORD, 1978) afirma que, quando comparados os dados de parto domiciliar e os de centros específicos, com os dados de partos hospitalares, verifica-se que houve um declínio da mortalidade perinatal, em ambos os locais, o que corrobora para sua atribuição aos fatores de dominância extramédicos. Sugere, a exemplo da França e Finlândia, o desenvolvimento de pequenas unidades para cuidados perinatais para todas as mulheres, investindo-se em medidas que possibilitem a detecção dos riscos gestacionais precoces e tardios. Inclui na sua proposta, o treinamento de profissionais, dentre os quais a obstetriz, para a atuação competente face às emergências inesperadas. Afirma, ainda, que a introdução destes centros não pode ser mais difícil do que foi o processo de transferência da assistência ao parto para o hospital.

Assim sendo, a questão central do livro, conforme apontada pelos organizadores, ainda que perversa, é se a prioridade da época deveria ser aumentar a segurança e deixar de lado aquilo que os seres humanos consideram mais importante que a própria sobrevivência – a liberdade de viver a sua vida a seu modo e a liberdade de fazer suas escolhas pessoais de acordo com os seus próprios valores. Propõem *manutenção ao parto domiciliar, em condições de segurança e com assistência de profissionais competentes, como possibilidade para as mulheres que assim o desejarem.*

No mesmo ano, (KITZINGER, 1978) produziu outra obra, na qual tratou do nascimento e maternidade, em diferentes civilizações e períodos históricos. Adotou a perspectiva da antropologia para desvendar o processo da mulher se tornar e ser mãe, procurando *valorizar o papel feminino e advogando a individualidade da experiência e a busca de soluções próprias para os problemas relativos à maternidade.* Afirma que *o estudo da maternidade, do ponto de vista de culturas opostas, permite compreender que o ideal de maternidade se expressa de maneiras variadas, das quais nenhuma é universalmente válida.* Representa o resultado "da experiência empírica das mulheres de uma cultura específica, adaptada ao sistema de valores da sociedade em que vivem. Assim sendo, o que é considerado certo em uma sociedade pode não ser em outra. Dessa forma, considera que não é possível transplantar qualidades relacionadas à maternidade de uma cultura para outra. Considera que há um empobrecimento da função materna, quando a responsabilidade pela saúde, pela educação e pelo nascimento é deixada somente a cargo dos profissionais.

Foi no mesmo ano de 1978, que Brigitte Jordan, antropóloga médica, produziu o livro *Birth in four cultures*, como resultado de uma pesquisa transcultural, que veio a se constituir num marco do estudo do nascimento. Por sua obra recebeu o Prêmio Margareth Mead da Sociedade de Antropologia Aplicada, bem como a denominação de "parteira da antropologia do nascimento". Em seu estudo, constatou que as diversas culturas desenvolveram maneiras específicas de conduzir o parto. Verificou que existem diferenças significativas no que se refere às características biossociais, tais como a sua conceituação, a natureza do processo de tomada de decisão, e os sistemas de assistência e suporte disponíveis para a parturiente. Considerou-os recursos relevantes na compreensão da estrutura do sistema de nascimento.

Para a autora, a conceituação é o mais poderoso indicador e o elemento central ao qual os demais são articulados. Representa a visão interpretada e compartilhada pelo grupo da fisiologia da parturição. Indica aos envolvidos quem são as pessoas que devem atender o parto, determina o território do nascimento, dá subsídios para as intervenções e fornece justificativas para as práticas adotadas.

Nas culturas estudadas, Holanda, México, Suécia e Estados Unidos identificou conceituações diferentes de nascimento. Na primeira era considerado um evento natural onde a intervenção era reduzida ao mínimo, por acreditarem que quando é dado o tempo necessário, a natureza se encarrega de levá-lo a bons termos. Na segunda, era tido com um evento estressante, porém normal, no contexto familiar sendo, portanto, conduzido com recursos corriqueiros e na proximidade da rede social. Na terceira era concebido como um momento de realização pessoal gratificante, o que leva a sua condução numa atmosfera de silêncio, tranquilidade e concentração, no qual o foco da atenção era o ato de parir da mulher. Finalmente, na última, onde há valorização da tecnologia, era concebido como um evento médico, sendo enfatizados, predominantemente, os aspectos biológicos e, frequentemente, os aspectos patológicos do nascimento.

A autora acrescenta que, nas duas primeiras culturas estudadas, o local de ocorrência do parto era predominantemente o domicílio. Na terceira o hospital, muito embora sofresse várias adaptações para assegurar à mulher o conforto e a possibilidade do convívio familiar. Enfatiza que, nesses locais, é altamente valorizado o relacionamento da mulher com as pessoas encarregadas de assistirem o parto.

Ao analisar a cultura americana, (JORDAN, 1983) constata que a adoção do modelo biomédico no parto tem várias implicações, tanto em termos de padrões de comportamento, como em termos de demanda para prestação de cuidados. Neste contexto, o local apropriado para o parto passa a ser o hospital e condutas adotadas são padronizadas, possibilitando a proliferação de rituais mais elaborados onde as variáveis risco-benefício são analisadas, em função do resultado final. Assim, a parturiente é transformada em paciente, assumindo-se que seja incapaz de lidar com as alterações próprias da sua condição, sendo obrigada a buscar ajuda de profissionais. A competência técnica torna-se um requisito essencial, demandando do médico a utilização do seu conhecimento e de todos os seus recursos a serviço do problema da paciente, a qual deve retribuir com sentimentos de credibilidade e confiança. Observou que neste modelo é intensificada a demanda da tecnologia e da medicação.

Chama a atenção, ainda, para o fato que *"os sistemas de nascimento são parte de um sistema cultural mais amplo, com qual a articulação se faz via sua posição na estrutura política e econômica, socialização dos que participam do parto e localização das conceituações no sistema ideológico na sua abrangência".* Implicitamente, afirma que um sistema de nascimento não pode ser analisado à luz de pesquisas biomédicas, mas na relação à realidade sociopolítica e ao sistema ideológico de crenças contextualizadas no tempo e espaço. Afirma, ainda, que o exame da dinâmica de mudanças nos países em desenvolvimento, onde o sistema tradicional está em confronto com o modelo biomédico, é útil na compreensão de mudança na sociedade americana.

Num dos capítulos finais de sua obra (JORDAN, 1983) afirma que, nos últimos anos, o estilo americano de vida e morte tem sido alvo de ataque, e consequentemente, aqueles que adotam o mesmo modelo têm recebido muitas pressões para mudança. No entanto, estes ataques têm sido retóricos ou políticos, com poucos resultados. Considera que o fundamental, na reestruturação dos sistema de assistência ao parto, é a apreciação da estrutura sistemática do sistema, pois é através desta análise que se torna possível apreender a natureza da justificativa para práticas específicas. Examina a função da "evidência" na manutenção ou modificação do sistema e aponta que esta evidência não é "científica" e sim proveniente de desajustes e perturbações na estrutura social, intelectual e política, nos quais este sistema se articula. Elabora esboço de um modelo com a finalidade de tecer recomendações para mudanças dando igual ênfase ao sistema médico e ao sistema popular para acomodação de ambos.

Enfatiza, ainda, "que as mudanças sejam alicerçadas em aspectos bissociais, direcionados à interface da parturição, no seu aspecto biológico universal e aos aspectos culturais específicos do evento social, para torná-lo emocionalmente rico, ao mesmo tempo que medicamente seguro".

Como se pode observar neste breve apanhado, houve, no final da década de 60 e durante a década de 70, uma concentração de produção científica na área. Os trabalhos apontam a medicalização do nascimento, a perda do espaço social e do controle do processo de parto e a desvalorização da experiência da mulher. Este momento coincidiu com o crescimento da ideologia do movimento feminista, que reforçava todos estes aspectos.

Na década seguinte, o que se observou foi um aumento de publicações, destinadas ao público em geral, sobre negociações das opções de parto. Surgiu, então, o movimento de "preparo para o parto" ou "parto natural" e o incentivo ao aleitamento materno pela Le Leche League (MICHAELSON, 1988).

Uma análise da assistência ao parto nos EUA, numa perspectiva social feita por (ROMALIS, 1981), aponta para uma polarização, evidenciando um sistema que, por um lado, exacerba no uso da tecnologia médica e, por outro, um movimento do consumidor politizado e esclarecido, que advoga o retorno do parto mais fisiológico. Como a obra é de vários autores, cada qual relata sua experiência com propostas alternativas de assistir o parto, *enfocando o resgate da possibilidade de escolha e de controle do parto, por parte dos que vivenciam o processo.* Para a autora este resgate é o que caracteriza a humanização do parto, concorde com (KITZINGER, DAVIS 1978).

Uma das autoras (LUBIC, 1981) relata a experiência bem-sucedida de implantação de um centro de nascimento na cidade de Nova York, numa proposta alternativa de assistência à maternidade.

Nesta perspectiva, a palavra alternativa foi utilizada com o objetivo de descrever formas de cuidado fora do contexto hospitalar. Sugere a utilização do termo *assistência à maternidade que pressupõe uma assistência centrada na família, valorizando a experiência da mulher, orientada para a saúde, levada a cabo no domicílio ou em centros de nascimento. Neste modelo alternativo, a obstetriz é o profissional que tem maior competência para atuar, priorizando atividades preventivas e educativas.* Na visão da autora, a terminologia assistência obstétrica implica uma atividade médica especializada, centrada na doença que demanda intervenções rotineiras e despersonalizadas que só podem ser realizadas no ambiente hospitalar. Apresenta a seguinte classificação dos modelos de assistência ao parto:

- domiciliar sem supervisão profissional: de adequação questionável;
- domiciliar com supervisão profissional: para nascimentos de baixo risco;
- em centros de nascimentos com assistência de profissionais habilitados: para nascimentos de baixo risco;
- hospitalar humanizado: para partos com risco ou complicados e para partos normais ou sem complicação;
- hospitalar convencional: com adequação para partos com risco ou complicados. Não tem a satisfação do cliente como prioridade assistencial.

Ao terminar o seu relato, (LUBIC, 1981) faz uma reflexão sobre a experiência e afirma que a implantação do serviço representou uma ameaça ao modelo biomédico dominante. Para os obstetras devido à competitividade, principalmente, quando a clientela tem recursos para utilizar os seus serviços particulares. Para os acadêmicos pelo prejuízo que possam causar ao ensino e à pesquisa e pelo temor da perda do controle e do espaço ocasionadas pela demanda crescente da atuação da obstetriz ou enfermeira obstétrica.

Considera que para as enfermeiras obstétricas também foram impostos desafios. Primeiramente por serem confrontadas com a responsabilidade de atuar em conformidade com os ideais da assistência à maternidade, para o qual não se sentiam ou estavam preparadas. Este fato foi decorrente de sua prática hospitalar que encorajava a dependência médica e tecnológica. Por outro lado, os centros de nascimento para as enfermeiras obstétricas, que aspiravam progressão na carreira, ascensão econômica e de *status*, representou uma perda. No entanto, a autora considerou que a satisfação no trabalho foi muito maior em relação ao que a estrutura hospitalar podia oferecer.

Em 1988, (Kitzinger) retorna à cena e organiza outro livro, como resultado da repercussão de seus trabalhos anteriores. Desta vez, o foco é a parteira ou a obstetriz, como é denominada em nosso meio. Inicia afirmando que, até aquele momento, não havia nenhuma obra que se propusesse a analisar o trabalho deste profissional.

Diversos autores de diferentes países descreveram a sua atuação caracterizando a sua participação no cuidado ao nascimento e o significado que estes profissionais dão a sua profissão.

Ressalta a relevância deste profissional ao longo da história, nos diversos sistemas médicos e sociais, mas reconhece em muitos países a sua invisibilidade, decorrente seu isolamento e alienação frente às mudanças sociais, num contexto mais amplo.

Afirma que, na maioria dos sistemas de saúde, esta profissional praticamente desapareceu, e o exemplo mais típico se apresenta nos EUA. Onde existe, é utilizada como enfermeira e submete-se às ordens médicas. Mesmo nos países onde as obstetrizes são responsáveis pelo nascimento, sua atividade é fragmentada e direcionada para a atividade em si e não para a mulher. Quando se institucionalizam convivem com a pressão do sistema e acabam esquecendo seu papel essencial. Muitas delas não se adaptam a estes sistemas e acabam deixando a profissão.

Na visão da autora, ser uma obstetriz demanda qualidades especiais e é muito diferente de ser assistente e médico, que apenas obedece ordens. Julga que, nos dias atuais, obstetrizes não têm consciência nem do que são, tampouco daquilo que querem ser. Esta profissional precisa aliar habilidade e conhecimento ao cuidado para preencher plenamente o seu papel. Ela, tanto quanto o obstetra, deve estar atenta a aspectos físicos, mas também precisa focalizar as alterações emocionais e o contexto social do nascimento. Isto demanda autoconfiança, conhecimento sólido e experiência clínica. Focaliza a experiência da mulher, não apenas os aspectos médicos.

Constata que, *nos locais onde tem possibilidade de atuar, têm papel social relevante no sentido de mudança examinando práticas obstétricas universalmente aceitas, diferentes tipos de intervenções, inclusive a suas próprias práticas.* No que se refere à pesquisa, relembra que foram as obstetrizes que conduziram investigação sobre a tricotomia do períneo, o uso rotineiro de enema durante o trabalho de parto e a episiotomia de rotina e constataram que todas essas práticas nem sempre eram benéficas e causavam extremo desconforto para as parturientes.

Destaca, ainda, o papel das obstetrizes quando no final da década de setenta e início da de oitenta participaram do movimento juntamente com as consumidoras, demandando melhor qualidade de assistência e trabalhando no sentido de devolver à mulher a sua capacidade de decisão sobre seu corpo.

Utiliza da definição da Organização Mundial da Saúde (1966) para sintetizar as competências das obstetrizes:

- supervisionar, assistir e orientar a mulher, durante a gravidez, no parto e no pós-parto;
- realizar partos normais sob sua responsabilidade e prestar cuidado ao recém-nascido.

De acordo com esta definição, as áreas de atuação das obstetrizes poderão ser: domicílio, unidades de saúde, clínicas ou hospitais.

Na opinião da autora, não basta mudar as percepções do profissional ou do público a respeito da assistência obstétrica. Muito tem que ser feito no sentido de despertar a consciência daquilo que podem dar, criar novos padrões de cuidado, aumentar sua sensibilidade às necessidades das mulheres e familiares e a eles se aliar na busca de conhecimento e mudança. Afirma que, *numa perspectiva antropológica, as obstetrizes tem sido mediadoras entre a natureza e cultura e que este papel tem que ser resgatado.*

O que se apreende da leitura desta bibliografia é que os diversos autores mantinham contato acadêmico entre si e que procuravam preencher as lacunas da produção científica e conscientizar a sociedade e os profissionais da necessidade de mudança na forma de assistir a mulher durante o período reprodutivo, particularmente, no que se refere ao parto.

No entanto, estes esforços tiveram pouca repercussão e atingiram apenas a classe média americana. O paradigma americano de nascimento deriva da mitologia da tecnocracia e, como todas as mitologias coercivas e hegemônicas, funciona como agente de controle social, modelando e sintonizando os valores, as crenças e os comportamentos individuais (DAVIS-FLOYD, 1994).

Por parte dos profissionais, o mesmo fenômeno pode ser observado. Há uma noção incorporada da superioridade do sistema técnico (moral), que não permite o desequilíbrio nem tampouco é capaz de produzir métodos alternativos, devido à padronização de condutas, não favorecendo aos profissionais a exposição a outros tipos de prática, ao que denomina de conhecimento autoritário (JORDAN, 1983).

Em trabalho realizado por Gualda, em 1993 foi constatado que em relação à assistência, as mulheres foram críticas ao afirmar que os profissionais trataram com descaso suas sensações, seu conhecimento e sua capacidade de discernimento. Afirmaram, ainda, que só à mulher compete conhecer o seu próprio corpo, e que aos médicos, a medicina.

O exame das obras dos autores citados nos dá uma visão geral do panorama da assistência obstétrica nas últimas décadas. Observa-se que os mesmo problemas persistem em nosso meio e estão longe de serem resolvidos em curto prazo. O que se constata é que existe uma verdadeira polifonia sobre a questão da humanização da assistência ao parto. No entanto, estes trabalhos nos apontam para algumas "evidências culturais", as quais sintetizo a seguir:

- substituição do termo assistência obstétrica por assistência ao nascimento;
- valorização da qualidade da experiência feminina no período reprodutivo enfocando: a singularidade experiência, o conhecimento intuitivo, os sentimentos, atitudes, crenças e valores culturais, o direito à informação, a competência na tomada de decisão;
- reconhecimento de que a gravidez e o parto são processos culturais e estão articulados a um sistema cultural mais amplo. A assistência, portanto, deve contemplar estas especificidades, e as mudanças no sistema de nascimento devem ser alicerçadas nos aspectos biossociais na sua abrangência;
- reconhecimento da competência da obstetriz/enfermeira obstétrica para assistência no período reprodutivo;
- possibilitar formas alternativas de assistência ao parto (parto domiciliar, em centros de nascimento, dentro ou próximos de instituições hospitalares e hospitalar humanizado.

Corrobora com os dados apresentados anteriormente os achados de Goer, 1995, sobre pesquisas publicadas em periódicos, que evidenciam que o cuidado prestado pelas obstetrizes difere na filosofia, no estilo e na prática e tem possibilidade de contemplar os aspectos físicos, bem como os socioculturais; é centrado na mulher e resgata a sua capacidade de ação e decisão; prioriza soluções mais simples e não interventivas antes de acessar a tecnologia; custo é mais baixo, devido à redução das intervenções e diminuição do uso da tecnologia; e é seguro.

Os aspectos relacionados à filosofia da prática envolvem assistência no período reprodutivo voltada para a saúde, valorizando os processos educativos (educação para o autocuidado), a participação familiar (consanguínea ou não), as formas alternativas de assistência ao parto (o parto domiciliar; os centros de nascimento e o parto hospitalar humanizado).

Dados publicados em periódicos recentes foram analisados por (Goer, 1997), que refere aos dados brutos de partos domiciliares, dão uma visão distorcida do quanto, pois incluem um número elevado de partos sem assistência, em condições de risco. Por outro lado, há sempre a possibilidade de surgirem problemas inesperados, mesmo quanto há triagem prévia das parturientes. Para tanto, é importante que haja sempre uma retaguarda médica ou hospitalar para a sua transferência. Os profissionais que atendem as parturientes precisam ter competência, equipamentos e medicação necessários para controlar ou estabilizar a emergência. Conclui que os partos realizados fora do contexto hospitalar produzem ótimos resultados, com menos intervenções. Não há nenhum estudo que aponte para o aumento do risco.

Para finalizar apresento de forma esquemática as evidências culturais apreendidas. Todas evidências estão em conformidade com as recomendações da Organização Mundial da Saúde, em seus vários documentos publicados.

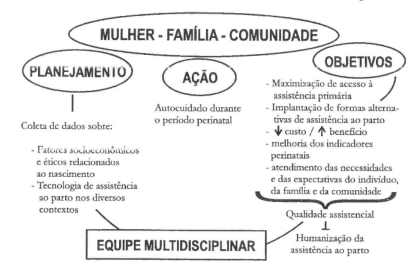

BIBLIOGRAFIA

1. DAVIS-FLOYD, R.; SARGENT, C. F. Introduction. *In: Childbirth and authoritative knowledge: cross cultural perspectives.* Berkeley University of California Press, 1997.
2. DAVIS FLOYD, R. *The technocratic body: American childbirth as cultural expression.* Soc. Sci. Med., 1994. 8: 1125-1140.
3. DAVIS, J.; KITZINGER, S. *The place of birth.* Oxford: Oxford University Press, 1978.
4. GOER, H. *Obstetric myths versus research realities: a guide to the medical literature.* Westport: Bergin. Garvey, 1995.
5. GUALDA, D. M. R. *Eu conheço minha natureza: um estudo etnográfico da vivência do parto,* [doutorado]. São Paulo (SP): Escola de Enfermagem/ USP, 1993.
6. HUNTINGDFORD, P. Obstetric practice: past, present and future. *In:* KITZINGER, S.; DAVIS, A. *The place of birth.* Oxford: Oxford University Press, 1978. p. 229-250.
7. JORDAN, B. *Birth in four cultures.* Montreal: Eden Press, 1983.
8. JORDAN, B. *Birth in four cultures.* Prospect Heights, Waveland Press, 1993.
9. KITZINGER, S. *Mães: um estudo antropológico da maternidade.* Lisboa: Presença, 1978.
10. KITZINGER, S. *The midwife challenge.* London: Pandora, 1988.
11. LUBIC, R. Alternative maternity care: resistance and change. *In:* ROMALIS, S. *Childbirth, alternatives to medical control.* Austin: University of Texas Press, 1981. p 217-249.
12. MEAD, M.; NEWTON, N. Cultural patterning of perinatal behavior: *In:* GRIMM, E. R. *et al. Childbearing: its social and psychological aspects.* Baltmore: Williams Wilkins, 1967. p. 142-244.
13. MICHAELSON, K. Childbirth in America: a brief history and contemporary issues. *In: Childbirth in America: anthropological perspectives.* Massachussetts: Bergin & Garvey Publishers, 1988. p. 1-32.
14. MUHALL, A. *Anthropology, nursing and midwifery: a natural alliance?* Int. J. Nurs., 1996; 6: 629-637,
15. ROMALIS, S. An overview. *In: Childbirth, alternatives to medical control.* Austin: University of Texas Press, 1981.
16. UCHÔA, E.; VIDAL, J. M. *Antropologia médica: elementos conceituais e metodológicos para uma abordagem da saúde e da doença.* Cad. Saúde PM, Rio de Janeiro, 1994.10(4): 497-504.

Assistência pré-natal no contexto do conceito de saúde reprodutiva

Dulce Maria Rosa Gualda, Roselena Bazilli Bergamasco, Egle de Lourdes Jardim Okazaki, Lúcia Viana

A saúde reprodutiva tem sido alvo de interesse de diferentes grupos, tais como cientistas sociais, profissionais da saúde, políticos, movimento de mulheres e usuárias, e tema de discussão em reuniões nacionais e internacionais tais como a Conferência Internacional de População e Desenvolvimento no Cairo em 1994 e a Conferência Internacional da Mulher em Beijing em 1995. Apesar dos grupos possuírem posições filosóficas próprias e diversificadas, conseguiram chegar ao consenso em alguns conceitos, embora muitos deles não tenham sido efetivamente implementados.

Conforme afirma GALVÃO (1999), a Organização Mundial da Saúde (OMS), em 1948, definiu o conceito clássico de saúde como *"A saúde é um estado de completo bem-estar físico, mental e social e não meramente a ausência de doença ou enfermidade"*. A característica desta definição é seu embasamento no aspecto, predominantemente, biomédico. A partir de discussões posteriores, o conceito foi ampliado e redefinido, reconhecendo os laços do indivíduo com o meio ambiente, passando a ser concebido como: "A habilidade de identificar e realizar aspirações, satisfazer necessidades, e mudar ou interagir com o meio ambiente". Nesta perspectiva, saúde é um recurso para a vida diária que envolve recursos pessoais e sociais, bem como capacidades físicas.

Esta última definição de saúde adotada pela OMS serviu de fundamento para a adoção do termo saúde reprodutiva, cunhado no final dos anos oitenta. Na definição adotada na Conferência Internacional sobre População e Desenvolvimento (CIPD, 1994) houve um alargamento da definição tradicional de direitos humanos e o acréscimo da dimensão sexual. No documento do Cairo, capítulo VII – dedicado à saúde reprodutiva e direitos reprodutivos define:

> *A saúde reprodutiva é um estado de completo bem-estar físico, mental e social em todas as matérias concernentes ao sistema reprodutivo, suas funções e processos, e não a simples ausência de doença ou enfermidade. A saúde reprodutiva implica, por conseguinte, que a pessoa possa ter uma vida sexual segura e satisfatória, tendo a capacidade de reproduzir e a liberdade de decidir sobre quando e quantas vezes devem fazê-lo. Está implícito nesta última condição o direito de homens e mulheres de serem informados e de terem acesso aos métodos eficazes, seguros, acatáveis e financeiramente compatíveis de planejamento familiar, assim como a outros métodos de regulação da fecundidade cuja escolha não contrarie a lei, bem como ao direito de acesso a serviços apropriados de saúde que propiciem às mulheres as condições de passar com segurança pela gestação e pelo parto, proporcionando aos casais uma chance melhor de ter filho sadio. Em conformidade com a definição acima de saúde reprodutiva, a assistência à saúde reprodutiva é definida como a constelação de métodos, técnicas e serviços que contribuem para a saúde e bem-estar reprodutivo, prevenindo e resolvendo os problemas de saúde reprodutiva. Isso inclui igualmente a saúde sexual, cuja finalidade é a melhoria da qualidade de vida e das relações pessoais, e não o mero aconselhamento e assistência relativos à reprodução e às doenças sexualmente transmissíveis. (CIPD, 1994: 57)*

Em 1995, a Conferência da Mulher em Beijing confirmou os resultados do ICPD, porém foram enfatizadas as questões de igualdade de gênero, reafirmando o foco nos direitos reprodutivos e humanos individuais (GALVÃO, 1999).

A saúde reprodutiva e os direitos reprodutivos englobam os conceito de saúde sexual e os direitos sexuais. Nesta perspectiva, saúde sexual, conforme elaborado pelo Family Care International em 1999, inclui: o desenvolvimento sexual saudável; os relacionamentos responsáveis e equitativos com prazer sexual; e a ausência de enfermidades, doença, deficiências, violência e outras práticas de risco relacionadas com a sexualidade.

Quanto ao conceito de saúde da mulher, não há até o momento um consenso, muito embora as tentativas continuem. De acordo com definição canadense, *"Saúde da mulher envolve aspectos emocionais, sociais e seu bem-estar físico e é determinado pelo contexto político cultural e econômico da vida das mulheres assim como biológico. Essa ampla definição reconhece a validade das experiências das mulheres, suas opiniões sobre saúde e suas experiências de saúde. Cada mulher deveria ter oportunidade de alcançar e manter sua saúde, tal como definida por ela própria, no seu mais alto potencial"* (PHILLIPS, 1995).

No que tange à saúde materna, GALVÃO (1999) cita alguns autores, dentre eles a definição de Graham & Campbell de 1990, que afirma que *"Saúde materna abrange resultados positivos e negativos – físico, social ou mental, de uma mulher, de causas relacionadas com a maternidade ou seu manejo".*

A evolução desses conceitos é de extrema relevância no contexto brasileiro ao se efetivar e avaliar as ações direcionadas à mulher, muito embora o Programa de Atenção Integral à Saúde da Mulher do Ministério da Saúde (PAISM), criado em 1983, em discussão desde os anos 60, anterior, portanto, englobe muitos dos valores estabelecidos nessas definições.

Para FORMIGA FILHO (1999), *"PAISM é, no Brasil, uma das mais importantes políticas públicas na área da saúde, quando estabelece em suas linhas de ação e estratégias um modelo assistencial em cujo contexto se incluem a integridade e a equidade".* Afirma, ainda, que conforme estabelecido no processo de descentralização, regionalização e hierarquização do SUS, tem, na área federal, a responsabilidade técnico-normativa que, desenvolvendo estratégias conjuntas, resultaria na melhoria da execução da assistência, concretizadas pelas secretarias estaduais (SES) e municipais (SMS) de saúde. Neste sentido, o PAISM representa uma política de assistência às mulheres no contexto do SUS.

De acordo com COSTA (1999), *"O PAISM constitui-se um conjunto de diretrizes e princípios destinados a orientar toda a assistência oferecida às mulheres das distintas faixas etárias, etnias ou classes sociais, nas suas necessidades epidemiologicamente detectáveis – incluindo as demandas específicas do processo reprodutivo. Compreende, ainda, todo o conjunto de patologias e situações que envolvam o controle do risco à saúde e ao bem-estar da população feminina".*

Como ações regulamentadas e normalizadas pelo PAISM, no que se refere à assistência obstétrica, incluem-se:

- pré-natal;
- parto e puerpério;
- aleitamento;
- intercorrências obstétricas; e
- vigilância epidemiológica da morte materna.

No que se refere ao aspecto ginecológico, podemos pontuar:
- prevenção e controle de ginecopatias;
- prevenção e controle das DST/AIDS;
- controle e prevenção do câncer ginecológico e de mama;
- planejamento familiar e tratamento para infertilidade;
- climatério.

O PAISM inclui todas as dimensões da saúde da mulher no seu ciclo vital, incluindo a adolescência e a pós-menopausa. Destaca a necessidade de acesso à atenção curativa e preventiva, para a qual a educação é uma das estratégias fundamentais.

Para COSTA (1999), "apesar da existência de garantias legais e formais tanto para o SUS quanto para o PAISM, sua consolidação e implantação plena é um processo para ser construído cotidianamente nas instituições do SUS dos diversos níveis, o que provavelmente só será assegurado com uma prática eficaz de controle e de pressão dos movimentos sociais".

FORMIGA FILHO (1999) afirma que o PAISM serviu de modelo para outros países. Considera que sua evolução seja intermitente em decorrência do quadro político do Brasil e das dificuldades gerenciais e financeiras que há muitos anos vêm debilitando o país.

As discussões sobre os conceitos acima apresentados deverão permanecer, pois refletem condições sócio-históricas, dinâmicas por sua própria natureza. Por outro lado, o ponto fundamental é a sua aplicação prática, no âmbito dos serviços de saúde, no ensino e na pesquisa.

Um dos graves problemas em relação ao ciclo gravídico puerperal diz respeito à acessibilidade serviços de saúde. TANAKA (1995) destaca essa ine-quidade relativa de assistência às gestantes parturientes e puérperas, muito embora a grande maioria dê à luz em hospitais, o que leva a uma falsa impres-são de suficiência de leitos hospitalares para a assistência materna. Mas não é sem muito esforço e muita peregrinação para conseguir vaga. Por outro lado, aponta a falta de integração entre os diversos níveis de serviços de saúde como ponto importante a ser considerado.

Afirma ainda que *"Para a mulher no ciclo gravídico puerperal, as assistências no pré-natal, no parto e no puerpério estão intimamente interligadas e a impossibilidade de acesso às informações, de forma contínua e integral, em qualquer desses períodos, fragiliza a assistência, expondo a mulher a risco de vida".* Esta falta de integração é responsável pela descontinuidade da atenção. O resultado é um coeficiente de mortalidade materna elevadíssimo, por causas evitáveis. Pontua, ainda, que as pessoas com maior poder aquisitivo recorrem a serviços com mais recursos tecnológicos para resolução de casos na maioria das vezes simples, enquanto os menos privilegiados se sujeitam aos serviços menos qualificados e com problemas de saúde, na maioria das vezes, mais graves. Acrescenta que a mortalidade materna, por ser um indicador sensível de desigualdades sociais, reflete o grau de desenvolvimento econômico e social de cada localidade e, consequentemente, de assistência oferecida. Assim sendo, as regiões menos favorecidas apresentam maiores coeficientes de mortalidade feminina por causa materna quando comparados às regiões mais desenvolvidas (TANAKA, 2001).

Esta situação que apresenta na assistência à mulher no período reprodutivo é reflexo de uma situação na saúde como um todo. A criação do Programa de Agente Comunitário de Saúde (PACS) em 1991 e o Programa de Saúde da Família (PSF) em 1994, aliada à nova tendência do enfoque de família, que perpassa o PAISM, representa um tentativa de preencher estas lacunas e promover uma melhor integração entre os diversos níveis de serviço à saúde, contextualizado e afinado com as crenças e valores das diversas localizações geográficas. Foi inspirado em programas de saúde de outros países, tais como Cuba, Canadá.

Já no Brasil, o programa adquiriu características próprias de implantação devido ao número elevado da população, falta de profissionais para a composição das equipes e extensa área demográfica e territorial. Apesar de ter sido oficialmente instituído pelo Ministério da Saúde em 1994, sua abrangência em todo território nacional, ocorreu no final da década de 90.

O PSF constitui uma estratégia inovadora no cenário dos serviços de saúde e prioriza as ações de promoção, proteção e recuperação da saúde das pessoas e das famílias de forma integral, contínua e pró-ativa tendo como meta a assistência básica humanizada e participativa, centrada na família em conformidade com os princípios do SUS.

O programa tem como objetivos:

- promover o conceito de saúde como um direito de cidadania e como qualidade de vida;
- promover a família como um núcleo básico da abordagem no atendimento à saúde da população num enfoque comunitário;
- prevenir as doenças e identificar os fatores de risco aos quais a população está exposta;
- dar atendimento integral e de boa qualidade nas especialidades básicas de saúde, seja a população adstrita, nível domiciliar, ambulatorial ou hospitalar;
- atender a população adstrita preferencialmente através de agendamento, obedecendo as normas de programas de saúde existentes;
- buscar humanização no atendimento, através do inter-relacionamento das equipes;
- garantir aos profissionais do PSF supervisão, educação continuada, cursos de capacitação e treinamento e aprimoramento;
- divulgar, junto à população envolvida, os dados produzidos pelos serviços, bem como informações sobre fatores determinantes de doenças.

As atividades exercidas pelo programa compreendem a territorialização, visita domiciliar, atendimento ambulatorial (atendimento de consultas e outros procedimentos ambulatoriais), educação em saúde, vigilância epidemiológica e participação nos eventos da comunidade.

A principal atribuição da Equipe de Saúde da Família é promover a participação ativa da comunidade em seu trabalho, possibilitando um bom relacionamento, favorecendo a humanização do atendimento e o desenvolvimento de responsabilidade mútua.

Com base nos conceitos anteriores, a assistência à mulher no ciclo gravídico-puerperal deve valorizar a experiência pessoal e coletiva e promover o crescimento humano, englobando a participação da família. Nesse sentido, a família deve ser incluída na assistência à mulher para que possa servir como suporte às condutas indicadas pelos profissionais da área da saúde desde o início da gestação, durante todo o desenvolvimento desta, e até a finalização deste processo, visando a manutenção e melhoria das condições de saúde da mulher.

Um dos pontos de estrangulamento da assistência à mulher nesse período é o pré-natal, que conforme indica TANAKA (1995, 2001) deixa muito a desejar. Portanto para alcançar a qualidade da assistência à mulher no período reprodutivo deve-se direcionar ações visando à melhoria qualitativa e quantitativa da assistência pré-natal. Sua organização deve contemplar e atender as reais necessidades da população de gestantes, com a utilização de instrumentos e conhecimentos técnico-científicos dos recursos disponíveis e mais adequados.

O principal objetivo da assistência pré-natal é o acolhimento de todas as necessidades da mulher desde o momento em que ela procura os serviços. No período gestacional ocorrem mudanças físicas e emocionais que cada mulher vivencia a sua maneira. Muitas delas experienciam medo, angústia, fantasias ou o desejo de saber o que está acontecendo com o próprio corpo.

No pré-natal com qualidade, são vislumbrados esses aspectos e implementadas ações concretas no sentido de integrar a assistência oferecida. Não envolve procedimentos complexos, favorecendo assim a interação entre o profissional e a gestante e sua família. Este relacionamento permite que a gestante mantenha sua adesão à assistência durante todo o período gestacional.

As ações que constituem o foco principal da assistência pré-natal estão relacionadas à educação em saúde devendo englobar companheiros e familiares. Por conseguinte, a atenção no PSF fortalece, dentro do contexto social da gestante, o vínculo estabelecido entre sua família e o profissional de saúde.

A assistência pré-natal representa o primeiro passo para o parto humanizado. Dessa maneira, a humanização da assistência pressupõe uma relação de respeito estabelecida entre os profissionais de saúde e as gestantes durante todo o processo de gestação.

De acordo com BRASIL (2000), as condições básicas para a organização da assistência pré-natal devem contemplar:
- discussão permanente com a população da área sobre a assistência pré-natal;
- identificação precoce de todas as gestantes na comunidade e pronto início do acompanhamento pré-natal;
- acompanhamento periódico e contínuo de todas as mulheres grávidas e
- sistema de referência e contrarreferência eficientes, com o objetivo de garantir a continuidade da assistência em todos os níveis dentro do sistema.

No entanto, para que as práticas acima referidas sejam desenvolvidas, faz-se necessário:
- garantia de equipamento e instrumental mínimos;
- disponibilidade de medicamentos;

164 SAÚDE NA FAMÍLIA E NA COMUNIDADE

- número adequado de profissionais capacitados para o acompanhamento da gestante de acordo com os princípios da assistência integral à saúde da mulher, considerando seu contexto familiar e social;
- área física apropriada para o atendimento da gestante e família em unidades básicas e serviços de referência; apoio laboratorial para a unidade básica de saúde na realização de exames de rotina;
- instrumentos de registro e processamento e análise dos dados disponíveis, tais como: cartão da gestante, ficha perinatal, mapa de registro das atividades diárias, com o objetivo de sistematizar o acompanhamento da evolução da gravidez através da coleta e análise dos dados obtidos em cada consulta, seja ela no domicílio ou na unidade de saúde;
- avaliação contínua da assistência pré-natal com a utilização de indicadores de qualidade.

Assim, a elaboração e utilização de instrumentos de avaliação da assistência pré-natal têm o objetivo de identificar os problemas de saúde da população-alvo, além do desenvolvimento e aprimoramento dos serviços. Os dados obtidos e analisados devem quando necessário dar subsídios para a utilização de novas estratégias com o objetivo de melhorar a qualidade de assistência à gestante.

BIBLIOGRAFIA

BERQUÓ, L. O. Brasil e as recomendações do Plano de Ação do Cairo. *In*: BILAC, E. D.; ROCHA, M. I. B. da [Orgs.]. *Saúde reprodutiva na América Latina e no Caribe: temas e problemas*. Campinas: Editora 34, 1998. p. 23-35.

BILAC, E. D.; ROCHA, M. I. B. da *In*: BILAC, E. D.; ROCHA, M. I. B. da [Orgs.]. *Saúde reprodutiva na América Latina e no Caribe: temas e problemas*. Campinas: Editora 34, 1998. p. 9-21. Introdução.

BRASIL. Ministério da Saúde. *Assistência pré-natal: manual técnico*. 3ª ed. Brasília: Secretaria de Políticas de Saúde – SPS/Ministério da Saúde, 2000. 66p.

CIANCIARULLO, T. I. *Saúde da família: avaliação da nova estratégia assistencial no cenário das políticas públicas* – Projeto FAPESP 2001 ./Mimeografado/.

COSTA, A. M. Desenvolvimento e implementação do PAISM no Brasil. *In*: GIFFIN, K.; COSTA, S. H. *Questões da saúde reprodutiva*. Rio de Janeiro: Fiocruz, 1999. cap. 17, p. 319-35.

FORMIGA FILHO, J. F. N. Políticas de saúde reprodutiva no Brasil: uma análise do PAISM. *In*: DIAZ, J.; GALVÃO, L. *Saúde sexual e reprodutiva no Brasil*. São Paulo: Hucitec, 1999. cap. 4, p. 151-62.

GALVÃO, L. Saúde sexual e reprodutiva, saúde da mulher e saúde materno: a evolução dos conceitos no mundo e no Brasil. *In*: DIAZ, J.; GALVÃO, L. *Saúde sexual e reprodutiva no Brasil*. São Paulo: Hucitec, 1999. cap. 5, p. 165-79.

PHILLIPS, S. *The social context of women's health: goals and objectives for medical education*. Canadian Medical Association journal, v. 152, nº 4, 1995.

TANAKA, A. C. d'A. *Maternidade: dilema entre nascimento e morte*. São Paulo: Hucitec, 1995.

TANAKA, A. C. d'A. *Mortalidade materna. In: Rede Nacional Feminista de Saúde e Direitos Reprodutivos*. Saúde da mulher e direitos reprodutivos: dossiês. São Paulo, 2001.

As diretrizes da assistência à saúde da criança – do PAISC ao AIDPI

Sônia Regina Leite de Almeida Prado, Eulália Maria Aparecida Escobar, Elizabeth Fujimori

Aspectos históricos

O Sistema Nacional de Saúde (SNS) foi criado em 1975 pela Lei nº 6.229, com o objetivo de organizar os serviços de saúde do setor público e privado e definir as competências dos ministérios neles envolvidos, entre eles o Ministério da Saúde (MS) e o Ministério da Previdência e Assistência Social (MPAS). Ao primeiro, cabiam as medidas de caráter preventivo e de âmbito coletivo e, ao segundo, o atendimento médico individual de natureza curativa.

A partir do SNS, foram criados programas de grande abrangência como o Programa Nacional de Imunizações, o Programa Nacional de Alimentação e Nutrição e o Programa de Interiorizarão das Ações de Saúde e Saneamento e o Programa Nacional de Saúde Materno-Infantil. Este último, discutido em 1976 na V Conferência Nacional de Saúde (CNS) compunha-se de 2 sub--programas, o de Assistência Materna e o de Assistência à Saúde da Criança e do Adolescente.

O sub-programa Assistência à Saúde da Criança e do Adolescente tinha como objetivo aumentar a cobertura da assistência às crianças, melhorar os indicadores de saúde da faixa etária, aumentar a produção e a produtividade dos serviços de saúde e capacitar e aperfeiçoar profissionais para o atendimento desta clientela. Preconizava uma série de ações para o controle da saúde infantil, entre elas o estímulo ao aleitamento materno e o controle do crescimento e desenvolvimento. Propunha a suplementação alimentar na insuficiência do leite materno, o controle das doenças preveníveis por imunização e a melhoria do saneamento básico no país.

Considerando as recomendações da V CNS, o Estado de São Paulo criou o Programa de Assistência à Criança, que previa uma série de visitas da mãe com a criança à unidade de saúde, ora em consulta médica, ora no atendimento de enfermagem, sendo complementado por entrega de leite e vacinação.

O início de 1980 foi marcado pela realização da VII CNS, cujo tema central constituiu-se na extensão das ações básicas de saúde a toda população, reforçando assim as recomendações da Conferência Internacional Sobre Cuidados Primários de Saúde, ocorrida em 1978 em Alma-Ata, cuja declaração ressaltava a inter-relação entre doença, pobreza e desenvolvimento socioeconômico, definindo a atenção primária de saúde como

> a possibilidade de acesso de todos os indivíduos e famílias de uma comunidade a serviços essenciais de saúde, prestados por meios que lhes sejam satisfatórios e que contem com sua plena participação e tenham um custo que a comunidade e o país possam absorver. A atenção primária à saúde está voltada para o atendimento aos principais problemas de saúde da comunidade, através dos serviços de promoção, prevenção, cura e reabilitação. Por refletirem as condições econômicas e os valores sociais do país e de suas comunidades, variam de uma nação e de uma comunidade para a outra, mas incluem pelo menos: a promoção da nutrição apropriada e da adequada provisão da água de boa qualidade; saneamento básico; a saúde materno-infantil, incluindo o planejamento familiar; a imunização contra as principais doenças infecciosas; a prevenção e o controle de doenças localmente endêmicas; a educação no tocante a problemas prevalentes de saúde e aos métodos para sua prevenção e controle; e o tratamento apropriado de doenças e lesões comuns.

Com objetivo de propor normas mais adequadas à assistência à saúde e indicar a correta alocação dos recursos financeiros indispensáveis à manutenção da rede de serviços de saúde, foi criado em 1981 o Conselho Consultivo de Administração de Saúde Previdenciária, o CONASP. Já em agosto do ano seguinte, este Conselho aprovou o Plano de Reorientação da Assistência à Saúde no Âmbito da Previdência Social, conhecido como o Plano do CONASP.

Dentre os vários projetos propostos no Plano do CONASP, destacava-se o Programa de Ações Integradas de Saúde (PAIS). Este preconizava a regionalização do sistema de saúde, planejado e coordenado por comissões paritárias compostas pelos Ministérios da Saúde e da Previdência e Assistência Social, e pelas Secretarias de Saúde dos Estados.

Esse programa logo foi transformado na estratégia de Ações Integradas de Saúde (AIS), para a reformulação do Sistema Nacional de Saúde. As AIS estabeleciam modificações fundamentais no setor, propondo a otimização dos recursos da rede de serviços públicos de saúde, recomendando a incorporação da assistência médica individual de caráter curativo aos serviços básicos e propondo a assistência integral à saúde da população.

As mudanças no sistema de saúde a partir das AIS, em 1983, alteraram drasticamente as características do atendimento programático que vinha sendo prestado pelos serviços públicos de saúde desde 1975.

No caso específico da assistência à saúde da criança, os programas verticalizados e centralizados foram substituídos por outros mais abrangentes, que pressupunham uma maior integralidade nas ações propostas com vistas a incrementar a resolutividade dos serviços de saúde, identificando e priorizando ações básicas de comprovada eficácia e baixa complexidade tecnológica.

Do PAISC ao AIDPI

Em 1984, o MS, em conjunto com o MPAS, propôs a criação do Programa de Assistência Integral à Saúde da Criança (PAISC), que envolvia cinco ações básicas: acompanhamento sistemático do crescimento e desenvolvimento, estímulo ao aleitamento materno e orientação alimentar para o desmame, assistência e controle das infecções respiratórias agudas, controle das doenças diarreicas e controle de doenças preveníveis por imunização.

As ações nele preconizadas haviam sido propostas no sentido de atender aos agravos mais frequentes e importantes das crianças na faixa etária de 0 a 5 anos de idade, e o programa apresentava diretrizes para o atendimento da população infantil nos serviços de saúde em todos os níveis de governo, federal, estadual e municipal.

As diretrizes da assistência à saúde da criança – do PAISC ao AIDPI **169**

O PAISC foi concebido com o objetivo de promover a saúde integral da criança, melhorar a qualidade do atendimento e aumentar a cobertura dos serviços de saúde, respondendo ao desafio de enfrentar os fatores condicionantes e determinantes da morbimortalidade infantil no país.

Entretanto, o 1º Encontro da Cúpula Mundial em Favor da Infância, realizado em Nova Iorque em 1990 pelo Fundo das Nações Unidas para a Infância (UNICEF), constatou que as metas traçadas na Declaração de Alma Ata não haviam sido atingidas, fato que marcou o reconhecimento e a preocupação mundial em estabelecer prioridades concretas para a redução da morbimortalidade infantil por diarreia, infecções respiratórias e doenças imunopreveníveis até o ano 2000. Para o alcance de tais metas, um dos aspectos reiteradamente proposto foi a necessidade de se avançar para uma maior integração das estratégias e ações.

Entendendo como imediata a necessidade de se investir na melhoria do acesso das populações a medidas de prevenção e promoção da saúde e na melhoria da qualidade da atenção prestada através da rede de serviços, organismos internacionais como a Organização Mundial da Saúde (OMS), Organização Pan-Americana da Saúde (OPAS) e o UNICEF passaram a se mobilizar no sentido de unir esforços na busca de novos enfoques e ferramentas para a construção de um sistema eficiente de atenção primária à saúde infantil.

Como resultado, surgiu a estratégia de Atenção Integrada às Doenças Prevalentes na Infância (AIDPI), concebida com a finalidade de reduzir a mortalidade infantil e contribuir de maneira significativa para que a criança atinja o seu potencial máximo de crescimento e desenvolvimento, sobretudo nos países emergentes. Tem como objetivos: a redução do número de casos, da gravidade e da mortalidade por doenças prevalentes nas crianças com menos de cinco anos, especialmente as mortes devidas a infecções respiratórias agudas (IRA), diarreias e desnutrição; a melhoria da qualidade da atenção prestada à criança nos serviços de saúde; a introdução de aspectos da promoção e prevenção na rotina de atenção à saúde da criança; e a expansão da atenção integrada ao nível comunitário.

A estratégia AIDPI propõe "olhar" a criança como um todo, e não apenas o motivo da consulta, permitindo que o profissional de saúde não perca de vista a avaliação e a identificação de problemas ou sinais de enfermidade que, por não terem se constituído na principal causa da consulta, poderiam não ser avaliados pelo pessoal de saúde. Assim, propõe avaliar de maneira sistemática os principais problemas que afetam a saúde infantil, com vistas a detectar e tratar qualquer "sinal de perigo" ou doença específica, integrando ações curativas com medidas de prevenção e promoção da saúde.

Assim, a estratégia introduz o conceito da integralidade, surgindo como alternativa para aplicar todas as ações de controle específico já existentes no PAISC na avaliação de uma criança, ou seja, o acompanhamento do crescimento e desenvolvimento, o aleitamento materno e a orientação para o desmame e o controle das infecções respiratórias, das doenças diarreicas e das doenças imunopreveníveis.

Reconhecendo que as crianças, saudáveis ou doentes, devem ser consideradas em seu contexto social, a estratégia enfatiza a necessidade de se melhorar tanto as práticas relacionadas à família e à comunidade, quanto a atenção prestada pelo serviço de saúde. Nesse sentido, busca melhorar as habilidades dos profissionais de saúde, a organização dos serviços e as práticas familiares e comunitárias relacionadas ao cuidado da criança.

Em suma, pode-se afirmar que a estratégia consiste em um conjunto de critérios simplificados para avaliar, classificar e tratar as principais doenças prevalentes nas crianças menores de cinco anos, através de uma somatória de ações preventivas e curativas que busca acelerar o tratamento de urgência em crianças gravemente doentes, envolver os pais no cuidado da criança no domicílio, monitorar o crescimento e recuperar nutricionalmente a criança desnutrida, incentivar o aleitamento natural e a imunização.

É importante destacar que, apesar da proposta de avaliar, classificar e tratar as principais doenças prevalentes na infância, a estratégia AIDPI não tem como objetivo estabelecer o diagnóstico específico de doenças, mas apenas avaliar sinais clínicos preditivos positivos que possam definir a necessidade de encaminhamento urgente para uma unidade de maior resolutividade ou se proceder ao tratamento em nível primário.

O PERFIL DE SAÚDE-DOENÇA DAS CRIANÇAS

No Brasil, embora mudanças importantes tenham sido observadas no quadro da mortalidade infantil nas últimas décadas, o perfil atual de saúde das crianças brasileiras ainda representa um grande desafio, pois ainda se convive com elevada morbidade por doenças preveníveis, como as infecções respiratórias agudas e diarreias, que muitas vezes têm como causa associada a desnutrição.

Estimativas do UNICEF indicam que a probabilidade de morrer em função de uma determinada doença duplica em casos de crianças moderadamente desnutridas, e triplica em casos de desnutrição grave. A desnutrição representa um fator importante em um terço das 13 milhões de mortes anuais de menores de cinco anos no mundo, contribuindo para o agravamento de infecções crônicas recorrentes. As práticas inadequadas de amamentação têm sido apontadas como uma das principais causas da desnutrição, podendo afetar irreversivelmente o desenvolvimento físico e mental e comprometer o futuro da criança e de seu país.

No Brasil, a análise dos dados da Pesquisa Nacional sobre Saúde e Nutrição (PNSN), desenvolvida em 1989, evidenciou as enormes desigualdades existentes entre as regiões do país e entre os diferentes grupos socioeconômicos, refletindo não apenas as diferenças na disponibilidade de alimento, como também as diferenças no acesso aos Serviços de Saúde, bem como na disponibilidade de infraestrutura, saneamento básico e conhecimentos e práticas adequadas à saúde das crianças.

Os dados da Pesquisa Nacional sobre Demografia e Saúde (PNDS), de 1996, mostraram maior prevalência de desnutrição na faixa etária de um a dois anos de idade, período similar à época do desmame, após o qual a criança parece tender a uma melhora do estado nutricional. A maior proporção de crianças com desnutrição crônica e/ou aguda encontra-se entre filhos de mães sem instrução, mostrando a relação existente entre nível de escolaridade da mãe e situação nutricional da criança.

O fato de as crianças menores de dois anos apresentarem maior suscetibilidade aos agravos ambientais, mórbidos e os relacionados à falta de cuidados se justifica pelas intensas e rápidas transformações, pertinentes ao processo de crescimento e desenvolvimento deste grupo etário, bem como de sua dependência de cuidados alheios.

Estudo realizado em Pelotas, RS, demonstrou o efeito conjunto do peso ao nascer e da renda familiar sobre a prevalência de desnutrição. O peso ao nascer mostrou-se fortemente associado com a desnutrição subsequente, da mesma forma que as crianças mais pobres apresentaram prevalências de desnutrição muito superiores às das crianças de melhor renda. Nas crianças de famílias que recebiam mais de dez salários mínimo mensais não se verificou nenhum caso de desnutrição.

Estudo abrangente, desenvolvido na população infantil da cidade de São Paulo em 1995/96, mostrou que a distribuição do peso ao nascer é inferior àquela esperada quando as condições de crescimento fetal são ótimas. Uma análise da tendência secular revelou que o padrão de crescimento infantil pós-natal foi positivo, com declínio acentuado da desnutrição infantil mesmo entre as famílias mais pobres. Entretanto, detectou-se uma elevada prevalência de anemia que superou em muito a prevalência de crianças com déficit antropométrico e se mostrou comum mesmo entre as famílias de melhor nível socioeconômico, porém apresentando-se sistematicamente maior nas populações mais pobres.

Ainda em São Paulo, SP, um estudo, envolvendo crianças integrantes de famílias com renda mensal *per capita* inferior a 1,5 salários mínimos e faixa etária de 6 meses a 9 anos, revelou que as infecções respiratórias agudas representavam os episódios mórbidos mais frequentes na população estudada. Além de constituírem as intercorrências mais comuns, foram quase 4 vezes mais frequentes do que a doença diarreica aguda, que apareceu em segundo lugar. Das 18 variáveis estudadas, apenas a idade da criança (maior incidência entre os lactentes), o estado nutricional (peso/idade abaixo do percentil 10) e o grau de salubridade do domicílio mostraram associação estatisticamente significativa com infecção respiratória aguda.

Outra pesquisa, ora realizada em oito creches da região da Capela do Socorro em São Paulo, SP, envolvendo crianças com menos de 2 anos de idade, reiterou que as doenças respiratórias constituíam a primeira causa de adoecimento, seguidas das doenças diarreicas, com razão de risco associada a déficit nutricional de 4,32 para doença respiratória e de 3,75 para doença diarreica.

A estratégia AIDPI e o PSF

Tendo como meta o alcance das recomendações da Cúpula Mundial em Favor da Infância, a OPAS desencadeou, em 1996, um processo para que a estratégia AIDPI fosse adotada como política de saúde fundamental nos países em desenvolvimento da América Latina. No Brasil a estratégia foi oficialmente adotada pelo Ministério da Saúde naquele mesmo ano.

Para implantar a estratégia AIDPI no Brasil, o MS estabeleceu como prioridade os municípios com índices de mortalidade infantil acima de 40/1000 nascidos vivos, iniciando com os municípios integrantes do Programa de Redução da Mortalidade na Infância (PRMI) e aqueles que tivessem os Programas de Agentes Comunitários de Saúde (PACS) e de Saúde da Família (PSF) já implantados.

Para compreender o processo e os critérios de implantação da estratégia AIDPI, há que se resgatar alguns aspectos históricos da implantação efetiva do Sistema Único de Saúde (SUS).

A criação do Sistema Único de Saúde (SUS) remonta aos movimentos da Reforma Sanitária, ainda na década de 80, quando as diretrizes de universalidade, integralidade das ações e participação social ganharam espaço, culminando com sua regulamentação pela Constituição Brasileira de 1988, e consagrando os princípios de descentralização e municipalização da saúde.

Buscando reordenar o modelo assistencial em saúde e consolidar o SUS, o MS lançou em 1991 o Programa de Agentes Comunitários de Saúde (PACS), com o objetivo de contribuir para o enfrentamento dos alarmantes indicadores de morbimortalidade infantil e materna na Região Nordeste do Brasil. Este programa, que buscava vincular a comunidade com as unidades básicas de saúde através do agente comunitário de saúde, se fortaleceu nos municípios, demonstrando resultados concretos nos indicadores de mortalidade infantil, sendo bem avaliado pela própria população e trazendo contribuições importantes para a organização dos sistemas locais, com expressiva interiorização de profissionais e estímulo à criação dos conselhos municipais de saúde que eram exigidos para a implantação do programa.

No entanto, um aspecto limitante importante para a continuidade e o impacto das suas ações era que as unidades básicas de saúde continuavam atuando no sistema tradicional, sem absolutamente nenhuma vinculação com a população, com baixa resolutividade e com um enfoque predominantemente curativo.

Neste cenário, marcado pela necessidade de defesa dos interesses da coletividade e de uma reformulação do papel regulador do Estado em direção à melhoria na quantidade e qualidade das políticas sociais, o MS lança, no início de 1994, o Programa de Saúde da Família (PSF).

O PSF surgiu, então, como uma estratégia de assistência à saúde inserida no SUS, valorizando os princípios de territorialização, de participação da comunidade, de garantia de integralidade na atenção, de trabalho em equipe com enfoque multidisciplinar, de ênfase na promoção da saúde com fortalecimento das ações intersetoriais, entre outros.

A estratégia do PSF propõe uma nova dinâmica para a estruturação dos serviços de saúde, bem como para a sua relação com a comunidade e entre os diversos níveis de complexidade assistencial. O PSF estabelece que a assistência seja reorganizada a partir da delimitação de áreas adstritas, onde 600 a 1000 famílias estão inseridas, sob a responsabilidade de uma Equipe de Saúde da Família (composta por um médico, um enfermeiro, dois auxiliares de enfermagem e quatro a seis agentes comunitários de saúde), que seria responsável pela assistência integral prestada às famílias do território definido, desenvolvendo ações de promoção, prevenção, diagnóstico precoce, tratamento e reabilitação, e referindo os casos que não puderem ser solucionados nesse nível de atenção.

Em dezembro de 1997, o PACS e o PSF contavam com 54.934 agentes comunitários de saúde e 1623 equipes de saúde da família. Em 2000 haviam 145 mil agentes e 10.400 equipes implantadas em todo o país. Com esta ampla implementação, o MS pretende melhorar o acesso das populações mais carentes aos cuidados com a saúde.

É nessa mesma perspectiva de atenção básica que o MS tem proposto e implementado a incorporação da estratégia AIDPI em todas as políticas de atenção à saúde da criança.

A ATENÇÃO À SAÚDE DA CRIANÇA E AS NOVAS ESTRATÉGIAS ASSISTENCIAIS

Na cidade de São Paulo, a municipalização sofreu solução de continuidade, por questões políticas, retardando o processo de descentralização estabelecido como uma das estratégias de implantação do SUS. Em 2001, houve uma retomada da gestão da saúde na cidade, tendo o município tomado para si a responsabilidade pela rede de serviços, com prioridade na atenção básica à saúde.

Nesse contexto, inicia-se efetivamente a municipalização da atenção básica de saúde em São Paulo, SP, propiciando a ampliação do PSF, o qual até então estava implantado de forma incipiente em algumas regiões isoladas, sob a gestão do Estado.

Por outro lado, com o desenvolvimento do neoliberalismo marcado pela internacionalização dos mercados, vêm se acentuando as desigualdades sociais, levando boa parte da população a situações de extrema pobreza, ou seja, à exclusão social. No campo da saúde no Brasil, esse modelo neoliberal tem guiado a assistência por meio da economia de mercado, estimulada pela livre negociação, em que a saúde passa a ser um bem de consumo, direcionado a uma minoria privilegiada da população.

Assim, embora se observem avanços na atenção à saúde da criança, esta ainda tem acontecido de forma desorganizada e isolada. Além disso, há falta de informações sistematizadas que contribuam efetivamente para o aprimoramento e redirecionamento das ações de saúde.

Neste sentido, as palavras de Barros e Victora traduzem de forma clara e objetiva esta necessidade:

"Na maior parte das regiões do Brasil, inexistem informações confiáveis a respeito de indicadores básicos de saúde infantil, tais como a prevalência de desnutrição, a cobertura vacinal, a frequência de doenças infecciosas como diarreia e infecções respiratórias, ou as características da assistência perinatal. E justamente nestas áreas, as mais pobres do país, onde a morbimortalidade infantil apresenta seus mais elevados índices. Esta falta de informações adequadas torna difícil, senão impossível, o planejamento de ações de saúde visando à sobrevivência infantil. É, portanto, necessário realizar diagnósticos comunitários de saúde infantil para identificar as principais doenças e agravos à saúde, medir sua magnitude e avaliar a utilização de serviços existentes."

Também no município de São Paulo, esta realidade se faz presente, tanto nos espaços dos serviços de saúde, quanto nos gerenciais, uma vez que este se encontra num momento de transição e de municipalização da saúde. Assim, justifica-se uma avaliação dos indicadores básicos de saúde infantil, o qual poderia subsidiar o redirecionamento e estabelecimento de parâmetros e indicadores capazes de caracterizar níveis de qualidade nos serviços de saúde locais, além de proporcionar a geração e o desenvolvimento de conhecimentos teórico-práticos na área da gestão da qualidade em serviços de saúde.

Com esta perspectiva vêm sendo desenvolvido projeto de pesquisa interinstitucional, denominado "Saúde da Família – Avaliação da nova estratégia assistencial no cenário das Políticas Públicas", o qual pretende avaliar a nova estratégia voltada para a saúde da família (PSF), através de indicadores de estrutura, processo e resultado, obtidos a partir da avaliação dos princípios básicos estabelecidos para a implantação e operacionalização da estratégia. O estudo deverá ser desenvolvido em dois cenários, com perfis demográficos e sociais assemelhados, visando a sua análise e comparação, um em área com PSF implantado, onde a estratégia AIDPI já está implantada, e outro em área onde nem esse programa nem a estratégia AIDPI ainda estão implantados.

Nesse contexto, procurar-se-á realizar o diagnóstico relativo ao processo de implementação das estratégias do PSF e do AIDPI, e identificar como operam os programas específicos de saúde da criança. Para tanto, utilizar-se-á Instrumento de Avaliação do Programa de Saúde da Criança, que enfatizará a criança de 0 a 5 anos, e será aplicado tanto no serviço de saúde, quanto nos domicílios das crianças das regiões selecionadas para o estudo.

A análise privilegiará o enfoque da saúde e não apenas da doença, buscando esclarecer os determinantes sociais que interferem no processo saúde--doença. Outro aspecto a ser abordado será o direcionamento das ações dos

176 SAÚDE NA FAMÍLIA E NA COMUNIDADE

profissionais de saúde para as necessidades específicas daquela faixa etária, tais como o incentivo ao aleitamento materno, o programa de imunização, o controle do crescimento e desenvolvimento e das doenças respiratórias e diarreicas, utilizando-se para tanto os parâmetros preconizados pelo AIDPI. Também deverão ser avaliados a resolutividade dos serviços e o impacto das ações no usuário, assim como a acessibilidade ao serviço.

Pretende-se que os resultados obtidos possibilitem uma avaliação do impacto do PSF e da estratégia AIDPI no âmbito da saúde da criança.

BIBLIOGRAFIA

BARROS, F. C.; VICTORA, C. G. *Epidemiologia da saúde infantil.* São Paulo: Editora Hucitec-UNICEF, 1991. 176 p.

BRASIL. *Pesquisa nacional sobre demografia e saúde (PNDS).* Sociedade Civil de Bem-Estar Familiar no Brasil (BEMFAM). Programa de Pesquisas Demográficas e de Saúde (DHS). Macro International Inc., 1996.

BRASIL. Ministério da Saúde. Instituto Nacional de Alimentação e Nutrição (INAN). *Pesquisa nacional sobre saúde e nutrição.* Resultados preliminares. Brasília, IN AN, 1990.

CHIESA, A. M.; BERTOLOZZI, M. R.; FONSECA, R. M. G. S. *A enfermagem no cenário atual: ainda há possibilidade de opção para responder às demandas da coletividade?* O Mundo da Saúde 2000; 4 (1): 67-71.

CIANCLARULLO, T. I. *et al. Projeto Saúde da Família: avaliação da nova estratégia assistencial no cenário das políticas públicas.* São Paulo, 2000.

COMISSÃO INTERMINISTERIAL DE PLANEJAMENTO (CIPLAN). Resolução nº 6 de 3 de maio de 1984: aprova as Ações Integradas de Saúde (AIS). Documento de Normas Gerais Aplicáveis às AIS. *In:* _____ *Ementário de atos da CIPLAN 1980-1988.* Brasília, 1989.

CONFERÊNCIA NACIONAL DE SAÚDE, 5ª, Brasília, 1975. *Anais.* Rio de Janeiro, Seção Artes Gráficas da FSESP, 1975.

ESCOBAR, E. M. A. *Avaliando a assistência prestada às crianças numa unidade básica de saúde da Secretaria Municipal de Saúde de São Paulo.* São Paulo, 1994. Dissertação (Mestrado). Departamento de Enfermagem. Escola Paulista de Medicina.

LEONE, C.; MARQUES, A. M.; PRIMO, E.; FRESCHI, S. A.; YAMAMOTO, T. S. Aspectos médico-sociais das infecções respiratórias agudas (IRA) em crianças de famílias urbanas de baixa renda. *Rev. Paul. Pediatr.*, 9(35):, 1991.

BRASIL. Ministério da Previdência e Assistência Social. *Reorientação da assistência à saúde no âmbito da Previdência Social.* 3, Brasília, 1983.

BRASIL. Ministério da Saúde. SNPES/DINSAMI/INAMPS *Programa de assistência integral à saúde da criança: acompanhamento do crescimento e desenvolvimento.* UNICEF/OPAS/Sociedade Brasileira de Pediatria. Brasília, 1986.

BRASIL. Ministério da Saúde. *Textos básicos de saúde: assistência integral à saúde da criança – ações básicas.* Brasília, Centro de Documentação do Ministério da Saúde, 1984.

MONTEIRO, C. A.; SZARFARC, S. C.; MONDINI, L. Tendência secular da anemia na infância na cidade de São Paulo (1984-1996). *Rev. Saúde Pública*, 34(6 supl.) 62-72, 2000.

MONTEIRO, C. A.; WOLNEY, L. C. Tendência secular do crescimento pós--natal na cidade de São Paulo (1974-1996). *Rev. Saúde Pública*, 34 (6 supl.): 41-51, 2000.

MONTEIRO, C. A.; WOLNEY, L. C. Tendência secular da desnutrição e da obesidade na infância na cidade de São Paulo (1974-1996). *Rev. Saúde Pública*, 34(6 supL): 52-61, 2000.

MONTEIRO, C. A.; BENÍCIO, M. H. D. A.; ORTIZ, L. P. Tendência secular do peso ao nascer na infância na cidade de São Paulo (1976-1998). *Rev. Saúde Pública*, 34(6 supl.): 26-40, 2000.

PRADO, S. R. L. A. *Estudo de morbidade e sua relação com o estado nutricional de crianças ate dois anos de idade matriculadas em creches do município de São Paulo.* São Paulo, 2000. 100p. Dissertação (Mestrado) – Faculdade de Medicina. Universidade de Santo Amaro.

PRADO, S. R. L. A. Razão de risco de morbidade e estado nutricional em crianças de creche. *Revista Paulista de Pediatria.* 2001 (no prelo)

PUFFER, R. R.; SERRANO, C. V. *Características de la investigación en la ninez. Informe de la Investigación Interamericana de Mortalidad en la Ninez.* Washington (DC), Organización Panamericana de la Salud, 1973. OPAS – Publicación Cientifica 262.

SPOSATI, A. [Coord.]. *Mapa da Exclusão, Inclusão Social da Cidade de São Paulo.* São Paulo: Educ, 1996. 126p.

SPOSATI, A. [Coord.]. *Que cidade é esta? São Paulo: Exclusão e Inclusão.* São Paulo: Vereda – Centro de Estudos em Educação, 1996. 48p.

SUCUPIRA, A. C. L. *Relações médico-pacientes nas instituições de saúde brasileiras*. São Paulo, 1981. Dissertação (Mestrado) – Faculdade de Medicina da Universidade de São Paulo.

TANAKA, O. Y. *et al. A municipalização dos serviços de saúde no Estado de São Paulo*. Saúde em Debate, v. 33, 1991.

BENGUIGUI, Y. Perspectivas en el control de enfermedades en los niños: Atención Integrada a las Enfermidades Prevalentes de la Infancia. *Rev. Bras. Saúde Materno Infantil*, 1(1): 7-19,2001.

SOUZA, H. M. Programa de saúde da família: entrevista. *R. Bras. Enferm.*, 53 (nº especial): 7-16, 2000.

CUNHA, A. J. L. A.; SILVA, M. A. F. S.; AMARAL, J. J. F. A estratégia de "Atenção Integrada às Doenças Prevalentes na Infância – AIDPI" e sua implantação no Brasil. *Rev. Ped.* Ceará, 2 (1): 33-38, 2001.

FELISBERTO, E.; CARVALHO, E. F.; SAMICO, I. Estratégia da atenção integrada às doenças prevalentes da infância (AIDPI) – considerações sobre o processo de implantação. *Rev. do IMIP*, 14 (1): 24-31, 2000.

SOUSA, M. F. *A enfermagem reconstruindo sua prática: mais que uma conquista no PSF.* R. Bras. Enferm., 53 (nº especial): 25-30, 2000.

PROPOSTA DE CRIAÇÃO DE UM CENTRO LÚDICO COM FUNÇÕES AMPLIADAS: PREPARANDO ADOLESCENTES PARA UMA PRÁTICA CUIDATIVA COM CRIANÇAS DE ZERO A SEIS ANOS EM COMUNIDADES DE BAIXA RENDA (PROJETO PACOLÚ)

Tamara Iwanow Cianciarullo, Karen Montebelo Helena

> *O menino ou menina que frequenta ou vive na rua exige projetos pedagógicos destinados a reaproximá-los de sua família e comunidade.*
>
> UNICEF

Estratégias de intervenção e desenvolvimento comunitário tem sido utilizadas em diferentes cenários nacionais, com as mais diversas formas de suporte: profissional, leigo, voluntário, governamental e não governamental, objetivando melhorar a saúde e a QUALIDADE DE VIDA de famílias e/ou de seus membros, em comunidades específicas.

Em nossa experiência de cerca de vinte anos de trabalho em comunidades de baixa renda (Núcleo de Assistência à Saúde da Mulher – NAAM), percebemos a preocupação das mulheres em relação aos seus filhos adolescentes que assumiam precocemente responsabilidades nos cuidados com os irmãos menores ou permaneciam na rua, e das precárias condições de desenvolvimento das crianças menores, pela falta de orientação e de possibilidades relacionadas aos processos de estímulos incluindo os lúdicos, nos cenários das favelas e das comunidades de baixa renda em geral.

Não se deve pensar que as pessoas que vivenciam condições precárias de disponibilização de equipamentos sociais não têm capacidade de perceber a desigualdade existente em relação a sua utilização. Assim, as mulheres destas comunidades são aquelas que buscam novas maneiras de superar velhos problemas com os quais estão cansadas de conviver. As creches, os serviços de saneamento básico e os serviços de saúde, nestas comunidades, geralmente são conseguidos pela contínua e desafiadora atuação de líderes comunitárias, que se dispõem a percorrer escritórios de vereadores, deputados estaduais e de políticos em geral para tentar vencer, muitas vezes pelo cansaço, as barreiras impostas pelos burocratas, às suas aspirações coletivas mais importantes: a satisfação das necessidades humanas básicas.

Por outro lado, estando a família brasileira no centro dos processos de atendimento à saúde, por meio de um novo programa, denominado Saúde da Família, sendo visitada regularmente por agentes comunitários, recebendo cuidados e sendo alvo de intervenções que lhe propiciam uma condição melhor no que diz respeito à sua saúde, e havendo um importante avanço na questão da inserção ampliada da criança na escola, segundo indicadores disponíveis nos relatórios oficiais, possibilitando a visualização de melhores condições de inclusão socioeconômica da família num futuro próximo, há que se trabalhar preventivamente sobre os fatores que poderiam vir a caracterizar uma possível exclusão de algumas crianças que ainda não chegaram ao período escolar.

Uma nova proposta, articulada a uma iniciativa inovadora de promover uma ocupação para o adolescente de uma comunidade, fora do período escolar, e ao mesmo tempo tentar identificar precocemente déficits comunicacionais de crianças de 0-6 anos, associada à implantação de uma "brinquedoteca" visando a oferecer oportunidades de sociabilização e desenvolvimento compatíveis com as faixas etárias das crianças, constitui uma iniciativa de importante impacto social.

Justificativa

A habilidade comunicativa é um atributo distintivo da condição humana, e como tal é um elemento fundamental para a qualidade de vida. Sendo assim, toda ação preventiva nessa área irá contribuir significantemente para promover a saúde integral e garantir a inserção social das pessoas nos cenários comunitários.

Sabemos da importância da comunicação na vida de qualquer pessoa, e o quanto qualquer alteração interfere na sociabilidade, no emocional e, sobretudo, nos processos de aprendizagem. Por isso, torna-se necessário um sistema eficiente que vise a sua promoção, além da identificação precoce de alterações que prejudiquem a inserção social da criança no meio escolar e o seu imediato encaminhamento, visando sanar ou amenizar um quadro de déficits comunicacionais envolvendo a fala, audição e visão.

Os Serviços de Saúde têm como objetivos a promoção, manutenção e recuperação da saúde, em espaços maiores como os Centros de Saúde e os Hospitais. A questão da sociabilização e das condições mínimas de comunicação necessárias ao desenvolvimento da criança ainda não foram definidas como um conjunto de ações a serem priorizadas no atendimento de promoção à saúde da criança. Assim, não temos conhecimento de programas e projetos que privilegiem os aspectos comunicacionais por meio de atividades lúdicas das crianças, em desenvolvimento no Brasil.

Neste cenário, é importante, além de prover condições para o desenvolvimento deste tipo de atividade para as crianças em período pré-escolar, produzir um espaço de inserção de um outro coadjuvante, o adolescente, que passou por esta fase (infância) recentemente, e que se encontra, principalmente nas comunidades de baixa renda, ocupando-se de irmãos menores por delegação familiar ou circulando nas ruas que circundam as áreas residenciais.

Assim, esta proposta pretende treinar adolescentes de 14 a 18 anos, que frequentam a escola (condição de inclusão no Programa), a cuidar de crianças de 0 a 6 anos, por meio de um curso com duração de três meses, possibilitando um preparo para um emprego futuro em creches ou como cuidadores de crianças, em domicílios.

Esta proposta envolve a participação de pelo menos um voluntário profissional das seguintes áreas: fonoaudiologia, enfermagem, serviço social, pedagogia e psicologia, visando ao planejamento, orientação, execução e sustentação das atividades que favorecem o cuidado, a promoção de condições satisfatórias para o desenvolvimento de crianças, a serem executadas pelos adolescentes em treinamento.

Este projeto pressupõe também um modelo inovador de aprimoramento profissional de recém-formado, (bolsistas) nas áreas citadas acima, visando à capacitação de um novo profissional, capaz de trabalhar os problemas comunicacionais das crianças, envolvendo os adolescentes e adultos (no caso específico, as mães das crianças), por meio da utilização de processos lúdicos especialmente desenvolvidos para este fim.

Assim, a participação de fonoaudiólogas, cuja profissão tem como área de atuação a linguagem, a audição, a voz e a motricidade oral (desenvolvimento da musculatura oral e facial e suas funções), ou seja, a comunicação; de enfermeiras que desenvolveram tecnologias leves de processos cuidativos de crianças e adolescentes por meio da utilização de brinquedos; de assistentes sociais com capacidades específicas de compreender e dar encaminhamento às questões relativas aos problemas sociais em populações de baixa renda; de pedagogas que trabalham com programas de educação de crianças, treinamento e capacitação de adolescentes e de psicólogas, com seus conhecimentos sobre o desenvolvimento da crianças e detentoras das melhores práticas para que este desenvolvimento ocorra nas melhores condições possíveis, constitui uma iniciativa inovadora no cenário da assistência à saúde da criança.

COMUNICAÇÃO E DESENVOLVIMENTO DA CRIANÇA

Poucos estudos têm sido realizados com crianças objetivando a verificação de suas condições "comunicacionais". Um estudo realizado na população infantil atendida por um Centro de Saúde Escola da Cidade de São Paulo, em 1989, constatou que a frequência relativa das desordens da comunicação era de 13,68%, fato que indica um possível prejuízo nos processos de inserção escolar da criança (ANDRADE, 1994).

A audição e a visão são essenciais para uma vida social normal. Alterações auditivas não tratadas e alterações visuais não identificadas podem acarretar graves consequências, como ausência do desenvolvimento da fala e linguagem; alterações de comportamento, como a agressividade; deterioração da relação pais-filhos, seja por sutil rejeição ou por superproteção; déficit no desempenho escolar; e em inter-relacionamentos, já que o portador de deficiência auditiva e/ou visual passa a viver em seu próprio mundo, isolado.

A incidência mundial da deficiência auditiva permanente em grau profundo durante ou logo após o nascimento é de um em cada mil crianças. Isto significa que no Brasil, dos 3.000.000 de nascimentos por ano, 3.000 crianças irão apresentar deficiência auditiva. Sendo a população brasileira estimada em mais de 160.000.000 de habitantes, aproximadamente 160.000 pessoas nasceram com a deficiência. Dentre suas causas, como a genética, infecções maternas durante a gestação (rubéola, citomegalovírus, sífilis e toxoplasmose), exposição materna a drogas e radiação etc., nos países em desenvolvimento tornam-se também comuns as complicações decorrentes do estado nutricional e de saúde deficitários das gestantes, fazendo com que a frequência de casos deste tipo de deficiência em tais países, dentre eles o Brasil, encontre-se triplicada em relação à existente em países desenvolvidos.

Grande atenção também deve ser dada à otite média, que é a causa mais comum de atendimento de crianças em pediatria, podendo causar perda temporária de audição e atraso na aquisição e desenvolvimento da linguagem.

Em países onde as crianças têm acesso limitado a cuidados médicos, suas complicações, como a perda permanente de audição e alterações de comportamento, são frequentes.

A detecção precoce da deficiência auditiva é a melhor maneira de garantir à criança com a deficiência a oportunidade de ter uma linguagem verbal mais próxima da normalidade, assim como a orientação às futuras e atuais mães é a melhor maneira de prevenção.

Além da deficiência auditiva, muitas outras causas podem promover atraso e alterações no desenvolvimento da linguagem, como fatores biológicos (desenvolvimento intelectual normal, integridade do sistema nervoso central), psicológicos (déficit no relacionamento pais-filhos) e sociais (ambiente desfavorável).

As alterações oculares, por sua vez, tem recebido pouca atenção nos esforços nacionais para elevar os níveis de saúde das crianças em idade pré-escolar. Não existem programas específicos para identificação precoce de alterações oculares, capazes de prejudicar fortemente a inserção da criança na escola

A detecção precoce dos problemas oculares é importante também para se evitar a cegueira, sendo possível evitar 2/3 dos casos de cegueira por meio do encaminhamento precoce aos profissionais especializados, aplicando-se os conhecimentos e técnicas atualmente disponíveis, além do que 80% dos casos de cegueira evitável ocorrem nos países em desenvolvimento e que a perda da visão prejudica o natural desenvolvimento das aptidões escolares, intelec-

184 SAÚDE NA FAMÍLIA E NA COMUNIDADE

tuais, profissionais e sociais, com graves prejuízos na integração e participação social, na produção e capacidade de trabalho das pessoas afetadas. Outro aspecto a ser destacado é o número elevado de pessoas com cegueira parcial (4.712.389) identificadas em um estudo realizado por órgãos governamentais em 1989 (www.saude.gov.br/Programas/ocular.htm).

Vinculando-se todos estes aspectos à inexistência de programas específicos, direcionados preferencialmente para as crianças em fase pré-escolar, justifica-se a realização de um projeto que contemple estes aspectos, desenvolvendo um processo de engenharia social vinculada a duas áreas que compõem o Índice de Desenvolvimento Humano (IDH): Saúde (da criança de 0-6 anos) e Educação para a saúde do adolescente, da criança e das respectivas mães.

Resumindo, a intencionalidade da proposta aqui apresentada caracteriza-se por três importantes circunstâncias:

1. pela valorização de adolescente de uma comunidade de baixa renda, buscando desenvolver sua autoestima e competência cuidativa, por meio de atividades lúdicas, educativas e culturais, sob a forma de um curso de curta duração;

2. suprir a deficiência de estímulos necessários ao desenvolvimento das crianças de baixa renda, de 0-6 anos, por meio da implantação de um "Centro Lúdico" capaz de produzir importantes mudanças, incluindo a orientação e o empréstimo de brinquedos necessários ao seu desenvolvimento, e

3. pela implementação de um programa direcionado não apenas para o desenvolvimento da criança por meio da utilização de estratégias lúdicas, mas também para promover, por meio destas atividades, possibilidades de identificação precoce de sinais indicativos de alterações comunicacionais em crianças de 0-6 anos, incluindo suas respectivas mães.

OBJETIVO GERAL

Propor a implantação de um modelo de atenção lúdica à criança de 0-6 anos por meio da utilização de um Centro Lúdico onde adolescentes treinados e supervisionados por profissionais desenvolverão suas atividades visando à identificação de alterações da fala, da audição e da visão, de forma mais precoce possível.

Objetivos específicos

- promover a sensibilização dos adolescentes em relação aos problemas das crianças da comunidade e prover treinamento de 120 adolescentes, relativo ao desenvolvimento normal das habilidades comunicativas a serem observadas em crianças de 0-6 anos;
- identificar e encaminhar a totalidade das crianças da área, com 0-6 anos, com problemas detectados, para os profissionais específicos;
- prevenir ou diminuir a ocorrência de problemas futuros de comunicação e sociabilização das crianças, incluindo neste processo as respectivas mães;
- elaborar tecnologia leve referente à utilização da "brinquedoteca" (móvel ou fixa) disponibilizada pelo projeto;
- documentar os processos desenvolvidos com sucesso visando à proposição de "boas práticas";
- elaborar material educativo (folhetos, manuais etc) visando à sedimentação das práticas produtivas junto às mães, familiares, adolescentes em treinamento e profissionais interessados na temática;
- subsidiar possíveis estratégias vinculadas às políticas públicas na área da saúde, favorecendo, além da identificação precoce de problemas, a implementação de novas tecnologias de atenção e promoção da saúde da criança de 0-6 anos.

Operacionalização

1. Elaboração do projeto específico incluindo orçamento, tipo de equipamento a ser utilizado (fixo ou móvel) e local;
2. busca de patrocinadores;
3. articulação com os responsáveis pelos Centros de Saúde e Hospitais filantrópicos da região, visando à aderência à proposta;
4. elaboração de estrutura organizacional para implementação da proposta;
5. identificação de famílias da área de abrangência com adolescentes (14 a 17 anos) e crianças de 0-6 anos.

   Atividades: busca nos registros do SIAB e indicativos apresentados pelos agentes comunitários de saúde; elaboração de listagens para iniciar a sensibilização. Resultados: listas com indicações de endereços residenciais e perfis de constituição familiar.

6. construção de uma área de cerca de 100m², junto a creches ou Centros de Saúde, visando à localização do Centro Lúdico, ou adaptação de um contêiner, abrangendo as seguintes áreas:
   - secretaria e recepção
   - área para crianças lactentes
   - área para crianças de 2 a 6 anos
   - banheiros (lactentes, crianças maiores, adultos e adolescentes)
   - sala com proteção acústica
   - copa
   - sala de reuniões e entrevistas
   - brinquedoteca
   - solário

   Atividades: elaboração de planta e projeto de construção do Centro Lúdico.

   Acompanhamento da construção e elaboração de listagens de equipamentos, materiais lúdicos, brinquedos e materiais de escritório, incluindo um computador com acessórios, TV com vídeo, filmadoras, gravadores e câmeras fotográficas digitais.

   Resultados: Centro Lúdico instalado em seis meses ou em dois meses, caso se utilizem conteineres.

7. seleção de voluntários e profissionais (bolsistas) a serem envolvidos no Projeto.

   Atividades: anúncios, reuniões de planejamento e estabelecimento das normas para o processo seletivo de bolsistas.

   Resultados: selecionados 10 bolsistas recém-formados (fonoaudiólogos, enfermeiros, assistentes sociais e outros da área da saúde)

8. treinamento dos bolsistas

   Atividades: aulas, reuniões e seminários sobre o conteúdo, estratégias e táticas a serem usadas visando às práticas pedagógicas a serem utilizadas. Resultados: Bolsistas treinados.

9. divulgar as atividades do Centro Lúdico na comunidade.

   Atividades: folhetos e divulgação nos órgãos da região. Resultados: inscrições de crianças e adolescentes nos programas e articulação estabelecida com os Centros de Saúde da região.

10. início do treinamento de 20 adolescentes em cada período, num total de 40 adolescentes a serem treinados em cada um dos períodos (manhã e tarde).

Atividades: aulas, seminários e práticas voltadas para o processo cuidativo das crianças e para o uso de critérios de identificação de problemas de fala, audição e visão. Resultados: treinamento finalizado em três meses acrescido de estágio.

11. início de atividades do Centro Lúdico com escalas de profissionais, adolescentes (4 horas de atividades diárias) e crianças (três horas de atividades previstas no máximo duas vezes por semana)

Atividades: escalas de atendimento e trabalho a ser desenvolvido. Resultados: índice de faltas menor que 10% no mês e utilização prevista dos equipamentos de saúde disponibilizados; número de consultas programadas e realizadas. Lista de crianças com problemas identificados, indicações de encaminhamentos e projeção para a realidade da área de abrangência. Publicação dos resultados em partes sequenciadas, visando à sua divulgação precoce.

12. realização de treinamento de 4 grupos de adolescentes durante o período de 12 meses e avaliação do processo como um todo visando à sua reformulação. Publicação dos manuais e artigos elaborados pelos profissionais e bolsistas.

ESTRATÉGIAS PEDAGÓGICAS

As estratégias utilizadas serão direcionadas para a problemática da comunidade, objetivando despertar o interesse dos adolescentes e da comunidade como um todo.

O programa de aprimoramento dos profissionais será orientado por uma metodologia problematizadora, supervisionado por profissionais voluntários envolvidos no projeto.

PARCERIAS

Deverão ser estabelecidas parcerias com os Centros de Saúde, hospitais e instituições de ensino superior da região e com os atores sociais envolvidos com o Programa de Saúde da Família, visando à incorporação futura desta experiência em outros cenários comunitários.

Esta proposta direciona-se para a possibilidade de uma complementação da atenção a crianças de 0 a 6 anos, no que diz respeito às suas necessidades de espaços e atividades específicas de potencialização de suas capacidades, onde se privilegie o lúdico como suporte para o desenvolvimento da capacidade de comunicação da criança e como uma forma criativa de ocupação do adolescente de baixa renda.

BIBLIOGRAFIA

ANDRADE, C. R. E. *Problemas de voz em crianças.* São Paulo: Manole, 1994.

ATENÇÃO AO IDOSO

PARTE

IV

Idoso, família e saúde na família

Yeda Aparecida de Oliveira Duarte, Tamara Iwanow Cianciarullo

Inicialmente, gostaríamos de definir envelhecimento. Conforme definido por Pamela Babb quando de sua vinda ao Brasil em 1991[5] e, posteriormente publicado pela OPAS[43], envelhecer é "um processo sequencial, individual, acumulativo, irreversível, universal, não patológico, de deterioração de um organismo maduro, próprio a todos os membros de uma espécie, de maneira que o tempo o torne menos capaz de fazer frente ao estresse do meio ambiente e portanto aumente sua possibilidade de morte". Foi a partir deste conceito que desenvolvemos nossos estudos e atividades na área de gerontologia que passaremos a discorrer em seguida.

Estudos envolvendo questões relacionadas ao envelhecimento tem merecido atenção especial nos últimos quarenta anos. Isto é consequência do aumento significativo do número de pessoas idosas[3] na população em geral. Este é um fenômeno universal que, no Brasil, assume características peculiares em virtude da velocidade com que vem ocorrendo.

A população brasileira vem sofrendo, desde o início da década de 60, um acentuado processo de envelhecimento. Este processo é resultado da associação de três eventos: a queda das taxas de fecundidade que começaram a estreitar

---

3 Segundo a Política Nacional do Idoso, é considerado idoso no Brasil todo indivíduo a partir de 60 anos de idade.

progressivamente a base de nossa pirâmide populacional, a diminuição dos índices de mortalidade (em especial a infantil) e o aumento da expectativa de vida.

Projeções feitas num período de 60 anos, 1960 a 2020, indicam uma taxa de crescimento da população idosa da ordem de 760% demonstrando que, enquanto a população em geral aumentará cinco vezes, a população idosa aumentará quinze. De cerca de sete milhões de pessoas com mais de 60 anos em 1980 passamos para 14,5 milhões em 2000 com perspectivas de 32 a 33 milhões para o ano de 2025 (14% da população total), colocando o Brasil em sexto lugar no *ranking* de países com maior número de idosos. O censo de 1991 indicava a proporção de 7,3% de idosos em relação à população recenseada classificando a população brasileira, desde esta época, como estruturalmente envelhecida[4]. Hoje este percentual aumentou para 8 56%.[12,13,19,21,25,27,29,49,52,53,56,57]

Algumas peculiaridades relacionadas a esta faixa etária devem ser ressaltadas. Em primeiro lugar há uma diferença na expectativa de vida entre homens e mulheres, sendo que estas vivem cerca de oito anos a mais que os homens. Assim, atualmente, dos 14,5 milhões de idosos brasileiros, 55,05% são mulheres e 44,95% são homens. Em segundo lugar, o grupo etário que apresenta crescimento mais expressivo relaciona-se aos maiores de 80 anos que passaram de 593 mil em 1980 para 1093 mil em 1991 e para 1.832.105 em 2000, representando hoje 12,6% do grupo populacional de 60 anos e mais.[9,12,13,19,21,25,27,29,49,52,53,56,57]

Os dados até então descritos representam as mudanças demográficas pela qual vem passando o nosso país. Estas mudanças, juntamente com a redução do crescimento demográfico determinado pelo declínio das taxas de fecundidade, deveria significar melhoria da assistência governamental às necessidades da população. No entanto, conforme apontado por Chaimowicz[12], "o contexto e a velocidade com que estas transformações ocorrem apontam para a crescente complexidade das alternativas de atenção às demandas da nova estrutura etária emergente".

As mudanças demográficas são acompanhadas por mudanças epidemiológicas. O conceito de "transição epidemiológica" refere-se às modificações, a longo prazo, dos padrões de morbidade, invalidez e morte que caracterizam uma população específica. Este processo envolve classicamente três mudanças básicas:

---

4 Segundo a Organização Mundial de Saúde, um país é considerado estruturalmente envelhecido quando 7% de sua população é idosa.

a) as doenças não transmissíveis e as causas externas passam a substituir as doenças transmissíveis como as primeiras causas de morte;
b) a maior carga de morbimortalidade desloca-se dos grupos mais jovens para os mais idosos;
c) a morbidade torna-se mais predominante que a mortalidade, fazendo com que as doenças crônico-degenerativas e suas complicações incorporem a maior sobrevida desta população[12].

Desta forma, espera-se que um país que está "envelhecendo" apresente, ao invés de processos agudos no perfil de saúde de sua população, a presença cada vez mais frequente de patologias crônicas e de suas complicações implicando diretamente uma reorganização estrutural da assistência que se prolongará por muito mais tempo.

No Brasil, no entanto, esta transição epidemiológica assume algumas peculiaridades. Observa-se uma superposição entre as etapas nas quais predominam as doenças transmissíveis e crônico-degenerativas. Pode-se observar o ressurgimento de doenças como cólera e dengue ou ainda o recrudescimento de outras como, por exemplo, a malária. Desta forma verifica-se uma situação onde a morbimortalidade é persistentemente elevada em ambos os padrões, o que caracteriza uma "transição prolongada". Soma-se a isto a situação epidemiológica contrastante das diferentes regiões do país a que se denomina "polarização epidemiológica".

É neste contexto que se enquadra o envelhecimento da população brasileira que, longe de ser visto como um problema, deve ser celebrado como uma conquista almejada por qualquer indivíduo ou sociedade. Deve, no entanto, ser encarada com planejamento e responsabilidade.

As demandas assistenciais emanadas por esta faixa etária necessitam de indicadores específicos. Estatísticas de mortalidade não parecem ser as mais adequadas para traçar o perfil de saúde dos idosos em virtude da elevada incidência de condições que interferem na qualidade de vida destes sem, no entanto, serem responsáveis por sua morte[12]. Os indicadores de morbidade, que abordem também as incapacidades para avaliação do estado de saúde desta população, parecem ser os mais adequados, pois refletem o impacto da doença/incapacidade sobre a qualidade de vida dos idosos e de sua família e sobre o sistema de saúde como um todo. Significativo contingente de pessoas com 60 e mais anos são portadoras de múltiplos problemas de saúde coexistentes.[12,31,34,40,52,53]

A diferenciação entre as alterações decorrentes do processo de envelhecimento com as inúmeras afecções que podem acometer os idosos é de fundamental importância, pois será responsável por impedir a ocorrência de dois erros muito frequentes:

- considerar que todas as alterações que ocorrem com um idoso sejam decorrentes de seu envelhecimento natural, impedindo assim a detecção e o tratamento de processos patológicos ou;
- tratar o envelhecimento natural como doença a partir da realização de exames e tratamentos desnecessários originários de sinais e sintomas que podem ser facilmente explicados pela senescência[26].

Parece-nos mais indicado verificar em que nível tais patologias impedem o desempenho das atividades cotidianas dos idosos de forma autônoma e independente, subsidiando um planejamento assistencial mais adequado[34,40,52,53].

A avaliação funcional[5] dos idosos torna-se então essencial para estabelecer um diagnóstico, um prognóstico e um julgamento clínico adequado que servirão de base para as decisões sobre os tratamentos e cuidados necessários. É um parâmetro que, associado a outros indicadores como morbidade e mortalidade, pode ser utilizado para determinar a eficácia e a eficiência das intervenções propostas[3,12,47]. Baseia-se no conceito de função definido por Araoz[3] como a capacidade do indivíduo para adaptar-se aos problemas de todos os dias apesar de possuir uma incapacidade física, mental ou social. Envolve aquelas atividades que são desenvolvidas diariamente e estão diretamente relacionadas ao autocuidado, ao cuidado de seu entorno e à sua participação social. São as denominadas "atividades de vida diária" que são subdivididas em *atividades básicas de vida diária* (envolvem as atividades de autocuidado) e *atividades instrumentais de vida diária* (indicam a capacidade de um indivíduo em levar uma vida independente dentro da comunidade)[3,32].

---

5 Avaliação funcional foi definida por Lawton em 1971[30], como "uma tentativa sistematizada de mensurar objetivamente os níveis nos quais uma pessoa está funcionando numa variedade de áreas tais quais integridade física, qualidade da automanutenção, qualidade no desempenho dos papéis, estado intelectual, atividades sociais, atitude em relação a si mesmo e ao estado emocional". Para Granger, 1984, apud Willis *et al.*[58] "é um método para descrever habilidades e atividades em ordem de mensurar o uso individual de uma variedade de habilidades incluídas no desempenho de tarefas necessárias na vida diária, nos compromissos vocacionais, nas interações sociais, nas atividades de lazer, e outros comportamentos requeridos".

A diminuição da capacidade funcional[6] dos idosos, tornando-os de alguma forma dependentes de assistência, ainda não teve seus mecanismos determinantes finais completamente estabelecidos. Ela pode representar o ponto final comum de muitas enfermidades ou um sinal precoce e sutil destas mesmas enfermidades.

Ao se avaliar a capacidade funcional de um idoso verifica-se, por um lado, as ações que este é capaz de realizar e de outro a presença de necessidade de ajuda para realizá-las. Tais ações são avaliadas diretamente por meio da observação de sua execução. A avaliação da ajuda requerida para completar determinada ação é realizada pós-determinação das ações que o idoso demonstra dificuldade ou incapacidade de realizar sozinho. Desta avaliação resulta uma classificação, onde o idoso aparecerá como independente ou dependente (em maior ou menor grau). É necessariamente o grau de dependência que determinará os tipos de cuidados que vão ser necessários e como e por quem estes poderão ser mais apropriadamente realizados[3,38]. Desta forma, podemos compreender o envelhecimento como um processo acompanhado por relações de autonomia e independência e dependência. Por muito tempo estes conceitos foram considerados polos opostos de uma mesma dimensão. Na literatura mais recente, no entanto, são descritos como referentes a uma relação dinâmica que se exprime de forma diferente nas diversas fases do desenvolvimento e nos vários domínios do comportamento.

Dependência possui diferentes significados quando analisada em culturas diversas ou mesmo por indivíduos distintos. Num sentido mais geral, significa um estado em que a pessoa é incapaz de existir de maneira satisfatória sem a ajuda de outra. As dependências geralmente observadas entre os idosos resultam tanto das alterações biológicas quanto das mudanças nas exigências sociais e frequentemente as últimas parecem determinar as primeiras[6,15]. Baltes e Silverberg[6] discriminam três tipos de dependências frequentemente observadas entre os idosos; a física (relacionada à incapacidade funcional, desamparo prático ou incapacidade individual), a estrutural (relacionada às condições sócio-econômico-estruturais para sobrevivência) e a comportamental (socialmente induzida).

Dado a possibilidade de aumento nas perdas e incapacidades, os idosos poderão experienciar debilidades que necessitam ser inicialmente evitadas ou

---

6 A capacidade funcional "indica a habilidade do paciente de desempenhar trabalho e é tradicionalmente medida comparando o pico de capacidade de exercício do paciente com o pico esperado para sua idade e gênero"[58].

eliminadas e, caso isto não seja possível, devem ser compensadas. Compensar perdas significa frequentemente permitir que uns façam coisas para outros, assim como a administração seletiva das próprias energias e competências. Frente a este quadro, o idoso pode reagir de forma a desconsiderar tais déficits, compensá-los ou permitir-se ser dependente nos domínios em que ocorreram perdas, com o objetivo de liberar energia para poder alcançar suas metas em outros domínios e atividades[6,45].

Assim colocado, o problema fundamental da velhice parece relacionar-se a um equilíbrio entre as necessidades e as exigências mínimas dos idosos e a capacidade assistencial disponível para atendê-las (quer em nível familiar ou coletivo). A velhice em si não cria ou desenvolve enfermidades; porém, nesta fase da vida, adquire características especiais. Esforços devem ser desenvolvidos no sentido de obtenção de cura até onde for possível, de reabilitação para readaptação dos idosos às suas atividades diárias de acordo com o meio a que pertencem e da garantia de uma assistência digna às suas necessidades até o momento de sua morte[41].

Nos EUA existem cerca de 8 milhões de idosos que necessitam de alguma forma de assistência da família e amigos. Segundo a *American Association of Homes and Services for the Aging1,* aproximadamente um em cada quatro americanos acima de 50 anos é responsável por um idoso que necessita de cuidados prolongados. Cerca de 43% dos idosos não institucionalizados acima de 85 anos de idade necessitam de assistência nas atividades básicas de vida diária e estas são, geralmente, providas por seus parentes.

Estudo desenvolvido por Ramos[50] demonstrou que, num inquérito domiciliar multidimensional, 86% dos idosos encontrados referiram ao menos uma doença crônica e 46% necessitavam de alguma ajuda para realizar ao menos uma das atividades básicas e/ou instrumentais de vida diária. Em 7% dos entrevistados foi observado elevado grau de dependência em termos de ajuda parcial ou total demandando cuidados específicos, o que, na prática, impossibilita que este indivíduo resida ou permaneça em sua residência sozinho.

Desta forma, compreendemos ser fundamental para o planejamento assistencial adequado ao idoso a compreensão de seu contexto familiar, o que implica compreendermos as questões que envolvem a formação e a dinâmica de funcionamento das famílias em geral.

Família é uma formação humana universal, não tendo sido ainda descoberta outra formação capaz de substituí-la. Ao se falar sobre este tema, muitas emoções, pensamentos, lembranças e expectativas, por vezes contraditórias e, quase sempre intensas, afloram em nossas mentes. Cada pessoa tem e terá ao longo de sua existência várias famílias (a de seus ancestrais, a de sua infância, a de sua adolescência, a de sua vida adulta e a de sua velhice), assumindo características peculiares em cada fase, mas mantendo sua função primordial[7], a de preservar a integridade física e emocional de seus membros e do próprio grupo, propiciando seu desenvolvimento[158]. Compreender sua organização e seu funcionamento[8] pode auxiliar nas intervenções junto a idosos e seus familiares.

A palavra "família", do latim *famulus* (escravo, servente), representa a dependência nativa entre seus membros. Para Pintos[48], família "é um sistema dinâmico em interação dialógica que pretende (ou deve pretender) ajudar a pessoa a desenvolver uma presença afetiva, responsável e livre no mundo".

Por sistema, o autor descreve um conglomerado de pessoas que, em seu conjunto (e só nestas condições) formam um todo significativo a partir do que é identificada e compreendida como família. Seus membros constituem "esta" família e não outra. Este conjunto, no entanto, não é representado pela somatória de seus membros individualmente e sim pela "multiplicação de individualidades". Tal conjunto sempre será o resultado de todos os seus elementos e, mesmo na ausência de algum deles, sua identidade continua presente, influenciando a identidade do grupo. Isto faz com que cada membro da família possua nesta um lugar significativo, não intercambiável, próprio e legítimo. Segundo Minuchin[37], a família é mais do que a biopsicodinâmica individual de seus membros. Estes se relacionam a partir de certos ajustes que são os responsáveis pela formação de um todo, a estrutura da família. A realidade desta estrutura é diferente da realidade de seus membros individualmente.

Segundo Rolla[51], "família é uma criação do ser humano em resposta ao seu desejo de ter um grupo de pessoas que atuem sobre interesses comuns e

---

7 Segundo Minuchin[37], às famílias cabem as funções de proteção e socialização de seus membros em resposta às necessidades da cultura. Atendem assim a dois objetivos, a proteção psicossocial de seus membros (interno) e a acomodação a uma cultura bem como a transmissão da mesma (externo). É no interior das famílias que os indivíduos experienciam o sentido de pertencimento e o de ser separado, formando assim a matriz de sua identidade.

8 Segundo Minuchin[37], não é a ausência de problemas que diferencia uma família "normal" de uma "anormal". Para compreender uma família é necessário dispor de um esquema conceitual no funcionamento familiar. Este baseia-se na compreensão da família como um sistema operando em contextos sociais específicos e é composto por três componentes, a estrutura da família, seu estágio de desenvolvimento e sua capacidade de adaptação às circunstâncias de forma a manter a continuidade e a intensificar o crescimento psicossocial de cada membro familiar.

com um desenvolvimento afetivo, em que os afetos são recíprocos, para obter soluções para os problemas do ciclo vital". Tal sistema é representado por uma rede de relações de parentesco cujo funcionamento depende da forma como estas relações se organizam.

Lukas[33] propõe outras considerações sobre o sistema familiar[9]. Para ela, esta rede de relações não é necessariamente representada por um agrupamento de pessoas interligadas entre si. Trata-se apenas "de uma estrutura especificamente humana, insubstituível, dentro da qual cada membro tem uma função repleta de sentido".

A família está em constante processo de transformação ("crises") e mudança, responsáveis pelo seu desenvolvimento e por sua continuidade como um sistema. As "crises" ocasionam problemas temporários com reassentamentos posteriores decorrentes de mecanismos de autorregulação ou autoequilíbrio proporcionando assim um crescimento significativo do sistema. Assim, a família mantém um equilíbrio instável, pois está permanentemente em busca de um sentido que a plenifique. A mudança é, como disse Minuchin[38], a norma; pois uma observação prolongada de qualquer família mostraria grande flexibilidade, constante flutuação e provavelmente mais desequilíbrio que equilíbrio. Os períodos de desequilíbrio alternam-se com períodos de homeostase, mantendo assim a flutuação dentro de uma amplitude manejável.

Independentemente disto, todas as famílias passam por transformações no decorrer do tempo que são marcadas pelas chamadas "crises" às quais se iniciam no indivíduo em cujo amadurecimento buscou sua integridade enquanto pessoa e sua identidade pessoal ("ser um"). A primeira crise ocorre com o casamento ("ser um" → "ser dois"), a segunda com a convivência pois representa a síntese de duas culturas familiares distintas que deverão culminar na formação de uma terceira sem que haja a imposição das anteriores. Esta última representa a continuidade familiar, pois compõe a cultura familiar dos filhos. A terceira crise corresponde ao nascimento dos filhos ("ser dois" → "ser três"). A quarta vem com o crescimento dos filhos e o desenvolvimento de sua

---

9 Segundo a teoria dos sistemas, pode-se dizer que no sistema familiar o comportamento de cada um dos membros é interdependente do comportamento dos outros, ou seja, representa um conjunto que funciona como uma totalidade e no qual as particularidades dos membros não bastam para explicar o comportamento de todos os outros membros. Assim, a análise de uma família não é a soma das análises de seus membros individuais. Os sistemas interpessoais como a família podem ser compreendidos como circuitos de retroalimentação, uma vez que o comportamento de cada membro afeta e é afetado pelo comportamento dos outros membros[33].

autonomia e independência (crise da adolescência). A quinta crise vem com o casamento dos filhos. Esta traz transformações importantes como a integração com outras famílias e o sentimento de "perda" do filho, o que gera a denominada "síndrome do ninho vazio" ("ser três ou mais" → "ser dois" novamente). A sexta crise ocorre quando o indivíduo se torna avô, a sétima quando ocorre o falecimento do pai ou mãe da família ("ser dois" → "ser um") fazendo com que o indivíduo volte a reencontrar-se consigo mesmo e com sua individualidade. Estas crises aqui descritas geralmente ocorrem na maioria das famílias. Há outras, no entanto que não ocorrem com todas as famílias e são denominadas crises acidentais, geralmente imprevisíveis tais como falecimento de um filho, aborto, esterilidade conjugal, mudanças bruscas no estilo de vida, etc.[38,48]

O envelhecimento é considerado uma das "crises" no ciclo vital. Não é nosso objetivo dar a este termo uma conotação negativa, mas a de caracterizar uma situação de mudança que requer adaptações do próprio indivíduo que envelhece, bem como de seu sistema familiar que igualmente envelhece. Os vínculos estabelecidos dentro deste sistema entre idoso e seus membros familiares facilitarão ou não a passagem de ambos por esta etapa da vida. O exercício da autonomia e independência deste idoso neste contexto está diretamente relacionado com a função exercida por ele neste grupo e com os vínculos resultantes desta interação que podem ser instáveis ou estáveis, eficazes ou ineficazes de acordo com sua estabilidade frente às demandas e suas respostas a estas.

Frente a estas crises, a família cumpre importantes papéis como assegurar bem-estar afetivo e material e absorver o impacto das tensões provocadas pelas próprias crises.

A dinâmica do sistema familiar nestas situações baseia-se na presença de um diálogo maior ou menor, intra e/ou extra-sistema permitindo, com as trocas proporcionadas pela intercomunicação, o amadurecimento do sistema onde cada um de seus membros poderá desenvolver sua presença efetiva, afetiva, livre e responsável perante a vida, sendo então transformados de indivíduos em pessoas e passando a viver como tal[33,48].

A família é, portanto, o lugar significativo e estável que proporciona o encontro harmônico das pessoas onde podem descobrir e dar à sua presença e à sua participação um sentido pleno, comprometido e responsável, possibilitando assim o desenvolvimento de vínculos incondicionais. Esta família será mais estável e mais saudável à medida que seus membros forem capazes de harmonizar suas funções familiares com as circunstâncias dos outros. Na intimidade de um grupo familiar desenvolvido e amadurecido as funções familiares são recíprocas, vivenciadas a partir da abertura, comunicação, respeito e aceitação de todos. Todas as decisões devem ser harmônicas visando ao bem dos indivíduos e do grupo como um conjunto. Neste sistema também ocorrem conflitos e confusões, mas existe uma predisposição a mudanças e recursos para atendê-las. A essência deste grupo é a aceitação do outro e a dinâmica da reciprocidade dos papéis[33,48].

Estamos tratando até o momento da denominada *"família ideal"*, com capacidade para prover e assistir efetivamente às necessidades de seus membros.

Para compreendermos a família como um sistema, é necessário visualizar seu esquema de seu funcionamento interno que opera dentro de contextos sociais específicos. Este esquema possui basicamente três componentes:

a) **Estrutura:** a família é um sistema sociocultural aberto, em transformação. A estrutura familiar é o conjunto de exigências funcionais que estabelece a interação entre seus membros e um padrão de relações. Tais padrões regulam o comportamento dos membros da família;

b) **Desenvolvimento:** a família passa por diferentes fases durante sua existência (ciclo vital) que requerem de seus membros constantes adaptações. O desenvolvimento da família transcorre em etapas de complexidade crescente com períodos de equilíbrio e adaptação e outros de desequilíbrio. Estas mudanças evolutivas geram pressões em seus membros, ocasionando estresses de acomodação ("crises"). Tais estresses, no entanto, são inerentes a estes processos de mudança e continuidade e não devem, portanto, ser considerados patológicos. O resultado é um salto para um estágio novo e mais complexo, onde novas tarefas e habilidades serão desenvolvidas.

c) **Adaptação:** a família se adapta às circunstâncias modificadas de forma a manter sua continuidade e intensificar o desenvolvimento psicossocial de seus membros. A família deve ser capaz de se adaptar quando as circunstâncias mudam, sem perder, no entanto, sua continuidade, que constitui um sistema de referência para seus membros.

Todo sistema familiar funciona a partir de regras que objetivam organizar a estrutura familiar e dar-lhe movimento. Um sistema dito "flexível" organiza-se de forma dinâmica e volta-se para a realização individual e grupal.

Quando esta flexibilidade no intercâmbio de papéis não está presente diz-se que o sistema é "rígido" e, para se manter, assume um modelo de equilíbrio familiar que tem por objetivo proteger o sistema de sua desintegração. Para tanto há uma redução do espaço pessoal (rigidez funcional) e uma rigidez do espaço integracional (evitando o intercâmbio). Para sobreviver, muitas vezes é necessário suprimir as necessidades individuais e até negar a existência de conflitos importantes que passam a ser compreendidos como "característica daquela família". Suas regras visam estabelecer e conter a dinâmica do sistema, agindo de forma a fixar os indivíduos em seu *status* atual.

Pintos[48] afirma que a dinâmica do sistema familiar decorre de este ser um sistema ativo onde existe um entrelaçamento de forças que são o resultado e o sentido de sua própria existência. "Dinâmico" segundo o autor não se aplica a movimento, mas às realidades que reconhecem em seu íntimo forças que entram em jogo entre si de cujo resultado essa mesma realidade cobra vida e identidade.

Os sistemas familiares podem ser maduros ou imaturos conforme sua estruturação e a capacidade de adaptação harmônica apresentada por estes frente às situações apresentadas.

Pintos[48] sugere uma classificação dos sistemas familiares dos idosos de acordo com seu amadurecimento e funcionalidade a saber:

a) sistemas maduros ou funcionais → família normal[10]

b) sistemas imaturos ou disfuncionais   família tipo clã
família superprotetora
família abandonadora
família distante

Nos sistemas maduros ou funcionais, o grupo familiar responde aos conflitos e situações críticas com certa estabilidade emocional de forma a conseguir gerenciá-los a partir de recursos próprios (conhecidos ou potenciais) e resolver o problema instalado de forma adequada, ou seja, sem desestruturação do equilíbrio na dinâmica funcional da família, pois nela os indivíduos são capazes de harmonizar suas próprias funções em relação aos outros de forma integrada, funcional e afetiva.

Para serem consideradas funcionais, as famílias devem proteger a integridade do sistema como um todo e a autonomia funcional de suas partes onde

---

10 "Normalidade" é a possibilidade de dar uma resposta flexível, dinâmica e efetiva diante dos diversos conflitos[48].

cada membro e cada subsistema devem negociar sua autonomia e sua interdependência mantendo intercâmbios flexíveis.

A família dita "normal" é aquela na qual seus membros são ao mesmo tempo independentes e interdependentes, ou seja, são autônomos no que diz respeito às questões pessoais mas comprometidos em seus vínculos familiares de forma recíproca. Envolve aceitação recíproca e positiva do outro além de respeito, conhecimento, compreensão, responsabilidade e estabilidade emocional. Embora acolhedor e flexível, é um sistema firme capaz de responder às demandas apresentadas de forma correta e adequada sem, no entanto, sobrecarregar excessivamente qualquer um de seus membros. Não se quer dizer aqui que estas famílias são prontamente capazes de resolver todos os problemas existentes em suas relações e, neste caso, os relacionados a seus membros idosos. O que dizemos é que este grupo tem uma real disponibilidade para fazê-lo, pois estão dispostos a contribuir e a somar esforços e recursos na obtenção de soluções adequadas aos conflitos e necessidades de seus membros utilizando ferramentas como flexibilidade, criatividade e compreensão mútua. Constituem para os profissionais recursos estratégicos e terapêuticos, fundamentais e integrados na assistência ao idoso[38,48].

Já os sistemas denominados imaturos são geralmente severos e rígidos, com funções estáticas e vínculos unidirecionais e imutáveis. Qualquer mudança no papel ou na expectativa do papel de algum de seus membros ocasiona confusão e desestruturação do sistema familiar, pois os outros membros não estão prontos a se adaptar. A essência deste grupo é a rigidez que se exterioriza com uma estabilidade e harmonia aparentes porém frágeis que se desfazem frente à necessidade de modificações em sua estrutura para as quais não estão prontos a responder. Nestes sistemas familiares não há um comprometimento com a dinâmica e a vida do sistema por parte de seus membros que costumam priorizar seus interesses particulares em detrimento do grupo e não assumem seus papéis dentro do sistema. Nestes grupos geralmente se observam vínculos afetivos superficiais e instáveis e alto grau de agressividade e hostilidade entre seus membros mesmo que não claramente explicitados. Raramente são capazes de resolver situações críticas como uma questão grupal, de forma adequada e com frequência identificam a "crise" como responsabilidade única do membro que a desencadeou, lido aqui como um "estorvo". Como são incapazes de solucionar seus problemas de forma equilibrada, atribuem seu fracasso sobre um ou alguns de seus membros. Por não se adaptarem às situações novas e readequarem seus papéis frente a estas, provocam a desarmonia do sistema familiar que se expressa através de lacunas funcionais, sobreposição e/ou colisão de papéis. Nas situações conflitivas enfrentadas nestes sistemas com pessoas idosas, frequentemente é possível observar uma solução aparente onde, ou o idoso é separado do seu meio (institucionalizado ou isolado do grupo) que o considerava gerador do problema ou, por outro lado, os outros membros da família se afastam para não se envolverem com a questão, uma vez que acreditam que esta não diz respeito a eles. Podem ainda intensificar crises pessoais de forma a terem uma desculpa racional para se liberarem da necessidade de responder às demandas do grupo.

Dentro dos sistemas familiares imaturos, Pintos[48] classificou as famílias em quatro tipos no que se refere à atenção ao idoso:

a) **Família tipo clã**

São os grupos patriarcais ou matriarcais que se organizam em torno de um de seus membros o qual representa uma figura totêmica. São rígidos e atuam em bloco, sem independência ou dinamismo. Sua forma de comunicação é geralmente formal e unidirecional. Embora os conflitos existam, eles permanecem latentes, pois não poderiam confrontar ou expor o sistema. Frente à presença de demandas relacionadas ao idoso, o clã poderá assumir diferentes posições conforme o papel ocupado pelo idoso em questão. Se ele não for o líder do grupo, este tenderá a simplesmente obedecer às orientações deste. No entanto, se o problema estiver justamente com o líder, o sistema entra em angústia e sente-se ameaçado, pois sua força está no líder, agora debilitado. Nestas circunstâncias, tendem a ocupar-se com a sobrevivência do sistema em si não sendo capazes de responder às demandas do idoso. Nestas circunstâncias ou outro líder "herda" a função anteriormente exercida pelo idoso ou este, mesmo debilitado, continua respondendo pelo clã. Quando o líder desaparece, o sistema tende a se dispersar.

b) **Família abandonadora**

São grupos voltados para os próprios interesses e atividades e, portanto, incapazes de se relacionarem efetivamente com os outros membros da família. Não contam com recursos afetivos, efetivos e emocionais para atender as demandas do sistema. Acham que o idoso não é um problema seu e esperam que os outros deem uma solução à questão.

São sistemas onde nunca foram desenvolvidos laços afetivos reais e de cuja construção o idoso participou.

c) Família distante

Difere da anterior por ter a tendência a intelectualizar a questão, sempre apresentando razões lógicas e argumentos válidos que justifiquem a não atenção às demandas do idoso. Estas famílias exteriorizam certa serenidade que esconde os conflitos de tudo o que não é manifestado ou sentido. Costumam exigir mais do que muitas vezes o idoso é capaz de oferecer, geralmente por uma inadequada interpretação do papel ou da responsabilidade familiar frente a ele. Tendem ainda a exigir que outros resolvam sua situação para que o sistema volte à "normalidade".

d) Família superprotetora

São grupos que assumem uma posição de proteção extrema deixando de ser efetivos para serem asfixiantes. São onipresentes, vigilantes e com emoções exacerbadas. Privam seus membros da própria liberdade, responsabilidade e privacidade necessárias para tomarem suas próprias decisões. Os idosos, nestes sistemas, são geralmente tratados como crianças a quem se deve vigiar e governar à vontade. Suas atitudes tendem a desvalorizá-los e inutilizá-los, colocando-os numa posição de menor participação dentro do sistema mesmo que isto seja manifestado como sendo "o melhor para ele, pois terá uma velhice mais cômoda e prazerosa". Além de anularem a capacidade de resposta do idoso, não respondem adequadamente quando solicitados a resolverem as demandas reais deste.

Em qualquer uma destas famílias, ditas imaturas, observa-se uma inadequação adaptativa frente às demandas reais e/ou potenciais de seus membros idosos.

Observa-se assim a necessidade cada vez mais premente de serem estabelecidos esquemas assistenciais mais efetivos e dinâmicos capazes de assistir as demandas crescentes dos idosos e de suas famílias de forma a permitir que ambos encontrem conjuntamente uma solução terapêutica mais efetiva e adequada em que o equilíbrio familiar seja a meta, melhorando assim a assistência ao idoso e diminuindo os custos emocionais da própria família.

Quando se fala de família e idosos, devemos distinguir dois tipos de famílias: a de procriação e a de orientação. A primeira é formada pela união de duas pessoas de sexos diferentes que darão origem a uma descendência comum. É muito comum nos dias de hoje os idosos chegarem a ser avós e bisavós de suas famílias de procriação. A segunda refere-se à família em que se nasce e onde normalmente se convive até que se forme a própria família de procriação e na qual os avós e bisavós correspondem às gerações mais velhas.

Nesta fase da vida é importante verificar as características das relações existentes entre os idosos e seus diferentes familiares. Estas relações subdividem-se em intrageracionais (entre iguais) e intergeracionais. A primeira diz respeito às relações conjugais e fraternais e a segunda às relações entre pais e filhos e avós e netos.

As relações conjugais representam a essência da relação familiar, pois são a partir delas que se iniciam as famílias considerando a existência dos filhos, responsáveis por garantir as gerações descendentes.

As relações fraternais recebem maior importância nos primeiros estágios de formação do indivíduo (infância e adolescência). Nesta fase há uma maior convivência entre os irmãos propiciada pela convivência na própria família. Com o crescimento destes e sua consequente saída dos lares (por casamento ou busca de uma vida mais independente), esta convivência tende a diminuir em virtude de novas responsabilidades e contatos assumidos externamente. Num terceiro momento, geralmente relacionado à fase madura e à velhice, tende a haver um reencontro entre irmãos para solucionarem problemas comuns como divisão de herança ou o cuidado de pais doentes/dependentes[16].

Nos dias de hoje, no entanto, a maioria dos idosos apoia-se, quando necessário e existente, em suas famílias de procriação[40] e, dadas às alterações que vêm ocorrendo nestas estruturas, atenção especial deve ser dada a este aspecto.

A primeira relação a ser citada é a existente entre pais e filhos. Esta relação possui dinâmica própria que caminha geralmente da dependência total para a independência e posteriormente para a interdependência ou dependência total novamente como forma de compensação vital. Tais relações variam entre sexos e culturas (em especial quando comparamos oriente e ocidente). Geralmente cabe às filhas o papel de cuidadoras de seus pais doentes e aos filhos a responsabilidade pela tomada de decisões e apoio financeiro. O nível socioeconômico também interfere. Em famílias de nível socioeconômico mais baixo, há maior probabilidade de recebimento de auxílio familiar do que nas classes média e alta. Apesar destas considerações, o número de idosos institucionalizados não atinge 10% em nenhuma sociedade ocidental estudada até o momento[16,40].

Independente do volume de relações é a qualidade apresentada por estas que parece ser mais significativa para os idosos. Isto é representado pelo potencial de relação de ajuda existente na família e que concretamente é reconhecido pelo idoso em caso de necessidade[15].

O segundo tipo de relação intergeracional é representado pelos avós e netos. Este tipo de relação tem, nos dias de hoje, maior importância quantitativa. A quantidade de avós, cada vez mais presentes, em virtude do envelhecimento populacional, proporciona maiores oportunidades de relações. Os denominados "conflitos geracionais" foram muito evidenciados pela mídia, em especial nas décadas de 60 e 70, porém seus pressupostos não são necessariamente verdadeiros. A existência de conflitos entre pais e filhos geralmente separados por vinte ou trinta anos não se estende necessariamente aos avós e netos, separados por sessenta ou setenta anos. O papel de avô é mais livre que o papel de pai ou de filho e a sociedade ainda não o delimitou especificamente. Algumas pesquisas demonstram que estas relações entre avós e netos podem ser muito gratificantes e significativas[16,40]. Há, no entanto, alguns estereótipos que traduzem o avô como um ser velho e limitado. Estudos realizados por pesquisadores espanhóis têm demonstrado que os fundamentos das relações positivas entre avós e netos baseiam-se na liberdade e flexibilidade. Situam ainda os avós como âncoras situacionais, pois são capazes de transmitir às gerações mais jovens além da história social geral, a da própria família, proporcionando-lhes assim referências sociais mais sólidas[39,40].

A interação com familiares colaterais (primos, tios, tias, sobrinhos) geralmente depende da proximidade, preferência e disponibilidade geral da família nuclear. Frequentemente a família materna é emocionalmente mais íntima que a linhagem paterna. Eles podem ser um recurso de reserva da família para reposição em seus vazios ou perda de suas relações primárias, para solteiros ou idosos sem filhos. Idosos parecem frequentemente estar vinculados a um sobrinho ou sobrinha favorita com quem ele compartilha e mantém alguma relação familiar e de alguma forma serve como um substituto para a criança que ele nunca teve. Familiares colaterais distantes tornam-se importantes para alguns idosos quando eles buscam estabelecer seu lugar na estrutura familiar e fluxo geracional[16].

Os familiares são, portanto, a origem de grande parte do suporte material, emocional e assistencial através de gerações[1]. As constantes mudanças quanto à suplementação e demandas entre eles ajudam a estabelecer uma sólida reciprocidade confortável entre dar e receber. Também frequentemente pensa-se nos idosos unicamente como receptores. Isto nem sempre é verdadeiro, pois com o aumento do número de idosos e os avanços relacionados com a promoção da saúde no envelhecimento e com as intervenções assistenciais podemos verificar que, atualmente com mais frequência, são eles os responsáveis pelo provimento do suporte emocional e financeiro além do cuidado das crianças e da continuidade cultural e religiosa em muitas famílias.

Por outro lado observa-se também um aumento no número de idosos fragilizados, com múltiplos problemas de saúde, sendo que estes, em muitas ocasiões, são cuidados por outros idosos[12]. Isto já ocorre em diferentes contextos, mas há uma tendência a aumentar no futuro. Com a saída dos mais jovens das casas, as famílias de três ou quatro gerações co-habitantes tendem a diminuir. Mudanças na mortalidade, fertilidade e casamentos e a presença cada vez mais frequente de divórcios e famílias de estilo alternativo afetam o balanço entre necessidades e a disponibilidade de auxílio real existente entre os membros familiares.

Algumas reflexões sobre as peculiaridades relacionadas às famílias que contam com membros idosos devem ser ressaltadas.[11,36,48]

Um primeiro dado a ser considerado é a maior sobrevida feminina citada anteriormente ocasionando assim a presença, na sociedade, de um maior número de viúvas. Esta maior sobrevida, no entanto, não corresponde necessariamente à melhor qualidade de vida. Os problemas sociais, econômicos e de saúde dos idosos são, em grande parte, os das mulheres idosas, pois estas vivem mais que os homens e, ao se tornarem viúvas, têm maior dificuldade em contrair novo matrimônio. Alem disso geralmente apresentam menores níveis de instrução e renda e maior frequência de queixas de saúde. Estas idosas, com frequência, passam a residir com um dos filhos (geralmente filhas), formando assim grupos trigeracionais. Isto é hoje muito observado em nosso meio, diferentemente de outros países onde a incidência de idosos residindo sozinhos é muito expressiva gerando a necessidade de uma reorganização social e assistencial diferenciada.

Há que ressaltar ainda que as modificações que vem ocorrendo em nosso painel socioeconômico têm levado muitos filhos a retornarem a residir na casa de seus pais, em geral acompanhados de suas novas famílias, em decorrência de questões financeiras.

De uma forma ou outra observamos em muitas famílias que as avós passam a contribuir de alguma forma no orçamento doméstico e no cuidado das gerações mais jovens, uma vez que as mulheres estão cada vez mais inseridas no mercado produtivo.

Angelo[2] nos lembra que ao se visualizar a história da humanidade verifica-se que, tradicionalmente, as famílias eram responsáveis por prover o cuidado nos lares em experiências relacionadas com nascimento, doenças, idosos e em situações de morte. A participação das mulheres na provisão destes cuidados era comum. A família no entanto, enquanto instituição social, está passando por um processo de redefinição[4,55]. A progressiva inserção da mulher no mercado de trabalho retirou do seio familiar quem, até então, na maioria das vezes, era responsável pela realização das atividades de cuidado referentes às crianças e aos idosos. Estas também passaram a chefiar muitas famílias. Tais fatores associados ao expressivo aumento do número de separações e às migrações vêm alterando o perfil de poder e de tomada de decisões dentro das famílias que passam atualmente por uma construção de modelos alternativos de relações e de papéis[4,56,31].

Até muito recentemente, a figura do denominado "cuidador"[11] centrava-se quase exclusivamente nos elementos familiares que se disponibilizavam, voluntariamente ou por exclusiva ausência de outras opções, a atender as demandas emanadas por seus parentes idosos. Frente às diferentes demandas apresentadas, estes cuidadores, muitas vezes pertencentes às gerações mais novas, passavam então a atender aqueles que no passado lhes proporcionaram proteção, ajuda e cuidado[35,47].

Nos últimos 30 anos, muitos estudos e planos tem surgido sobre o histórico e tolerante papel da família como cuidadora de seus membros idosos. Atualmente, nos EUA, as famílias provêm 80 a 90% dos cuidados aos idosos na comunidade[18]. Numericamente, 2,7 milhões de filhos respondem pelo cuidados de seus pais idosos incapacitados[44], contudo, muitas esposas, quando existentes, assumem esta função. Este fato também pode ser aqui observado conforme demonstrado em estudo desenvolvido por Karsch[28].

Historicamente o suporte familiar e o cuidado do idoso têm sido sempre voluntário ou conjuntural, neste caso em decorrência da inexistência de alternativa. Usualmente era esperado que um filho permanecesse na casa dos

---

11 O termo "cuidador(es)" é utilizado em gerontologia para se referir aos familiares ou outros indivíduos que prestam auxílio direto ao idoso em suas atividades básicas[27].

pais quando eles envelhecessem. Filhos únicos e mulheres não casadas são particularmente vulneráveis a assumirem esta função.

Quando um cuidador está disponível, a carga sobre ele pode ser muito significativa. Esposas idosas frequentemente encontram-se disponíveis, mas em muitas ocasiões não são fisicamente capazes de atender a demanda constante de cuidados de seus cônjuges. Morbidades físicas e psiquiátricas destes cuidadores tem gerado muitos estudos[54].

Assim, é importante que outras opções assistenciais sejam oferecidas às famílias com o objetivo de adequar a assistência às necessidades emanadas pelos idosos. Há, no entanto, poucos estudos que avaliam a efetividade destes serviços. Nielsen *et al.*[42] afirmam que a institucionalização do idoso é decorrente da inexistência de serviços suficientemente capazes de assistir as necessidades tanto dos idosos quanto de seus membros familiares. Parece que a maioria das famílias assiste aos idosos pelo maior período de tempo e tão bem quanto possível, porém, quando a institucionalização é necessária, os cuidadores alegam terem chegado ao fim de suas capacidades cuidativas relacionadas a seus parentes idosos. O planejamento programado para a manutenção da saúde dos cuidadores e das famílias dos idosos necessitados tem sido frequentemente negligenciado.

Enquanto instituição social, a família é, segundo nossa Constituição, legalmente reconhecida como responsável pelo provimento dos cuidados necessários a seus membros idosos. Tal conceito é tão presente em nossa sociedade que chega, muitas vezes, a ser inquestionável. Esta situação pode ser com frequência observada nas práticas assistenciais em saúde onde orientações sobre cuidados são fornecidas a elementos familiares sem antes ser verificada a real capacidade desta família, enquanto unidade, ou deste familiar, enquanto cuidador, em realmente executá-las ou mesmo em compreender o processo de transformação ocorrido na vida do idoso por quem agora é responsável[13].

Frente às transformações nas estruturas familiares, questionamentos quanto ao impacto causado pela presença de idosos com limitações importantes na dinâmica de funcionamento das famílias, bem como das consequências disto no equilíbrio da estrutura familiar, passam a ser cada vez mais presentes. Supõe-se que, em condições de disfuncionalidade[12], as famílias poderiam ter sua capacidade assistencial prejudicada e assim não conseguiriam prover ade-

---

12 Uma família disfuncional é aquela que não cumpre suas funções de acordo com a etapa do ciclo vital que se encontra e em relação às demandas que ocorrem em seu entorno[12].

quadamente o atendimento sistemático das necessidades de cuidados de seus parentes idosos. A capacidade de identificar estas demandas de forma adequada pode estar prejudicada e consequentemente o reconhecimento de quais cuidados se fazem necessários e quem pode, mais apropriadamente, realizá-los[13].

Em algum momento do ciclo vital da família, esta se deparará com a situação de, na presença de idosos em seu contexto, ter de optar por alguma das seguintes alternativas:

a) incorporar o idoso à casa de algum dos filhos;
b) institucionalizar o idoso;
c) deixar o idoso vivendo só;
d) disponibilizar alguém da própria família ou contratar uma outra pessoa para cuidar do idoso.

Soma-se a isto o importante fato de que o idoso não é necessariamente um indivíduo completamente incapaz de decidir sobre seu próprio destino, ao contrário, desde que preservadas suas funções cognitivas, é uma pessoa que manifesta ou pode manifestar suas próprias expectativas frente à vida que lhe resta e tem o direito de fazê-lo[13].

Em certas circunstâncias o idoso acaba sendo o responsável por denunciar uma problemática familiar existente previamente como a presença de conflitos ou disfunções familiares.

A atuação gerontológica junto ao idoso e seus familiares pode ser compreendida sob diferentes aspectos. Num primeiro momento adotou-se uma atitude, denominada por Pintos[48] de "gerocentrismo", onde o idoso era o centro da atenção dos profissionais que o assistiam, geralmente baseados em interpretações biofisiológicas do envelhecimento. Não destacava ou enfatizava a realidade de que este idoso não viveu e nem vive de forma isolada de seu sistema familiar e vice-versa. Estes são, sem dúvida, os pressupostos do desenvolvimento psicoafetivo do idoso e de sua família. As intervenções visavam unicamente ao bem-estar do idoso sem necessariamente procederem à análise do conjunto, tornando-se não eficazes. Infelizmente este modelo ainda se repete em muitos serviços em nosso meio.

Num segundo momento, continua o autor, transferiram os esquemas de atuação já utilizados com crianças, adolescentes e até adultos para as famílias com idosos o que também é comprometedor, pois no caso dos primeiros há uma expectativa de papel já estabelecida e um papel ou lugar já determinado no contexto familiar. A estrutura, na família dos idosos, é elaborada por si mesma e é a responsável pela dinâmica de funcionamento familiar instalada, ou seja, os idosos foram, na maioria das vezes, os protagonistas das estruturas sistêmicas instaladas e agora são os beneficiários ou as vítimas desta. As relações e vinculações aí estabelecidas derivam deles mesmos, isto é, "as relações e reações familiares na velhice correspondem à maneira como se estruturaram funcionalmente"[48]. É certo que em algum momento da vida os idosos acreditaram que suas famílias seriam companheiras e forneceriam o suporte necessário em sua velhice e é quando esta chega que estes confirmarão ou não tais expectativas. Devemos compreender então que a dinâmica do sistema familiar fica afetada com a alteração funcional de um de seus membros e necessita ser reacomodada bem como reacomodar o membro afetado. Isto, com certeza, demandará certo tempo e pode ser considerada uma reação "normal" ou esperada. Por outro lado, quando esta "desacomodação" torna-se crônica vivencia-se uma situação de disfuncionalidade familiar relacionada a seus vínculos onde a desacomodação do sistema afeta diretamente as possibilidades individuais de resolução da própria desacomodação e vice-versa (o idoso afeta o sistema familiar e este também afeta o idoso) fechando um ciclo que tende a se perpetuar[13].

Neste contexto, admite-se a família como unidade de diagnóstico e terapêutica a partir do reconhecimento de que a doença surge no seio da mesma e é diretamente influenciada por sua organização e funcionamento. Enquanto grupo, é ainda responsável pela origem da maioria das necessidades de seus membros[40].

A ausência deste tipo de avaliação pode gerar consequências importantes (tais como negligência e/ou maus-tratos aos idosos fragilizados), e ainda a completa desestruturação do equilíbrio familiar, o que em última análise diminui ainda mais a capacidade cuidativa destinada ao idoso, fechando assim um ciclo que pode vir a se tornar infindável[22].

Isto segundo Moragas[40] ocorre em virtude das organizações assistenciais buscarem atender as necessidades dos idosos enquanto sujeitos individuais. Embora considerem suas características familiares, o tratamento não é familiar, não se destina normalmente ao grupo como um todo e, portanto, muitas vezes, não consegue auxiliar no estabelecimento do equilíbrio desta unidade conhecida como instituição familiar. A família, embora vista como um recurso em benefício do indivíduo, ainda fica à margem dos acontecimentos[2].

Conforme descrito por Pepin[46], em decorrência do desenvolvimento da ciência médica, o cuidar mudou de lugar, passando dos lares para as instituições e tendo por consequência o rompimento do fluxo de conhecimento sobre as experiências assistenciais que passavam de uma geração a outra. O cuidar foi fragmentado entre o domínio profissional e o não profissional comprometendo desta forma a autonomia e a capacidade das famílias em assistir as necessidades assistenciais de seus membros. As instituições passaram a ser as responsáveis por prover este cuidado de forma profissional.

A assistência à saúde em geral e a destinada aos idosos em especial vem sendo reformulada. Com o incremento dos programas de atendimento domiciliário, que concentram nesta faixa etária a maior parte de seus clientes, urge deslocar o olhar dos profissionais de um enfoque mais individual para um olhar mais ampliado incluindo a família como um dos objetivos desta assistência[14].

Segundo Elsen[17], o profissional de saúde enfrenta uma controvérsia ao cuidar ou se propor a cuidar de famílias. Esta diz respeito à compreensão da existência ou não de uma saúde familiar como entidade distinta da saúde dos indivíduos, ou seja, a saúde da família não é a somatória da saúde dos indivíduos que a compõe, mas sim é possuidora de um "estado de saúde" próprio, único e distinto.

Friedman[20] corroborando com Elsen[1] relata que saúde da família é mais que a somatória de suas partes, ou seja, é maior que a soma do *status* de saúde de cada um de seus membros. Relaciona-se mais com o funcionamento e a adaptação familiar.

Hanson e Boyd[24] definem saúde da família como "modificações dinâmicas relacionadas ao estado de bem-estar às quais incluem os fatores biológicos, psicológicos, espirituais, sociológicos e culturais do sistema familiar". Tais fatores relacionam-se tanto com os membros familiares quanto com a família enquanto unidade. A saúde de cada membro familiar individualmente afeta o funcionamento da família da mesma forma que o funcionamento da família afeta os membros individualmente. Assim, a avaliação da saúde da família envolve simultaneamente a avaliação dos membros familiares individualmente e da família como um todo.

Elsen[17] define a família saudável como "uma unidade que se autoestima positivamente, onde os membros convivem e se percebem mutuamente como família. Têm uma estrutura e organização para definir objetivos e prover meios para o crescimento, desenvolvimento, saúde e bem-estar de seus membros. A família saudável se une por laços de afetividade exteriorizados por amor e carinho, tem liberdade de expor sentimentos e dúvidas, compartilha crenças, valores e conhecimentos. Aceita a individualidade de seus membros, possui capacidade de conhecer e usufruir seus direitos, enfrenta crises, conflitos e contradições, pedindo e dando apoio a seus membros e às pessoas significativas. Atua conscientemente no ambiente em que vive, interagindo dinamicamente com outras pessoas e famílias em diversos níveis de aproximação, transformando e sendo transformada. Desenvolve-se com experiência, construindo sua história de vida".

Ângelo[2] definiu saúde da família "como a capacidade plena de funcionar como um organismo vivo, refletida em sua capacidade de interagir, em comprometer-se com as demandas do organismo família e em agir em seu benefício". O conhecimento da funcionalidade de uma família permite acessar sua dimensão saúde bem como conhecer seus pontos vulneráveis, permitindo aos profissionais direcionarem sua assistência de forma a atingirem o seu conjunto.

Parece consenso entre os autores citados que função e funcionamento familiar estão de alguma forma relacionados com a saúde da família. Quando falamos de famílias de idosos, devemos lembrar que as funções da família tendem a se modificar para responder às necessidades especiais destes que agora podem estar mais fragilizados. Estas modificações relacionam-se à garantia de satisfação das necessidades físicas e de conforto além de prover suporte emocional ao idoso, manutenção de uma ligação entre a família e a comunidade, a instilação de um senso de significado de vida e o manejo das crises. A dinâmica existente entre os membros familiares pode ter efeitos positivos ou negativos sobre seus membros idosos. Assim, a avaliação da unidade familiar do idoso deve explorar alguns aspectos:

a) Como cada membro da família se sente em relação ao idoso e vice-versa?
b) Como ocorre a comunicação e interação entre os membros familiares e o idoso?
c) Que atitudes, valores e crenças estão presentes nestas relações?
d) Que ligações existem entre a unidade familiar e seu entorno?

As relações entre os idosos e seus familiares são influenciadas pelas relações que foram construídas durante toda uma vida e são significativamente importantes na construção de uma rede de suporte e na manutenção de uma família saudável nos anos mais tardios.

A disfunção familiar nas famílias dos idosos pode ocorrer em decorrência do histórico familiar ou em função de eventos mais recentes (divórcio, morte de um membro da família, aumento da dependência do idoso, doença no cuidador, etc.). Quando da presença de disfunções familiares, as famílias dos idosos podem:

a) ser menos capazes de atender as necessidades físicas, emocionais, socio-econômicas e espirituais de seus parentes;

b) ser muito rígidas em seus papéis, responsabilidades e opiniões;

c) ser incapazes ou apresentar má vontade para receber ou obter auxílio de outros;

d) apresentar membros com psicopatologias ou distúrbios de conduta;

e) ser inexperientes ou ineficazes no manejo das crises;

f) ser ineficazes ou inapropriadas em sua comunicação e comportamentos

Frente ao exposto, compreendemos ser cada vez mais necessário na assistência aos idosos a compreensão que estes estão inseridos num contexto familiar em um contínuo processo de interação. A identificação e intervenção nas demandas isoladas dos idosos, sem considerar seu contexto familiar, podem assim, mostrar-se ineficazes.

Considerando a proposta de atuação num Programa de Saúde da Família, parte-se do princípio que será esta a unidade base de atuação e toda e qualquer atividade a ser desenvolvida deve considerar a família como alvo de atenção bem como parte da equipe terapêutica.

Repensar a nossa atuação neste novo panorama que ora se apresenta é, sem dúvida, um desafio.

BIBLIOGRAFIA

1. AMERICAN SOCIETY OF AGING. *A new look at families and aging.* Generations. v. 17, nº 3, 1992 (Entire Issue).
2. ÂNGELO, M. *Com a família em tempos difíceis: uma perspectiva de enfermagem.* São Paulo, 1997. 117p. Tese (Livre-Docência) – Escola de Enfermagem, Universidade de São Paulo.
3. ARAOZ, G. B. F. Valoración funcional. *In*: LLERA, F. G.; MARTIN, J. P. M. *Síndromes y cuidados en el paciente geriátrico.* Barcelona, Masson, 1994, p. 67-78.
4. ARRUDA, R. Redefinição da família vai provocar polêmica. *O Estado de São Paulo.* São Paulo, 4 de setembro de 1994. Caderno Especial de Domingo, p. D4.

5. BABB, P. *Enfermagem gerontológica na América Latina: marco conceitual Apresentado ao 9º Congresso Brasileiro de Geriatria e Gerontologia.* São Paulo, 1991

6. BALTES, M. M.; SILVENBERG, S. A dinâmica dependência-autonomia no curso de vida. *In*: NERI, A. L. *Psicologia do envelhecimento: temas selecionados na perspectiva do curso de vida.* Campinas: Papirus, 1995. (Coleção Viva Idade)

7. BELLON SAAMENO, J. A. *et al. Validez y fiabilidad dei cuetionario de function familiar APGAR-familiar.* Aten. Primaria, v. 18, nº 6, p. 289-96, 1996.

8. BELLON SAAMENO, J. A. *et al. Validez y fiabilidad dei cuetionario de apoyo social functional Duke-UNC-11.* Aten. Primaria, v. 18, nº 4, p. 153-6, 1996-b.

9. BERQUÓ, E. S; LEITE, V. M. *Algumas considerações sobre a demografia da população idosa no Brasil.* Ci. Cult., v. 40, nº 7, p. 679-87, 1988.

10. BRASIL. Leis, etc. Lei nº 8.842 de 4 de janeiro de 1994. Dispõe sobre a Política Nacional do Idoso, cria o Conselho Nacional do Idoso e dá outras providências. *Diário Oficial da União,* Brasília, 5 jan. 1994. Seção 1.

11. CAVALLIERI, A. *As novas famílias.* Rio de Janeiro, 1991.

12. CHAIMOWICZ, F. *Os idosos brasileiros no século XXI: demografia, saúde e sociedade.* Belo Horizonte, Postgraduate, 1998.

13. DUARTE, Y. A. O. *Família-rede de suporte ou fator estressor. A ótica de idosos e cuidadores familiares.* São Paulo, 2001. 196p. Tese (Doutorado) – Escola de Enfermagem, Universidade de São Paulo.

14. DUARTE, Y. A. O.; DIOGO, M. J. D. Atendimento domiciliário: um enfoque gerontológico. *In*: DUARTE, Y. A. O.; DIOGO, M. J. D. *Atendimento domiciliário: um enfoque gerontológico.* São Paulo: Atheneu, 2000. Cap. 1, p. 1-17.

15. DUARTE, Y. A. O.; BARROS, T. R. Refletindo sobre a construção de uma relação de ajuda. *In*: DUARTE, Y. A. O.; DIOGO, M. J. D. *Atendimento domiciliário: um enfoque gerontológico.* São Paulo: Atheneu, 2000. Cap. 8, p. 87-99.

16. EBERSOLE, P.; HESS, P. Relationships and their significance. *In*: EBERSOLE, P.; HESS, P. *Toward healthy aging: human needs and nursing response.* 5ª ed, S. Louis, Mosby, 1998. cap. 17, p. 606-39.

17. ELSEN, I. Desafios da enfermagem no cuidado de famílias. *In*: BUB, L. I. R. *et.al. Marcos para a prática de enfermagem com famílias.* Florianópolis: Ed. UFSC, 1994. (Série Enfermagem REPENSUL). Cap. 2. p. 61-77.

18. FAMILY CAREGIVER ALLIANCE. *Selected caregiver statistics.* Family Caregiver Alliance Newsletter, San Francisco, 1996.
19. FORD, A. B. Os idosos e seus médicos. *In*: CALKINS, E. V.; FORD, A. B.; KATZ, P. R. *Geriatria prática.* Rio de Janeiro: Revinter, 1997.
20. FRIEDMAN, M. M. *Family nursing: theory and practice.* 3ª ed., Norwalk, Appleton-Lange, 1992.
21. FUNDAÇÃO IBGE. *Contagem da população 1996.* Rio de Janeiro: IBGE, 1997. v. 1, p. 1723.
22. GANONG, L. H.; COMENAN, M. *Effects of famuy structure information on nurses' impression formation and verbal responses.* Res. Nurs. Health, v. 20, nº 2, p. 139-51, 1997.
23. GERVENY, G. M. O. *A família como modelo: desconstruindo a patologia.* Campinas: Editorial Psy II, 1994.
24. HANSON, S. M. H.; BOYD, S. T. *Family health care nursing: theory, practice and research.* Philadelphia: FA Davis Company, 1996. Cap. 1, p. 16-7.
25. INSTITUTO BRASILEIRO DE GEOGRAFIA E ESTATÍSTICA. *Tábuas de mortalidade e sobrevivência brasileiras.* Rio de Janeiro: 1991, p. 9-173.
26. JACOB FILHO, W; SOUZA, R. R. Anatomia e fisiologia do envelhecimento. *In*: CARVALHO FILHO, E. T.; PAPALÉO NETTO, M. *Geriatria: fundamentos, clínica e terapêutica.* São Paulo: Atheneu, 1994.
27. KALACHE, A. *et al.* Envelhecimento da população mundial: um desafio novo. *Rev. Saúde Públ.* v. 21, nº 3, p. 200-10, 1987.
28. KARSCH, U. M. S. *Envelhecimento com dependência: revelando cuidadores.* São Paulo: EDUC, 1998.
29. KINSELLA, K. Dimensiones demográficas y de salud en América Latina y el Caribe. *In*: ORGANIZACION PAN AMERICANA DE LA SALUD. *La atención de los ancianos: um desafio para los anos noventa.* Washington, 1994. p. 3-18.(Publicación científica nº 546).
30. LAWTON, M. P. *The functional assessment of elderly people.* J. Am. Geriatr. Soc., nº 19, p. 465-81, 1971.
31. LESSA, I. Epidemiologia das doenças crônicas não transmissíveis *versus* terceira idade. *In*: LESSA, I. *O adulto brasileiro e as doenças da modernidade: epidemiologia das doenças crônicas não transmissíveis.* São Paulo: Hucitec, 1998.
32. LEWIS, C. B. *Aging: The health care challenge.* 3ª ed, Philadelphia: FA Davis, 1996.
33. LUKAS, E. *Tu família necesita sentido.* Madri: Ediciones SM, 1983.

34. MAILLOUX-POIRIER, D. Aspectos demográficos e epidemiológicos do envelhecimento. *In*: BERGER, L.; MAILLOUX-POIRIER, D. *Pessoas idosas: uma abordagem global*. Lisboa: Lusodidacta, 1995.
35. MATHEWS, S. H.; ROSTER, T. T. *Shared filial responsability: the family as primary caregiver*. J. Marriege Fam., v. 50, nº 1, p. 185-95, 1998.
36. MEDINA, C. A. *Família: ontem, hoje e amanhã*. Rio de Janeiro, 1991.
37. MINUCHIN, S. *Famílias: funcionamento e tratamento*. Porto Alegre: Artes Médicas, 1990.
38. MINUCHIN, S.; FISHMAN, C. *Técnicas de terapia familiar*. Porto Alegre: Artes Médicas, 1990-b.
39. MORAGAS, R. M. *Gerontología social*. Barcelona: Herder, 1991.
40. MORAGAS, R. M. *Gerontologia social: envelhecimento e qualidade de vida*. São Paulo: Paulinas, 1997.
41. MOTLIS, J. *Ta vejesy sus múltiplas caras*. Aurora, Israel, 1998.
42. NIELSEN, J. *et.al. Characteristics of caregivers and factors contributing to institutionalization*. Geriatric Nurs., v. 17, nº 3, p. 120-8, 1996.
43. ORGANIZACION PAN AMERI CANA DE LA SALUD. *Enfermeria gerontologica: conceptos para la práctica*. Washington, 1993. (Série PALTEX, nº 31).
44. OWL. *Administration on aging awards support for national caregiving information project*. Washington: OWL Pres, 1992 (Older Women's League).
45. PAVARINI, S. C. I.; NERI, A. L. Compreendendo dependência, independência e autonomia no contexto domiciliar: conceitos, atitudes e comportamentos. *In*: DUARTE, Y. A. O.; DIOGO, M. J. D. *Atendimento domiciliário: um enfoque gerontológico*. São Paulo: Atheneu, 2000. Cap. 5, p. 49-70.
46. PEPIN, J. I. *Family caring and caring in nursing*. Image, v. 24, nº 2, p. 127-31,1992.
47. PERRACINI, M. R. *Análise multidimensional de tarefas desempenhadas por cuidadores familiares de idosos de alta dependência*. Campinas, 1994. 84 p. Dissertação (Mestrado) Faculdade de Educação, Universidade Estadual de Campinas.
48. PINTOS, C. C. H. *A família e a terceira idade: orientações psicogerontológicas*. São Paulo: Edições Paulinas, 1997.
49. RAMOS, L. R. *et al*. Envelhecimento populacional: uma realidade brasileira. *Rev. Saúde Públ.*, v. 21, nº 3, p. 211-24, 1987.

50. RAMOS, L. R. *et al.* Perfil do idoso em área metropolitana na região sudeste do Brasil: resultados de inquérito domiciliar. *Rev. Saúde Públ.*, v. 27, nº 2, p. 87-94,1993.

51. ROLLA, E. H. El ciclo de la vida de la família. *Atualidade Psicológica*, nº 54, p. 12-4, Buenos Aires, 1980.

52. SAYEG, M. A. Breves considerações sobre planejamento em saúde do idoso *In*: SOCIEDADE BRASILEIRA DE GERIATRIA E GERONTOLOGIA – RJ; *Caminhos do envelhecer,* Rio de Janeiro: Revinter, 1994.

53. SCHOUERI Jr., R.; *et al.* Crescimento populacional: aspectos demográficos e sociais. *In*: CARVALHO FILHO, E. T.; PAPALÉO NETTO, M. *Geriatria: fundamentos, clínica e terapêutica.* São Paulo: Atheneu, 1994.

54. SCHULZ, R. *et.al.* Psychiatric and physycal morbiity of dementia caregiving: prevalence, corelates and causes. *Gerontologist,* v. 35, nº 6, p. 771-9, 1995.

55. SOUZA, M. N. *A família e seu espaço: uma proposta de terapia familiar.* Rio de Janeiro: Agir, 1996.

56. VERAS, R. P.; DUTRA, S. Envelhecimento da população brasileira: reflexões e aspectos a considerar quando da definição de desenhos de pesquisas para estudos populacionais, *Rev. Saúde Col.,* v. 3, nº 1, p. 107-26, 1993.

57. VERAS, R. P. *País jovem com cabelos brancos: a saúde do idoso no Brasil.* Rio de Janeiro: Relume Dumará, 1994.

58. WILKINS, S.; LAW, M.; LETS, L. Assessment of functional performance. *In*: BONDER, B. R.; WAGNER, M. B. *Functional performance in older adults.* Philadelphia: FA Davis, 2001. Cap. 12, p. 236-51.

Capacidade funcional do idoso: significado e aplicações

Julio Litvoc, Alice Moreira Derntl

Apresentação

Desenvolveremos nosso tema em três tópicos:
- Capacidade Funcional como paradigma da Promoção da Saúde do idoso;
- Aferição da Capacidade Funcional do idoso;
- A experiência do "Projeto Capacidade".

No primeiro tópico, iniciaremos desenvolvendo um breve perfil demográfico e de saúde dos idosos no Brasil, entendendo que esse é o caminho mais conveniente para compreender as especificidades da atenção a essas pessoas. A seguir, apresentaremos o paradigma da Promoção da Saúde como orientador da Política Nacional de Saúde do idoso, e também eixo conceitual de todo o capítulo, uma vez que incorpora os princípios de justiça social e respeito à autonomia desses cidadãos, reconhecendo a família e a comunidade como espaços privilegiados do cuidado. O referencial da Capacidade Funcional será apresentado como novo conceito de saúde do idoso.

Para o segundo tópico, selecionaremos alguns instrumentos, expressivos, indicando formas de aplicação e alguns resultados que julgamos ilustrativos. Complementaremos comentando estudos desenvolvidos no Brasil, destacando, no terceiro tópico, o "Programa de atenção ao idoso no domicílio", desenvolvido pela Universidade de São Paulo, como exemplo possível de Promoção da saúde, situado no arranjo: domicílio – comunidade – Sistema de Saúde.

A retórica da velhice segue o curso da História e das teorias que a explicam: é também uma construção cultural. Já no ano 106 a.C.,[14] Cícero meditava sobre a velhice: "... não seria verossímil que a vida, tendo disposto tão bem os outros períodos, se precipitasse no último ato como o faria um poeta sem talento". Em 2001, ainda insistimos que, "a velhice não é uma enfermidade, mas sim uma etapa da vida"[3], retomando as mesmas aflições de 2000 anos atrás. De fato, quanto a esta última afirmação, temos que admitir a condição de maior fragilidade que se acentua com o passar dos anos. Uma série de características mantém os idosos como grupo de risco: desvantagem social e econômica (especialmente para as mulheres); coexistência de vários padecimentos, geralmente crônicos; deterioração motora-cognitiva progressiva que acrescenta incapacidades, evoluindo muitas vezes até à dependência total[33,34] Mas é preciso reconhecer que grande parcela de idosos ainda é independente e autônoma, conservando-se cidadãos ativos, integrados no seu meio, capazes de lutas históricas por seus direitos, como foi visto por exemplo, no conhecido "Movimento dos Aposentados e Pensionistas", em 1985 e no "Movimento 147", em 1990, movimento este de luta pelo reajuste das aposentadorias em 147%.[30]

É importante reafirmar que os aspectos sociais e emocionais são determinantes de saúde e bem-estar. As pessoas idosas que estão bem integradas em suas famílias e no seu meio social têm maiores chances de sobrevivência além de concentrar melhor capacidade de se recuperar das doenças, sendo o isolamento social importante fator de risco para a morbidade e mortalidade[28]. A concepção do Programa de Saúde da Família responde às diretrizes da Política Nacional do Idoso, acrescentando condições para que "o idoso permaneça junto à sua família, no seu meio social, pelo maior tempo possível.[47]

Capacidade funcional como paradigma da promoção da saúde do idoso

O processo de envelhecimento no Brasil

As informações oficiais dão notícias de profunda transformação na dinâmica da população brasileira. Já se dispõe de excelentes fontes de consulta nacionais, inclusive pela "internet". Uma pergunta frequente é sobre a "idade de entrada na velhice". Do ponto de vista estritamente etário, consultando essas fontes, percebe-se que o corte de "60 e mais anos" adotado pelo Brasil, seguindo o critério utilizado pela Organização das Nações Unidas para países em desenvolvimento (Nações Unidas, 1985), está frequentemente sendo ajustado para "65 e mais anos", o que pode ser entendido como uma tendência de deslocamento do limiar de velhice para os brasileiros[24,25,54]. Nos países onde a expectativa de vida chegou a limites muito altos, já se fala de "anciãos jovens" – até aos 75 anos e também de duas outras categorias etárias posteriores. Discute-se hoje o progresso da esperança de vida – especula-se: até aos 150 anos? "O tempo de vida humano (não se trata aqui de esperança de vida ao nascer, mas de outros fatores de aprimoramento da espécie) pode ser lentamente aumentado, talvez um mês por século"[12]. Os dados sobre esta hipótese, segundo Fries,[23] são consistentes. Concretamente, países mais avançados já contam com um centenário por 10.000 habitantes, (sobretudo homens).[3,23,38,60]

Projeções da ONU e IBGE[24] referem que a esperança de vida do brasileiro que era de 33,7 anos em 1900 será de 75,3 anos em 2025. A Pesquisa Nacional por Amostra de Domicílios – PNAD[54], que retrata as condições socioeconômicas da população brasileira, permitiu calcular em 1999 a esperança de vida ao nascer em 64,6 anos para o homem e 72,3 anos para a mulher. Entretanto, o homem que em 1999 contava com 80 anos, tinha a possibilidade de sobreviver mais 5,35 anos e a mulher, com a mesma idade, podia viver mais 6,58 anos. Dados do Censo 2000[24] já informam a expectativa de vida de 64,8 para os homens e 72,6 para as mulheres, com uma vantagem para as mulheres de 7,8 anos, maior que a diferença do censo anterior que foi de 7,2 anos.

O resultado dos Censos Demográficos 1991 e 2000[24,54] confirma a rápida desaceleração do crescimento populacional em todo o território nacional. A projeção da população indica que será alcançado um contingente de 207,6 milhões de habitantes no País em 2020, com uma proporção relativamente menor de pessoas jovens e maior de idosos. Dos 169.544.443 cidadãos recenseados em 2000, cerca de 14.500 milhões são idosos (60 e mais anos) – 9,1%. O Brasil, que era o 16º em 1950, em 2025 será o 6º país do mundo com mais de 16 milhões de idosos.[3,24,28,54]

Especificidades do envelhecimento

O resultado do envelhecimento biológico associado a condições de "riscos autocriados"[39] (tabagismo, obesidade, alcoolismo) ou ao desuso (sedentarismo, atividades muito leves) aumenta a possibilidade de doenças e incapacidades. Disfunções prematuras dos órgãos ou músculos e articulações, no caso dos idosos, são atualmente atribuídas ao desuso e não ao uso excessivo. A ordem dos médicos é "use ou perca" ou "ande, não pare". As implicações desta nova ordem para as práticas de saúde, no futuro, dizem respeito ao enfoque das doenças crônicas, em lugar das agudas; da morbidade, em lugar da mortalidade; da qualidade de vida de preferência ao prolongamento da vida e ao adiamento, quando a cura não é possível.[13,23]

As especificidades do envelhecimento assumem grande visibilidade quando se examinam as chamadas síndromes geriátricas, conhecidas como os "5 is" da geriatria, também denominadas "gigantes da geriatria". Embora não configurem risco de vida iminente, isoladas ou associadas, podem determinar institucionalização e a perda da capacidade funcional e da autonomia, resultando em isolamento social e comprometendo seriamente a qualidade de vida dos idosos.[6,13,23,23,28,52] Virtualmente, alerta Chaimowicz,[13] "qualquer agravo à saúde do idoso pode se manifestar como – ou determinar – o surgimento de instabilidades postural e quedas, incontinências, demência, *delirium*, imobilidade e depressão."

O primeiro "gigante", a imobilidade, ora é causa ora é consequência de inúmeras alterações orgânicas, doenças ou acidentes, além de, frequentemente, ser estimulada pela família que considera a velhice como "tempo de descanso". Assim, a perda da visão, problemas articulares e vertigens, entre outras causas, podem levar o idoso ao medo de cair, mais ainda quando já sofreu episódio de queda anterior. É conhecida a expressão "fear of falling" para nomear o medo de cair, frequentemente alimentado pela família, que teme ver o sofrimento do idoso.[6,13]

A instabilidade postural e as quedas, o segundo "i" constituem, segundo Bakker Filho[6], o tributo pago pelo ser humano por ser bípede. As quedas, mais uma vez, são frequentes, pouco valorizadas pelos que convivem com os idosos e consideradas próprias da idade; estão presentes em cerca de 70% dos acidentes com idosos (muitas vezes, não há registro desses acidentes, já que não há procura de socorro médico). Ocorrem com maior frequência na residência ou em seus arredores. São um evento dramático, mesmo quando não resultam em fratura; assustam o idoso e a família e são muitas vezes o ponto de partida para severas restrições nas atividades do idoso, acelerando a instalação de incapacidades e podendo resultar em depressão.[6,13,28]

As quedas são atualmente consideradas problema importante de saúde pública, quando se trata de população idosa. Todo ano, no mundo inteiro, 30% das pessoas com 65 anos e mais caem. Essa porcentagem aumenta com a idade. Nas pessoas de 70 e mais anos, segundo Tinetti, 465 pessoas em 1000 caem por ano. É fato que a maior incidência ocorre em mulheres. A investigação das circunstâncias que acompanham a queda é fundamental para diagnosticar a eventual causa e prevenir novos eventos. Lamentavelmente, os registros médicos, via de regra, não atendem a essa necessidade.[6,26,37,39,43,65,66,67,68]

O terceiro "i" é a insuficiência cerebral crônica – a demência. Pode ser classificada em dois grupos – as irreversíveis, que representam 90% dos casos e as potencialmente reversíveis. As principais manifestações da demência são: 1 – demência senil, do tipo Alzheimer, descrita pela primeira vez em 1907, vem sendo estudada mais intensamente nos últimos anos. É mais comum no sexo feminino e, segundo BODACHNE[6], sua evolução dura de 5 a 8 anos, com 95% de óbitos ocorrendo após cinco anos da manifestação da doença. 2 – demência vascular – constitui a segunda causa de demência e resulta mais de enfartes cerebrais múltiplos do que por estenose arterioesclerótica dos vasos. Incide mais sobre os homens. 3 – *delirium* – é uma síndrome cerebral orgânica transitória, decorrente de distúrbios clínicos, que se manifesta por alterações globais da cognição e atenção; constitui um dos distúrbios mentais mais frequentes em idosos hospitalizados. Está na maioria das vezes associado a doenças físicas agudas como a pneumonia, infecção urinária, etc... ou é efeito colateral de medicamentos.[6,13,16,23,49]

A incontinência é outro "gigante". E mais frequente no sexo feminino. Ocorre em cerca de 50% dos idosos institucionalizados e 30% dos hospitalizados. As causas mais comuns que levam à incontinência urinária são: urológica, neurológica e psíquica. Pode instalar-se de modo transitório ou permanente. Nas instituições, a colocação de fralda aos primeiros sinais de perda urinária pode determinar a cronicidade da incontinência. As incontinências são causa de constrangimento e, por consequência, de isolamento para as pessoas idosas.[6,13,39]

Iatrogenias – o ultimo "i" – decorre de diagnósticos incorretos (ou mesmo corretos) que levam ao uso inadequado de drogas e à polifarmácia. Os idosos apresentam duas a três vezes mais chances de terem reações adversas às drogas que os adultos. As iatrogenias podem decorrer também de procedimentos médicos ou cirúrgicos, transfusões de sangue e ainda inúmeras condições em que podem estar envolvidos também outros profissionais.[47,51]

A autoavaliação como forma de avaliar a saúde dos idosos

Nos inquéritos epidemiológicos, a autoavaliação de saúde vem sendo considerada indicadora do estado de saúde dos idosos, reunindo capacidade significativa de prever a mortalidade nesse grupo[8,13,39]. A satisfação com a própria saúde para as pessoas com mais de 64 anos, na citada PNAD, foi de 39,4% para os homens e 34,2% para as mulheres. Esses índices apresentam relação direta com os níveis de renda: quanto mais baixa a renda, maior a insatisfação com seu estado de saúde.

Estudando 184 pacientes da clínica geronto-geriátrica do Hospital do Servidor Público Municipal de São Paulo, Brito[8] obteve porcentagens de 24,4%; 47,2% e 28,3% de autoavaliação de idosos correspondendo respectivamente a "ruim", "regular" e "boa". Veras,[69] em estudo com 242 idosos, em amostra aleatória, apurou que 47,2% "não se sentiam bem". Esse último estudo revelou, na opinião de Chaimowicz[13], "proporção impressionante de relatos de transtornos afetivos".

A assistência à saúde dos idosos

A PNAD de 1999 trouxe fortes evidências da pressão das doenças dos idosos sobre o sistema de assistência à saúde e a importante emergência dos planos privados de saúde no Brasil. No entanto, da população inquirida, entre os maiores de 65 anos, cerca de 70% não tinham cobertura por plano de saúde. Na mesma pesquisa, cerca de 30% dos idosos declaram uma doença crônica; cerca de 30% duas e cerca de 40%, 3 ou mais doenças crônicas. O maior coeficiente de internações no ano ocorreu no grupo etário com 65 e mais anos: 14,8% (esse dado corresponde às internações financiadas pelo Sistema Único de Saúde – SUS). A população maior de 70 anos utiliza em média 5 vezes mais os leitos hospitalares do que as crianças até 14 anos. Além da maior proporção de hospitalizações, a população idosa é a que também sofre mais reinternações. A permanência no hospital é em média mais elevada do que em outras faixas de idade: 6,8 dias (dados relativos às internações hospitalares pelo SUS em 1997).[24,54]

Ainda segundo a mesma PNAD,[24,34] das pessoas com 65 anos e mais entrevistadas, cerca de 17% realizaram de 6 a 12 consultas médicas no ano e cerca de 4% realizaram 13 ou mais.

O paradigma da produção social da saúde: a Promoção da Saúde

Em 1974, o Informe do Ministro da Saúde canadense, Mare Lalonde[41], colocou em foco vários determinantes da saúde que escapam à esfera de prática dos serviços de saúde tradicionais, destacando a importância da atenção integral aos indivíduos, tendo como foco principal as estratégias de mudança de comportamento e estilo de vida. Esse histórico informe situou o Canadá na posição de liderança no desenvolvimento da concepção moderna da Promoção da Saúde – PS. A Conferência Internacional sobre Atenção Primária à Saúde – APS (Alma Ata, 1978),[76] organizada pela Organização Mundial de Saúde – OMS, preparou uma base sólida para a compreensão da saúde segundo o novo paradigma; propugnou o fortalecimento dos serviços de saúde locais, a alimentação saudável, a disponibilidade de água potável, a participação comunitária e a educação para a saúde. A Atenção Primária à Saúde – APS é a estratégia adotada por muitos países na América Central e do Sul (no Brasil define o primeiro nível de atenção do Sistema Único de Saúde – SUS) e foi considerada como política de saúde modelar por Cuba, país este reconhecido pelos bons resultados alcançados nesse setor.

Em 1979, o Informe do Departamento de Saúde Americano[41] estabelece formalmente a diferenciação entre prevenção (em saúde) e Promoção da Saúde: a prevenção é definida nesse documento, como até hoje, "o conjunto de estratégias visando proteger a saúde das pessoas de ameaças ambientais ou de fatores de risco de doenças". A Promoção da Saúde é vista como o conjunto de estratégias visando estimular o indivíduo a adotar hábitos saudáveis e, portanto, implica mudanças pessoais profundas, já que diz respeito aos determinantes da saúde. A prevenção é nitidamente ação programática unilateral, enquanto a Promoção da Saúde propõe uma "virada de mesa", devolvendo à comunidade a responsabilidade pelas suas questões sociais e de saúde, cabendo ao Sistema prover, orientar e educar para a saúde.

O espírito de Alma Ata foi reforçado na Carta de Ottawa para a Saúde[11], resultado da primeira Conferência Internacional sobre Promoção da Saúde, celebrada em Ottawa em 1986. Nessa reunião histórica recuperaram-se princípios de equidade e solidariedade. Descreve-se a PS como "um processo que confere ao povo os meios para assegurar um maior controle e melhoria da própria saúde, não se limitando a ações de responsabilidade do setor saúde". Entre os pré-requisitos para alcançar a saúde, mencionam-se condições tais como: a paz, um ecossistema estável, a justiça social e a equidade. Citam-se outras condições como habitação, educação, alimento e renda. Entre as medidas fundamentais para promover a saúde figuram a elaboração de políticas públicas saudáveis, a criação de ambientes favoráveis, o fortalecimento da ação comunitária, o desenvolvimento de atitudes pessoais favoráveis à saúde e a recomendação de reorientação dos serviços de saúde. Na Carta de Ottawa, coloca-se em relevo o papel das organizações, dos sistemas e das comunidades, bem como a valorização dos comportamentos e das capacidades individuais (autocuidado, por exemplo), na criação de opções e oportunidades para promover a saúde e o desenvolvimento populacional.

Reuniões mundiais subsequentes, congregando os 189 países-membros (o número de países-membros não é sempre o mesmo), redefiniram setores prioritários. O conflito armado no mundo, as mudanças no perfil demográfico e de saúde em praticamente todos os países, a insuficiência de alimentos, a falta de meios para a livre determinação (livre-arbítrio) e a degradação dos recursos naturais foram alguns dos numerosos problemas discutidos nessas reuniões como possíveis ameaças para a sobrevivência, a saúde e o bem-estar das populações. Na Quinta Conferência Mundial de Promoção à Saúde – Cidade do México, junho de 2000[51] – o desafio foi demonstrar que as políticas e práticas de PS produzem mudanças na saúde e na qualidade de vida.

Nessa visão, os programas de PS nas comunidades não pertencem aos organismos de saúde pública, mas sim aos setores organizados da comunidade que devem receber apoio e suporte desses organismos para seus próprios projetos, na intenção de criar uma sociedade mais saudável e mais equitativa.[10,32,53]

A Promoção da Saúde dos Idosos

A experiência de outros países e, já se pode dizer, consistentes estudos e pesquisas brasileiras sobre envelhecimento, oferecem claros indícios de que a prevenção de doenças e deficiências, a manutenção das funções físicas e cognitivas e a participação constante em atividades sociais e produtivas são os itens que devem estar na base de programas de PS para a população idosa. Esses são, com efeito, os pilares da Política Nacional do Idoso[47]. Já contamos com polos de excelência em pesquisas na área, como, por exemplo, os do Rio de Janeiro (UERJ), São Paulo (USP, PUC, UNIFESP), Rio Grande do Sul (UFRGS) e Minas Gerais (UFMG). Estes Centros, seguidos por outros, em vários Estados, estão implantando programas que ampliam a estrita assistência individualizada: citaremos as Universidades Abertas à Terceira Idade como uma modalidade bem-sucedida de inserção social dos idosos.

A realidade do aumento da longevidade evidencia a emergência de uma população que Chaimowicz[13] chama de "sobreviventes"; modifica-se o perfil de saúde da população: ao invés de processos agudos que "se resolvem" rapidamente pela cura ou óbito, tornaram-se predominantes as doenças crônicas e suas complicações que implicam décadas de utilização de serviços de saúde e mobilizam vultuosos recursos.

Por outro lado, o censo de 2000[24,54] revelou também que importante parcela de idosos mora só: 12%. Quando se trata de população idosa, comenta Berquó[5], "a discrepância por sexo, quanto ao *status* marital, se radicaliza, sendo reveladora de um elevadíssimo contingente de viúvas, em contraste com o alto percentual de homens casados" e continua, referindo-se aos descasados: "verifica-se também um certo predomínio das mulheres, fruto do mesmo processo, que associa em geral, e às idosas em especial, menos oportunidade de um novo casamento".

A se manter a tendência do Censo de 1991[24] de que quase 8% das mulheres chegaram solteiras à terceira idade e se acrescentarmos a esse contingente as viúvas (no Brasil, desde 1950, as mulheres têm maior esperança de vida ao nascer, sendo que a diferença está em torno de sete anos e meio) e "descasadas", morar sozinhas ou com parentes pode ser o resultado dessa condição. Configura-se a feminilização do envelhecimento. De um modo geral, a não existência de prole pode também ser determinante de solidão para os idosos.[3]

O isolamento social pode agravar o processo de perdas de diversas ordens nos idosos. Das nove situações de risco definidas pela OMS[43], oito trazem o isolamento social subentendido no seu enunciado e uma cita expressamente essa condição. São elas:

- os muito idosos (80 anos e mais);
- os que vivem sós;
- as mulheres velhas, principalmente as solteiras e viúvas;
- os que vivem em instituições;
- os que estão socialmente isolados;
- os idosos sem filhos;
- os que têm limitações severas e incapacidades;
- os casais em que um dos cônjuges é dependente ou está muito doente e
- os pobres.

A Promoção da Saúde para essa população compreende a disponibilidade de um "*continuum* de serviços que atenda às necessidades que eles experimentam à medida que avançam em anos e limitações". A existência desse sistema integrado de orientação, apoio e cuidado, permite a mobilização sequencial da atenção numa linha que tem início na completa autonomia e independência até a extrema incapacidade e dependência[73] (incapacidade entendida aqui como característica do indivíduo, descrevendo alterações do desempenho normal, seja ele físico, emocional, mental ou social).[69]

Do ponto de vista da saúde, a Capacidade Funcional surge então como um novo conceito, condição para a independência, mais adequada a instrumentalizar e operacionalizar os programas de atenção à saúde do idoso.[28,73]

Nessa concepção, a capacidade funcional diz respeito ao desempenho de atividades cotidianas: leva-se em conta que cerca de 40% dos indivíduos com 65 anos ou mais requerem algum tipo de ajuda para realizar pelo menos uma tarefa como fazer compras, cuidar das finanças, preparar refeições e cuidar da casa. Uma parcela menor, 10%, requer auxílio para realizar tarefas básicas como tomar banho, vestir-se, ir ao banheiro, alimentar-se e mesmo sentar e levantar de cadeiras e camas[69,] É imprescindível que, na prestação de cuidados aos idosos, a família esteja devidamente orientada sobre a importância do estímulo do idoso para atividades de vida diária.[28]

O autocuidado, como estratégia de PS dos idosos

A PS reconhece o autocuidado como a estratégia fundamental de manutenção da capacidade funcional dos idosos. Segundo Orem,[30] autocuidado é a prática de atividades que uma pessoa inicia e realiza por sua própria vontade para manter sua vida, saúde e bem-estar.

Os Serviços de atenção à saúde devem incorporar nos seus programas capacitação dos profissionais para a educação e para o autocuidado. Mediante essa prática, aplicada a todas as suas atividades cotidianas, os idosos podem exercer melhor controle sobre sua saúde e seu microambiente, estando mais capacitados a definir um estilo de vida que contribua para seu bem-estar pessoal.[40]

É às vezes mais fácil (e mais bem aceito pelo idoso e pela família) prestar cuidados do que se empenhar na longa tarefa de mudar atitudes e comportamentos. A equipe de saúde do Programa de Saúde da Família terá algumas vezes que enfrentar algumas resistências. A atenção no domicílio ao idoso é o espaço privilegiado para a educação sobre autocuidado. O foco deve estar na valorização das competências do idoso pela família, na aceitação de sua participação nas atividades domésticas, no reconhecimento de seu direito a decidir sobre questões que lhe dizem respeito, enfim, na aceitação da sua autonomia. Esta pode ser a via de estímulo para o autocuidado, agregando qualidade à vida e postergando a instalação das temidas incapacidades.

Os cuidados informais na lógica da Promoção da Saúde

A participação comunitária é um conceito integrado a partir da definição da Assistência Primária à Saúde, desde 1978, quando se reconhece um papel central à sociedade organizada, na PS[76].

Segundo Silva e Néri,[49] pesquisas recentes mostram que os cuidados oriundos de redes informais de apoio (formadas por parentes e amigos) constituem a mais importante fonte de suporte a idosos. Nos Estados Unidos, 80% dos cuidados provêm dessas fontes e no Canadá, 94%.

Uma forma de conhecer a participação comunitária[76] é acompanhar o desempenho dos agentes comunitários de saúde e, quando se trata de população idosa, atentar para os familiares que cuidam de idosos fragilizados e de alta dependência. É aí que a delicada trama desse suporte pode ser melhor compreendida.

A atenção comunitária aos idosos, ancorada nos princípios e práticas da PS e na lógica do Programa de Saúde da Família, vem sendo reconhecida como a mais conveniente, uma vez que reúne critérios técnicos e de humanização do cuidado, além de ser menos onerosa para o Sistema (lembrando que o SUS está fundamentado nesses critérios).

A permanência de idosos no seu lar, mesmo quando portadores de limitações mais severas, é possível, desde que esteja presente um "cuidador"[13](35,27). Os serviços de saúde pública estão cientes deste fato de tal forma que, em programas de atenção domiciliar a idosos portadores de limitações para as atividades diárias, a assistência só será possível se esse idoso puder contar com esse suporte.

A família, o cuidador e o idoso devem reconhecer uma situação de parceria com o Serviço. É frequente um sentimento de dependência em relação aos profissionais. A clara definição dos recursos e serviços disponibilizados para a assistência e o apoio possível deverá estabelecer uma relação de confiança e independência.(20) A regularidade da assistência é fundamental e deve ser traduzida em ações práticas. Usa-se atualmente o termo "desmame" para explicar o processo que se inicia com intensidade de visitas dos profissionais e, paulatinamente, estimula a competência da família e do idoso, evoluindo para uma situação de manutenção (pelos profissionais) e autonomia (pelo idoso e família).

A institucionalização e suas alternativas

A internação de idosos em asilos, casas de repouso e similares está sendo questionada mesmo nos países desenvolvidos onde estes serviços alcançaram níveis altamente sofisticados em termos de conforto e eficiência, (no Brasil, já existem ancianatos de excelente padrão) Os custos desse modelo e as dificuldades em torno de sua manutenção estão a exigir medidas de maior resolutividade e menor custo. Ainda assim, colocada no extremo do eixo da assistência,

---

13 Cuidador: é a pessoa, membro ou não da família, que, com ou sem remuneração, cuida do idoso doente ou dependente no exercício das suas atividades diárias, tais como alimentação, higiene pessoal, medicação de rotina, acompanhamento aos serviços de saúde e demais serviços requeridos no cotidiano – como ida a bancos ou farmácias – excluídas as técnicas ou procedimentos identificados com profissões legalmente estabelecidas, particularmente na área da enfermagem.

a instituição de longa permanência é o recurso para muitos idosos. A "fila" de espera por uma vaga nas instituições filantrópicas pode ser de um ano ou mais.

O envelhecimento populacional e a dificuldade de vaga para os mais pobres (entre outras razões) deslocaram a internação para idades cada vez mais avançadas. Os cuidados nessas instituições tornam-se, portanto, cada vez mais complexos, exigindo recursos humanos especializados e tecnologia assistiva altamente onerosa.

A exemplo de países mais desenvolvidos, estão surgindo formas intermediárias de assistência, privadas ou públicas. São alternativas que se valem de experiências europeias e dos EEUU da América do Norte, principalmente, e que estão sendo ajustadas ao modo de vida dos brasileiros. Por enquanto, são recursos de atenção a idosos que residem nas grandes cidades, principalmente.

A Política Nacional do Idoso e a Política Nacional de Saúde do Idoso

A Lei nº 8.842, de 4 de janeiro de 1994, que dispõe sobre a Política Nacional do Idoso – PNI, teve seu decreto de aplicação assinado a 3 de julho de 1996 enquanto a Portaria Interministerial nº 1395/99 referente à Política Nacional de Saúde do Idoso, como se vê, esperou cinco anos para sua efetivação, justamente no Ano Internacional do Idoso. Ao definir a atuação do Governo, indica as ações específicas de cada setor. Segundo essa Lei, que incorpora, como foi dito, o discurso da PS, cabe ao setor saúde em síntese "a promoção do envelhecimento saudável e a preservação e/ou melhoria da máxima capacidade funcional do indivíduo que envelhece".[28,47,48,52.]

O envelhecimento saudável, meta a ser alcançada, compreende o desenvolvimento de ações que orientem os idosos e os indivíduos em processo de envelhecimento quanto à importância da melhoria constante de suas habilidades funcionais, mediante a adoção precoce de hábitos saudáveis de vida e a eliminação de hábitos nocivos à saúde.[28,52]

A avaliação geriátrica multidimensional

O conceito de abordagem geriátrica se originou com os "pioneiros britânicos" dos anos 30.[48] Esses "patriarcas da moderna geriatria" identificaram uma alta prevalência de problemas facilmente detectáveis e remediáveis em idosos institucionalizados e não institucionalizados. Observaram também que a maioria dessas pessoas apresentava uma acentuada melhora quando recebia uma terapia apropriada e era submetida a um processo de reabilitação – coloca-se em questão o pressuposto da irreversibilidade do processo de envelhecimento.

Os primeiros relatos de programas de abordagem geriátrica foram feitos pela Dr[a.] Marjory Warren, iniciando-se assim o conceito de Unidade de Avaliação Geriátrica. Essa médica avaliou sistematicamente pacientes de uma grande enfermaria, em um hospital londrino, iniciando um programa de mobilização ativa e de reabilitação seletiva. Conseguiu libertar do leito a maioria dos idosos e um grande número conseguiu retornar a seus lares.[48]

Do trabalho da Dra. Warren e colaboradores surgiram as ideias da atenção integral ao idoso, construídas na perspectiva de um sistema de "cuidado geriátrico progressivo".

Esse cuidado geriátrico progressivo apoia-se hoje numa avaliação compreensiva, periódica, multidimensional,[21-48] que inclui áreas de saúde física, estruturas de suporte social, estado psicológico e, finalmente, capacidade funcional, como apresentado no resumo abaixo:

Avaliação geriátrica multidimensional[48]

Saúde física
- diagnósticos presentes
- indicadores de severidade
- quantificação dos serviços de assistência usados
- autoavaliação da saúde (cada vez mais aplicada)

Saúde psicológica
- testes de função cognitiva
- testes de função afetiva

Parâmetros sociais
- recursos (equipamentos) disponíveis •necessidade de suporte social e familiar

Independência funcional/autonomia
- atividades básicas de vida diária – AVDs •atividades instrumentais de vida diária – AIVDs

Esta avaliação deve ser periódica, permitindo o ajuste do cuidado às variações de estado de saúde e às perdas próprias da idade. Em alguns programas, cada membro da equipe realiza avaliações relacionadas à sua área de competência, entretanto, vários instrumentos de avaliação podem ser aplicados, como veremos adiante, pela maioria dos profissionais e mesmo por agentes comunitários de saúde ou por cuidadores leigos.

Individualmente, o uso desses instrumentos facilita a comunicação entre os setores de atenção, fornece informações para a medida do progresso terapêutico e disciplina o cuidado geriátrico progressivo. Os mesmos instrumentos, aplicados a populações assistidas em Serviços, permitem avaliar o cumprimento das metas programáticas, ajustar programas, calcular recursos, enfim, são instrumentos de administração. Da perspectiva da epidemiologia, eles permitem conhecer o perfil de saúde/doença e de autonomia/ incapacidade/dependência dos idosos, fundamentando o estabelecimento de indicadores; possibilitam o alinhamento das políticas de atenção além de permitirem comparações com parâmetros nacionais e de outros países ou de outras épocas.

Por tudo isto, serviços e instituições geriátricas estão começando a incluir em suas rotinas de atenção a aplicação periódica de escalas de avaliação geriátrica, particularmente as que avaliam ou aferem também a CF.

No próximo tópico, portanto, detalharemos algumas das escalas mais utilizadas e suas aplicações.

AFERIÇÃO DA CAPACIDADE FUNCIONAL DO IDOSO

Analisaremos cinco tópicos:
- escalas utilizadas;
- prevalência de alterações da CF;
- fatores associados ou determinantes;.
- usos mais recentes desta aferição;
- estudos brasileiros sobre CF do idoso.

O número relativamente grande de escalas e a diversidade entre elas demanda que se reserve o primeiro tópico só para comentar as estruturas e pontuação de algumas escalas selecionadas. Se não houvesse essa diversidade de instrumentos, ou escalas, poderíamos iniciar analisando as prevalências e os fatores de risco. Quanto aos usos mais recentes – como, por exemplo, avaliar a eficácia da assistência à pessoa com incapacidade – constituem-se em alternativas na utilização da aferição da Capacidade Funcional (CF) e merecem assim ser destacados.

Escalas utilizadas

O primeiro propósito deste tópico, como já dissemos, é fornecer noções da estrutura e pontuação de alguns dos principais instrumentos de aferição da CF, especialmente para o leitor não familiarizado com essas escalas. Como não se trata de uma descrição completa e sim de noções para acompanhar os itens que se seguirão, os interessados, a partir das referências por nós citadas, poderão acessar com detalhes os instrumentos aqui comentados.

O segundo propósito é fornecer elementos que permitam compreender que as diferenças nas prevalências da incapacidade funcional, constatadas quando se comparam resultados de pesquisas, podem decorrer em parte das características que são próprias de cada instrumento.

Para desenvolver esse tópico comentaremos, nuclearmente, quatro escalas que denominaremos de Katz[36], Lawton e Brody[42], OARS[21] e Framingham[32]. Esses quatro instrumentos[14] dão ideia da diversidade existente, são muito usados em idosos, e são parte das escalas valorizadas por Applegate e col.[4] em sua importante revisão.

O instrumento de Katz avalia independência em seis atividades: banhar-se, vestir-se, uso do banheiro, mobilidade da cama para a cadeira, continência (urina, fezes) e alimentar-se. Cada atividade admite três alternativas, duas extremas: capaz/incapaz e uma intermediária. Apenas como ilustração, reproduziremos as categorias de alimentação: "come sem ajuda; come sem necessidade de ajuda, exceto para cortar a carne ou passar manteiga no pão; e recebe ajuda para comer ou é alimentado em parte ou por completo ou por sonda ou por líquidos endovenosos". Essa composição com três alternativas se repete em cada uma das outras cinco áreas: (banhar-se, vestir-se, etc...).

É necessário destacar que, apesar da escala de Katz (de Atividades Básicas de Vida Diária) ser das mais antigas, o instrumento continua sendo muito utilizado na íntegra e que diversos instrumentos usam as seis áreas de Katz,

---

14 Rigorosamente, os nomes das escalas são: "The index of independence in Activities of Daily Living or ADL" (Katz); "The Physical Self-Maintenance Scale" (Lawton e Brody); "The Older American Research" (OARS), que é um Programa da Duke University Center, inclui um sistema de informação, o OMFAQ; o Projeto Framingham utiliza uma combinação de três instrumentos.

embora modificando a redação. Apesar deste reconhecimento, pesquisadores preferem outros instrumentos quando desejam detectar mudanças com maior sensibilidade[2,22]. Na proposta de pontuação, o primeiro procedimento é agregar os quesitos de três categorias para duas. Novamente exemplificando com a área alimentar-se, as duas categorias são, "quando leva a comida do prato, ou equivalente, para a boca (não precisando preparar)", e aí é independente, ou "quando precisa de ajuda ou alimentação parenteral", e aí é dependente. A partir daí, os autores apresentam duas possibilidades. A primeira, mais complexa, consiste numa combinação das respostas nas 6 áreas, numa escala que vai de A até G, partindo da situação em que o idoso é independente nas 6 áreas.

Na segunda possibilidade de pontuação os procedimentos são mais simples, pois apenas se conta o número de áreas onde há dependência, ou seja, se o idoso é totalmente independente o escore é zero, e se é totalmente dependente é 6, com escores intermediários entre 0 e 6.

O outro instrumento, conhecido como Lawton e Brody, foi publicado em 1969, seis anos após o de Katz. Sua visibilidade pode ser atribuída ao fato de consolidar a noção de atividades denominadas instrumentais que são mais sociais. Estas são: telefonar, efetuar compras, cozinhar, arrumar a casa, lavar a roupa, usar meios de transporte, usar medicação e controlar finanças.

A escala de Lawton e Brody contém também seis questões sobre Atividades de Vida Diária Físicas – AVDF. E aqui é interessante registrar que, comparando ao índice de Katz, a escala de Lawton e Brody não inclui o "transfer" (mover-se da cama ou cadeira para outro local) nem a continência; no entanto, inclui a atividade "cuidar-se" (do cabelo, por exemplo) e "physical ambulation" que pergunta sobre a capacidade de deambulação por uma quadra, por exemplo.

Para realçar as diferenças entre as duas escalas, reproduziremos, da segunda escala, as categorias da atividade alimentar-se que são 5, a saber: 1) alimenta-se sem assistência; 2) alimenta-se com mínima assistência na hora da refeição e/ou com alimentos especiais ou precisa ser higienizado após a refeição; 3) come sozinho com moderada assistência e é desleixado; 4) requer assistência extensa para todas as refeições; 5) não só não come sozinho como resiste aos que querem alimentá-lo.

Para finalizar a descrição do Lawton e Brody, devemos registrar que existem dois tipos de pontuação: uma que soma as atividades com dependência (no caso das AVDF a pontuação pode ir de zero a seis) e outra que soma os pontos das respostas em cada área. No segundo caso, novamente exemplificando com as AVDF, a pontuação pode ir de 6 a 30, uma vez que são 6 áreas com 5 respostas em cada.

Neste momento, antes de apresentarmos o terceiro instrumento, o OARS, cabe abrir um parênteses: É importante chamar a atenção que em outras áreas do conhecimento também ocorre uma diversidade de instrumentos, como é o caso das escalas de Qualidade de Vida. Trata-se de objetos complexos (Qualidade de Vida, CF, etc...) que os instrumentos buscam captar.

Essa diversidade é uma realidade que o leitor, ou o pesquisador, ou o usuário, precisa conhecer. Mas isso não implica demérito dos instrumentos. São limitações relativas, que estão sempre em processo de superação.

Examinando então o OARS, a primeira distinção, ao se descrever esse instrumento, é que, diferentemente das duas escalas anteriores, as AVDs no OARS são uma dimensão de um questionário multidimensional. Na parte A do questionário há questões sobre cobertura social e econômica, recursos, saúde física e mental e atividades de vida diária. Na parte B, questões sobre Serviços.

A escala OARS incorpora os itens de Lawton e Brody com a diferença que no OARS pergunta-se para os homens sobre cozinhar, arrumar a casa e lavar roupa o que, no Lawton e Brody, não se pergunta. Isso ocorre por que o OARS pergunta sobre habilidade, e Lawton e Brody, sobre performance.

A pontuação é semelhante à descrita no Lawton e Brody, isto é, de dois tipos.

Incluímos o questionário OARS no nosso elenco básico por que se trata, como dissemos, de um questionário multidimensional (o único dos quatro analisados), e também porque é amplamente utilizado, inclusive no Brasil.

O quarto questionário, de Framingham, pertence a um estudo longitudinal, reconhecido pela sua competência e qualidade. Trata-se de um projeto fundamentalmente relacionado às doenças cardiovasculares, mas há publicações em que se relata a utilização dos dados desse Projeto em outros* tipos de problemas, como o câncer, por exemplo. O interesse em pesquisar também a CF nesse Projeto é um indicador da importância do tema. Applegate e col.[4] classificam o instrumento de aferição da CF utilizado em Framingham entre os relevantes para os idosos. Sua estrutura contém 3 conjuntos: a escala de Katz; uma parte da escala de Rosow and Breslau's (que avaliam 3 categorias de capacidade: realizar trabalho pesado na casa; andar meia milha; subir escadas), e a escala de Nagi's que exige atividades do idoso como segurar pequenos objetos e estender os braços acima dos ombros. A escala de Nagi's avalia 9 atividades. A pontuação da capacidade do idoso (no questionário de

Framingham) é realizada separadamente em cada uma das 3 escalas, sem a construção de um índice único.

Ao expor a estrutura e a pontuação dos quatro instrumentos, supomos que a diversidade tenha sido explicitada. Mas reiteramos que essa diversidade não imobiliza a prática de avaliar a CF. Reafirmando, esta análise visa instrumentalizar o leitor para uma realidade complexa, sugerindo cuidados no uso dos instrumentos, mas, ao mesmo tempo, estimulando o seu uso, visto serem muito úteis.

É claro que existem outros instrumentos importantes e que não comentamos. Destacam-se os que analisam performance. O Nagi's é um deles, mas é interessante citar o artigo de Kuriansky e Gurland[38], destacado por Applegate[4]. É importante complementar nossa análise informando que existem procedimentos, já em curso há algum tempo, e que seguramente podem aprimorar os instrumentos. Entre estes procedimentos, podemos citar a) a validação e confiabilidade dos instrumentos de aferição da CE. Estes procedimentos foram já aplicados nos quatro instrumentos analisados: Katz, Lawton e Brody, OARS e Framingham, mas seguramente podem ser ampliados; b) o aprofundamento (e até construção) de teorias sobre a CF, o que certamente aperfeiçoará os instrumentos. A propósito, deve-se citar que os autores são unânimes em valorizar os questionários de Katz e de Lawton e Brody em termos de acoplamento com uma teoria.

Finalmente, é necessário registrar esforços, como por exemplo o de Spector e Fleschman[62], que buscam combinar AVDFs e AVDIs num só indicador.

Prevalência de alterações da Capacidade Funcional

A prevalência do comprometimento da CF considera no seu cálculo os casos existentes no momento da pesquisa. Este indicador fornece várias informações importantes, entre as quais destacamos o volume de pessoas com incapacidade que exigem atenção, desde o apoio familiar ou de pessoas de sociedade, informalmente, até o tratamento especializado em espaço apropriado.

Como se sabe, é elevado o numero de pesquisas que avaliam a prevalência da CF dos idosos, já desenvolvidas e que ainda se desenvolvem em vários países. Para nossa exposição é importante destacar que esses trabalhos científicos, além de aferir a prevalência, possuem frequentemente também outros objetivos, como, por exemplo, detectar fatores determinantes ou predizer outros eventos, como a mortalidade, a partir da incapacidade.

238 SAÚDE NA FAMÍLIA E NA COMUNIDADE

Apesar desse elevado número de pesquisas sobre prevalência, avaliamos que é possível atingirmos nossos propósitos neste tópico analisando cinco artigos, selecionados aqui como exemplos. Isto é possível porque nossa meta é a de comentar artigos que exemplifiquem uma variabilidade de valores de prevalência de incapacidade funcional aferidos em estudos bem conduzidos, e, o que é mais importante, mostrar também que esses estudos valeram-se de instrumentos diferentes, ou usaram, de forma um pouco modificada, o mesmo instrumento.

As duas primeiras publicações são as de Desai e col.[19], e Amaducci e col.[2] Agrupamos essas duas pesquisas para apresentação e análise porque as duas utilizaram como instrumento de aferição da CF o índice de Katz, citando ambas como referência a publicação de Katz e col.[36] publicada em 1963.

Antes de apresentar os resultados das prevalências detectadas nas duas pesquisas, é interessante fornecer algumas informações, sumárias, do desenho de cada uma delas.

Desai e col.[19] publicaram em 2001 um estudo que desenvolveram num corte transversal, com dados coletados em 1994 pelo "National Center For Heradth Statistics" em colaboração com o "National Institut of Aging" (a pesquisa denominava-se "National Health Interview Survey's Supplement on Aging). É um estudo de base populacional, no qual entrevistaram 9447 pessoas não institucionalizadas com idade de 70 anos e mais.

Já a Pesquisa de Amaducci e col.[2] foi publicada em 1998 a partir de um estudo que desenvolveram de 1992 até 1994, portanto um estudo longitudinal, que se denominava "Italian Longitudinal Study on Aging". Analisaram 3460 idosos de 65 a 84 anos, moradores nos domicílios e em Instituições.

A prevalência de incapacidade funcional no estudo de Desai e col.[19] foi de 30%, e no de Amaducci e col.[2], 25,1% para homens e 25,9% para mulheres.

Transcende os objetivos deste capítulo calcular se a prevalência de 30% difere, do ponto de vista de significância estatística, dos valores 25,1% e 25,9%. O que para nós é fundamental enfatizar é que, supondo que haja diferenças nas prevalências das duas Pesquisas – essa suposição facilita nosso raciocínio –, essa diferença só pode ser afirmada depois de se controlar alguns fatores de confusão conhecidos. Citaremos apenas dois fatores de confusão porque estão bastante evidentes na descrição dos autores, ou seja, a idade, que é mais elevada no estudo de Desai[19] e col.[21] e a presença de idosos institucionalizados na Pesquisa da Itália. E claro que pode haver outros fatores de confusão que precisem ser ajustados na comparação entre as prevalências dos dois trabalhos. Poderíamos citar, como suposição, o perfil de morbidade em cada uma das pesquisas. Mas a idade e institucionalização são suficientes para ilustrar o que pretendemos comentar.

Além dos fatores de confusão deve-se estar atento, em estudos dessa natureza, a possíveis erros sistemáticos, conhecidos como "bias" ou vieses, e entre esses destacamos os vieses de aferição. Um tipo de viés de aferição pode estar ligado à incompetência do entrevistador, o que podemos praticamente descartar frente à qualidade dessas pesquisas. Outro viés de aferição (pode haver muitos), e que nos interessa enfaticamente, é o uso de diferentes instrumentos em cada uma das Pesquisas. Não seria o caso destas duas pesquisas, a princípio, porque ambas usam o índice de Katz[36] (com a mesma referência de 1963) e ambas consideraram o idoso como portador de incapacidade funcional se apresentasse pelo menos uma área com incapacidade.

Insistimos no "a princípio", porque embora a referência do instrumento utilizado seja a mesma nos dois artigos, quando se examina estes, vê-se que Desai e col.,[19] ao listarem as áreas de incapacidade com as quais trabalharam, explicitam que excluíram a área de incontinência e incluíram a área "walking" (é ainda dentro de casa, mas uma área não existente no índex de Katz de 1963). Já Amaducci também excluiu incontinência e nada mais incluiu. Essa nuance na composição do índice de Katz pode parecer detalhismo, mas, examinando os resultados, vê-se que Desai informa que "walking" é a alteração mais frequente, ocorrendo em 23,9% dos idosos (é necessário lembrar que a prevalência de 30% não é a soma de alterações isoladas e sim combinações).

A exposição e análise das pesquisas de Desai e col.[19] e de Amaducci e col.[2] fundamentam duas afirmações fundamentais para nossa análise: o instrumento é um dos componentes que pode explicar, por si, diferenças de prevalências em dois ou mais estudos, quando se fazem comparações. Geralmente há outros fatores, importantes, como exemplificamos com a idade e institucionalização. Mas, eventuais diferenças nos instrumentos podem criar, acentuar ou diminuir diferenças de prevalência. A segunda afirmação é que estas pesquisas confirmam o que se divulga sobre o idoso em relação à capacidade funcional, ou seja, a incapacidade funcional é um problema importante para o idoso, a começar por sua elevada prevalência.

As duas outras publicações que comentaremos a seguir também podem ser agrupadas por afinidade. Estas duas últimas, de Clark[15] e de Sauvel e col.[61], têm como característica distintiva o fato de agregarem ao uso do índice de Katz o instrumento de Lawton and Brody (Instrumental Activities of Daily

240 Saúde na Família e na Comunidade

Living ou LADL). Sauvel e col., acrescentaram ainda um instrumento que afere mobilidade, o que o torna mais amplo que o da pesquisa de Clark.[15]

Clark[15] publicou em 1997 dados de uma Pesquisa denominada "National Long Term Care Surveys", um estudo longitudinal, da qual citaremos os resultados de 1989. Pesquisaram 17.565 pessoas com 65 anos e mais. Por outro lado, Sauvel e col.[61] publicaram em 1994 resultados do "Projeto Paquid" (QUID sur les Persones Agées) sobre 1850 pessoas com 65 anos e mais. A coorte iniciou-se em 1987 e foi seguida por um ano.

Os valores de prevalência de alterações são 21,2% no estudo de Clark (considerando somente pessoas de cor branca); Sauvel e col. fornecem os resultados por tipo de alteração, ou seja, 7,8% com alterações de mobilidade, 12,7% em Atividades Básicas e 26,9% em Atividades Instrumentais.

Como as prevalências nos quatro artigos aqui apresentados situam-se num intervalo em torno de 20% a 30%, este fato poderia sugerir que esta fosse, em média, a prevalência de incapacidade funcional dos idosos. Rejeitando essa ideia, lembramos que em parágrafos anteriores afirmamos que o nosso propósito é o de mostrar a variabilidade de prevalências de incapacidade funcional e, principalmente, mostrar a necessidade de se examinar os instrumentos utilizados na aferição da prevalência. Coerentes com esse propósito, os critérios de inclusão das quatro pesquisas para analisar a prevalência foram a qualidade e o fato de usarem instrumentos diferentes. Por coincidência os quatro artigos mostraram prevalências elevadas de incapacidades, o que é a situação dos idosos nestas Pesquisas, infelizmente.

Como complemento apresentaremos um quinto artigo, onde a prevalência foi considerada baixa pelos autores. Trata-se do artigo de Jette e Branch[32], já utilizado quando comentamos os instrumentos utilizados no estudo de Framingham. Neste quinto artigo, foram pesquisadas 2.654 pessoas de 55 a 84 anos e as prevalências variaram conforme o instrumento utilizado. Os resultados da aplicação "do Katz" revelaram baixa prevalência de alterações, do ponto de vista epidemiológico. A área com maior frequência de alteração foi "arrumar-se" (cuidado pessoal, por exemplo), que atingiu 4% dos idosos com incapacidade funcional. É preciso registrar a "habilidade de realizar trabalhos pesados na casa", que revelou 36% de idosos com incapacidade (um item do instrumento Rosow-Breslau). E interessante lembrar que os autores analisaram os resultados dos instrumentos separadamente. Identificaram que as prevalências eram baixas ("the magnitude of disability, however, is not as great as conventional wisdow might suggest") e, o mais importante, analisaram as peculiaridades de sua amostra que podiam explicar essas taxas.

Além da prevalência, nesses estudos, outro indicador clássico e importante é a incidência. A incidência considera apenas os casos novos (ou idosos com incapacidades recém-adquiridas). É importante definir o tempo de observação de um grupo de idosos para demarcar o surgimento dos casos novos.

Na maioria maciça das vezes, a incidência será menor que a prevalência. Podemos citar novamente o estudo de Sauvel e col.[16], onde as prevalências de incapacidade, no ponto inicial foram 7,8% para mobilidade, 12,7% para atividades básicas e 26,9 para instrumentais (valores já por nós informados). Já as incidências foram respectivamente 3,3%, 5,6% e 10,8%.

Uma das grandes aplicações das pesquisas de incidência é nos estudos dos determinantes. Os estudos de prevalência, que são transversais, não permitem analisar, no geral, a temporalidade das associações entre as variáveis, como, por exemplo, entre a depressão e a incapacidade funcional. Por isso os artigos que utilizaremos a seguir, no item sobre determinantes, serão estudos de incidência.

Fatores associados à Incapacidade Funcional

Neste terceiro item, iremos manter uma postura geral que se aplicou e se aplicará a cada um dos cinco itens. Essa postura geral consiste em fornecer informações técnicas selecionadas sobre o tema, mas não de forma extensiva, pois o texto não pretende ser um livro sobre o assunto (o leitor pode aprofundar o tema a partir das referências). Além disso, pretende-se principalmente valorizar a aplicação desse conhecimento. Quando couber, exemplificaremos com alguns trabalhos representativos dos nossos propósitos. Ou seja, nossa intenção maior é instrumentalizar o leitor deste capítulo em relação à aferição da CF do Idoso.

Fizemos assim no primeiro item – das escalas utilizadas – onde selecionamos quatro instrumentos, dentre as dezenas existentes, mostrando como estes se articulam e diferem entre si. No segundo item – prevalência de alterações – analisamos cinco estudos, mostrando a importância de se considerar as características dos instrumentos na diversidade das prevalências detectadas.

Agora que analisaremos a questão dos determinantes (fatores associados), parece-nos adequado iniciar pelo que identificamos como consenso em relação aos determinantes da incapacidade funcional.

Em primeiro lugar, os fatores determinantes podem ser agrupados, grosso modo, em doenças, frequentemente crônicas, como, por exemplo, a osteo-artrose do joelho, e fatores que não as doenças, que podemos denominar de não-doenças, como por exemplo a baixa escolaridade, a não prática de ativi-dades físicas ou o hábito de fumar. E claro que é necessário desdobrar esses dois grupos de fatores em níveis os mais específicos possíveis. Em segundo lugar, uma consequência do primeiro, é importante registrar que o número de determinantes já identificados é grande e de natureza variada, inclusive dentro dos dois grandes grupos (doenças e não-doenças). Pode-se, portanto, falar em multiplicidade de fatores determinantes. Finalmente, em terceiro lugar, cabe lembrar, metodologicamente, que estes determinantes são iden-tificados em estudos epidemiológicos, por meio de medidas de associação e de significância. Esta metodologia, por mais aperfeiçoada que seja sua apli-cação – e o seu desenvolvimento tecnológico – sempre permite uma margem de falsas associações. Em suma, é necessário manter o bom nível das pesqui-sas desenvolvidas até hoje, como as que citaremos a seguir, mas infelizmente sempre haverá uma margem de associações estatísticas e até epidemiológicas, sem significado clínico.

Para mostrar, em publicações atuais, como as pesquisas se articulam com os consensos acima enunciados, selecionamos quatro pesquisas para analisar.

A de Guccione e col.[29], publicada em 1994, foi desenvolvida pelo grupo de Framinghan,[32] e a sua escolha inicial, dentre as quatro pesquisas, é por-que o interesse de Guccione e col. foi estudar, fundamentalmente, doenças como fator determinante de incapacidade funcional. Apesar de privilegiarem o determinante "doenças", os autores consideraram também algumas variáveis "não-doenças", pois ajustaram seus dados por sexo e idade. Mas o que está no título ("The effects of specific medical conditions on the functional limitations of elders in the Framingham Study") e no corpo da publicação é o estudo do papel das doenças. Analisaram 1769 pessoas com média de idade de 73,7 anos (desvio-padrão 6,3 anos), dos quais 709 homens, todos não institucionalizados. Iniciaram sua análise com 20 doenças utilizando como medida de efeito o "odds ratio" (e seus intervalos de confiança). Identificaram como fatores importan-tes, em ordem decrescente, o acidente vascular cerebral (limitação para sete tarefas), sintomas depressivos, fratura da bacia (associada com limitação para cinco tarefas), osteoartrose do joelho, doença cardíaca, insuficiência cardíaca, e doença pulmonar crônica obstrutiva, cada uma associada a quatro tarefas.

A seguir selecionamos para usar como exemplo a publicação de Brenda e col.[7]. Eles analisaram o papel de uma só doença, a depressão. Centraram o estudo no determinante doença, e aí coincidem com os objetivos da publicação anterior (Guccione e col.[29]), mas, como é facilmente perceptível, distinguem-se do estudo de Framingham[32] por enfocar uma só doença.

Acompanharam uma coorte de 6247 idosos, com 65 anos e mais, durante seis anos. No início da Pesquisa, 496 apresentavam depressão e 5751 não apresentavam. No início, nenhum dos 6247 apresentavam incapacidade funcional. Após os 6 anos, utilizando a técnica denominada "multivariate proportional hazards model", os autores detectaram que os idosos com depressão apresentaram um risco de 1,67 (1,44-1,95) de desenvolver incapacidade em atividades básicas de vida diária em relação aos não deprimidos, e 1,73 (1,54-1,94), quando se analisou a mobilidade. É interessante frisar que os autores analisaram outras variáveis no exame da relação depressão e incidência da incapacidade, e os dados dessa análise mostraram que os riscos decrescem quando ajustados para atividade física e interação social. É então importante novamente frisar que raramente um estudo enfocará exclusivamente doenças como fator determinante ou então, como denominamos, exclusivamente fatores não-doenças. Isso foi observado nas duas pesquisas apresentadas, embora o interesse central dos atores seja a(s) doença(s) como fator(es) determinante(s).

Descritos os dois primeiros estudos sobre determinantes, fica mais fácil comentar os critérios para seleção dos dois artigos que se seguem. Apresentaremos primeiro o que coloca no título e objetivo apenas um fator não-doença. A seguir apresentaremos o de Vita e col.[74], que registra mais de um fator não-doença no título e objetivo.

A Pesquisa que privilegia apenas um fator não-biológico é a de Amaducci e col.[2] que já destacamos ao comentar as prevalências de alterações e, portanto, não precisamos repetir aqui suas características. Cabe destacar dois outros aspectos desta publicação, neste momento: primeiro é o título, que é "Education and the Risk of Physical Disability and Mortality among Men and Women Aged 65 to 84: The Italian Longitudinal Study on Aging"; segundo é que, apesar de centrar a educação como fator determinante, efetuaram o ajustamento por idade, sexo, hábito de fumar, ocupação e doenças crônicas mais importantes. Como resultado final, o estudo detecta associação entre baixa escolaridade e incapacidade funcional. Já para ilustrar o destaque de dois fatores biológicos, citaremos a publicação de Vita e col.[74] que privilegiou fumo, exercício e índice de massa corpórea (este último um indicador fisiológico, não se classificando diretamente nem como doença nem como comportamento).O que é muito interessante nesta pesquisa é que os autores começaram o estudo no ano de 1962, com universitários cuja média de idade era 43 anos e que a partir de 1986 são examinados anualmente. Classificaram cada pessoa no estrato alto, moderado ou baixo (de risco), com base no hábito de fumar, de atividade física e índice de massa corpórea.

Utilizando um questionário próprio, onde mesclaram Atividades de Vida Diária e Performance, classificaram cada pessoa como portadora de incapacidade funcional ou não.

O estudo citado acima mostrou que as pessoas com baixo risco têm proporção de incapacidade cumulativa menor do que pessoas com alto risco. Esses dados revelam a associação entre as variáveis não-doença estudadas e a incapacidade funcional. Mas os dados do estudo apontam para outro fato interessante, ou seja, que as pessoas de baixo risco, quando acometidas de incapacidade, estas ocorrem em idades mas avançadas do que naquelas pessoas com alto risco. Os autores afirmam que as pessoas de baixo risco postergam (e "compress") a incapacidade "into fewer years at end of life".

Usos mais recentes da aferição da Capacidade Funcional

Para se calcular a prevalência da Incapacidade Funcional de um grupo de idosos é necessário conhecer os instrumentos de aferição (escalas), optar por um deles (às vezes mais do que um) e, obviamente, aplicá-los. Logo, é nesta sequência que se insere este tópico de "usos mais recentes da aferição". Eles não descartam os estudos anteriores (prevalência e determinação), mas abordam novos ângulos, agregando às técnicas anteriores novas estratégias de estudo.

Dada a relativa complexidade destas pesquisas, seremos bastantes indicativos nos relatos dos trabalhos.

Walk e col.[73] detectaram uma melhora na CF de 2527 idosos institucionalizados durante quatro anos. A variável qualidade de instituição é a mais explicativa.

Verbugge e col.[72] avaliaram a eficácia de equipamentos, concluindo que o maior ganho ocorre quando a pessoa mesma os utiliza de forma autônoma. Essa pesquisa abordou 14407 pessoas de 35 a 90 anos e os autores não informam quantos eram idosos. Informam, o que é importante destacar, que os idosos (75 anos e mais) são os que requerem mais assistência.

Os trabalhos anteriores (Walk e col.[73] e Verbugge e col.[72]) estão na linha que podemos denominar intervenção ou, mais precisamente, intervenção e avaliação dos resultados. Mas para dar uma noção da diversidade e das possibilidades do tema, citaremos mais duas pesquisas que estão situadas numa linha que podemos denominar de "Consequências da Incapacidade Funcional".

A primeira pesquisa, de Iezzoni e col.[31], analisa a importância da incapacidade, especificamente a mobilidade, no uso de serviços de saúde preventivos nos Estados Unidos da América do Norte (EEUU), concluindo haver prejuízo das pessoas portadoras dessa limitação. Analisou pessoas com 18 anos e mais, mas a média de idade no grupo com problemas moderados foi 60,2 anos e, no grupo com problemas mais graves, foi 66,7 anos.

Stearns e col.[64] estudaram, numa amostra de 3485 idosos ligados ao "Medicare" (também nos EEUU), as implicações econômicas do estilo de vida e da adaptação funcional (neste último se encaixa a capacidade funcional). Seus resultados são ainda iniciais, indicando que posturas saudáveis redundam em gastos menores. Deixamos propositalmente este tópico como fecho, para ilustrar uma perspectiva de uso interessante das informações sobre CF, na medida em que articulam os dados de CF com outros tipos de informações.

Estudos sobre Capacidade Funcional desenvolvidos no Brasil

Os estudos desenvolvidos no Brasil são de muito boa qualidade, fato conhecido e que teremos oportunidade de novamente constatar à medida que os comentarmos.

Isso significa que poderíamos desenvolver os tópicos anteriores – prevalência, determinantes, e novos usos – só com os estudos brasileiros (como denominaremos os estudos desenvolvidos no Brasil).

No entanto, preferimos agrupar os estudos brasileiros num só tópico para que o leitor fique com uma noção mais articulada dessa nossa produção.

Coerente com os propósitos desse capítulo não analisaremos todas as pesquisas já desenvolvidas no Brasil, mas efetuaremos uma seleção que, a nosso ver, permite ao leitor apreender o movimento dessa produção.

Um dos critérios que utilizaremos para apresentação das pesquisas é o cronológico.

Nesta perspectiva, a primeira que selecionamos é a pesquisa de Ramos[36]. Trata-se de um estudo de base populacional, cujo campo, no Município de São Paulo, foi realizado em 1984/85. Apresenta um grande número de informações importantes e interessantes, mas destacaremos apenas as relativas à CF, que é o nosso interesse central. Em cada pesquisa, inclusive nesta de Ramos, enfatizaremos os instrumentos utilizados e os resultados.

O instrumento, traduzido e validado, é o OMFAQ (Multidimensional Functional Assessment Questionnaire) integrante do Programa OARS[21] já comentado (escalas utilizadas). Entre as várias dimensões traduzidas desse instrumento, a de Atividades de Vida Diária foi uma que se manteve bastante próxima da original, com 8 perguntas sobre atividade física e 7 sobre atividades instrumentais. A alteração mais relevante, a partir da validação, foi adicionar na questão sobre "preparar refeições" e "trabalhos de casa" a resposta "nunca realizei esta atividade", para prevenir falsas respostas de homens neste quesito.

O autor apresenta resultados gerais, por sexo, idade, e situação socioeconômica; informa que 61% dos idosos apresentaram pelo menos uma alteração nas Atividades de Vida Diária, sendo que 10% apresentaram 5 e mais alterações. Detalhando, relata também que as limitações físicas variaram entre 4% (ajuda só para sair da cama) até 10% (manter continência). Já as atividades instrumentais variaram de 21% para "controlar medicamentos" até 49% "ir sozinho para compras". O instrumento, no Brasil, foi denominado BOMFAQ.

Todas as pesquisas que apresentaremos neste tópico são, como as de Ramos, de base populacional e produziram informações outras, e também importantes, além daquelas referentes à CF. Por isso registramos esse comentário geral, que não será necessário repetir em cada apresentação.

Veras[71] em 1988/89 estudou uma amostra de idosos em 3 áreas urbanas distintas do Rio de Janeiro usando o instrumento BOAS (Brazil Old Age Schedule), um questionário com 9 dimensões. A dimensão para AVDs contém 15 itens que agrupados constituem quatro níveis de dificuldade. No nível um de dificuldade estão: alimentar-se sozinho; pentear o cabelo; deitar e levantar-se da cama; vestir-se. No nível dois de dificuldade estão: tomar banho; caminhar em superfície plana; usar o banheiro em tempo; tomar remédios. No nível três estão: sair para perto de casa, subir escadas. No nível quatro estão: cortar as unhas dos pés; sair para distâncias longas; tomar ônibus. Selecionando apenas as mulheres, que tiveram maior comprometimento, para descrever parte dos resultados, o autor constatou que 9,73% das mulheres de 60 a 69 anos têm dificuldade no desempenho da atividade quatro, enquanto nas idosas de 80 anos e mais este percentual se eleva para 38,98%. Observa-se, pelo exemplo, que foi selecionado não só um elenco de atividades diferentes (cortar unhas dos pés ou tomar ônibus) como uma pontuação própria e muito interessante porque articula atividades.

Em 1989, a Organização Panamericana de Saúde – OPS[57] coordenou um estudo multicêntrico onde o Município de São Paulo foi uma das áreas. O instrumento, multidimensional, foi concebido pela OPS, e a dimensão AVDs continha 15 itens. É interessante comparar este instrumento com o BOAS, destacando que possui questões sobre preparar refeições e fazer a limpeza da casa que o BOAS não continha.; quanto à mobilidade, o instrumento da OPS pergunta sobre "ir a um lugar necessitando de condução" e "ir andando a um lugar perto de casa"e "subir um lance de escadas". No BOAS a mobilidade é representada por "caminhar em superfície plana", "sair perto de casa", "subir escadas", "sair para distâncias longas" e "tomar ônibus". Como se nota, serão diferenças que terão importâncias variadas, conforme os objetivos de quem usa o instrumento. Ramos e col.[37], aplicando o instrumento da OPS de forma plena, encontrou 46% dos idosos com pelo menos uma alteração nas AVDs. Medina[46] reanalisou esses dados privilegiando a condição previdenciária do idoso como fator explicativo. É importante destacar que provavelmente para melhor ajustar o seu modelo de análise a autora utilizou só 8 das atividades do instrumento da OPS, quatro de Atividades de Vida Diária Físicas e quatro Instrumentais.

Durante a década de 90 a produção científica brasileira sobre AVDs mantém um ritmo importante, e uma síntese adequada para esse tópico pode ser realizada mostrando três tendências: a) estudos desenvolvidos em outras áreas do Brasil, além das cidades de São Paulo e Rio de Janeiro; b) estudos longitudinais; c) programas que combinam instrumentos breves para AVDs com longos (ou plenos). Todo esse grupo de pesquisas, por sinal, publicadas em anos recentes.

Coelho Filho e Ramos desenvolveram inquérito em Fortaleza, Ceará, com rigor metodológico que permitiu conhecer com precisão a situação do idoso naquele município. Ramos e col.[38], em extensa área do Município de São Paulo, vêm acompanhando uma coorte de população idosa. Lima e col.[44] vêm acompanhando um grupo de idosos em Bambuí, Minas Gerais, fornecendo informações de área não metropolitana. Os três trabalhos, é claro, privilegiam no conjunto de suas informações as AVDs.

Finalmente, o trabalho de Veras e col.[70], num contexto de atenção ao idoso, elaboram um questionário breve para AVDs que se articula com o completo.

248 SAÚDE NA FAMÍLIA E NA COMUNIDADE

A EXPERIÊNCIA DO "PROJETO CAPACIDADE"

Nos primeiros tópicos, analisamos a Capacidade Funcional – CF como paradigma para Promoção da Saúde – PS do idoso. A seguir, selecionamos alguns dos instrumentos mais conhecidos que aferem a CF e descrevemos várias de suas aplicações.

Com esse quadro referencial, no presente tópico relataremos a experiência do "Programa de Assistência ao Idoso no Domicílio fundamentado em um Sistema de Vigilância à Incapacidade Funcional e Dependência – Projeto Capacidade"[17,18]. O título já indica os objetivos do programa, mas é interessante fornecer informações para melhor contextualizá-lo.

O Centro de Saúde Escola Geraldo de Paula Souza da Faculdade de Saúde Pública da Universidade de São Paulo CSE é a sede a partir da qual se desenvolve o Programa desde 1999. Esta Unidade de Saúde está situada no Município de São Paulo, no Distrito de Pinheiros, com alta concentração de pessoas acima de 70 anos[63], por isso não surpreende que os idosos constituam parte importante da clientela.

No final do ano de 1998, Docentes da Faculdade de Saúde Pública, incluindo o Diretor do CSE, avaliaram que seria importante o conhecimento da CF dos idosos matriculados na Unidade, de forma mais sistemática, como ponto de partida para a instalação de um programa de assistência no domicílio. Este Programa[17], organizado na lógica do Programa de Saúde da Família, tem a peculiaridade da avaliação periódica da CF da população idosa, no domicílio, com a finalidade de manter o "cuidado geriátrico progressivo", individualizado e adequado às condições do ambiente onde o idoso reside. As visitas periódicas são uma forma de "vigilância", ou melhor, são uma forma de manter o idoso "visível" para o Serviço de Saúde. Faltas à consulta médica ou a outras atividades não são habituais, quando se trata de pessoas idosas. É frequente sabermos, às vezes tarde demais, que a falta ao compromisso agendado foi causada por uma queda ou evento súbito que, dramaticamente, muda a condição da pessoa idosa para um quadro de incapacidade ou dependência grave (lembramos aqui o conceito de incapacidade funcional já apresentado).

Neste Programa, utiliza-se a escala de Akhtar e col.[1], que avalia a CF do idoso em quatro domínios: mobilidade; controle de eliminações; AIVDs e autocuidado. Optou-se por esta escala porque ela é classificada para aplicação na comunidade. Além disso, é de fácil aplicação, por qualquer membro da equipe de saúde; o preenchimento da escala é rápido (10 minutos em média); permite avaliação isolada nos quatro domínios, o que é vantajoso para o estabelecimento de prioridades da assistência no domicílio.

A assistência é consequente à avaliação obtida na escala de Akhtar e col. Categorizaram-se as ações de assistência (pela equipe de saúde) em: orientar (educar), encaminhar e cuidar. A primeira visita, posterior à avaliação da CF, é realizada pela enfermeira do CSE. Ela realizará uma avaliação compreensiva que resultará nas ações previstas. A "Ficha de acompanhamento da assistência" é de domínio da equipe de saúde e visitas domiciliares de outros profissionais devem ser registradas na mesma "ficha".

Descrito resumidamente o Projeto, relataremos algumas informações obtidas a partir dos trabalhos desenvolvidos nos domicílios. Selecionamos idosos inscritos no CSE no período de 1994 a 1997.

A primeira informação diz respeito à integração dos idosos no Programa. O número de inscritos era de 1964. Destes, 198 tinham já falecido no momento da visita (10,1%) e quatrocentos e sessenta e seis (23,7%) haviam mudado de residência. Desse conjunto foram localizados 833 idosos, dos quais 82,2% aceitaram participar do programa (685 idosos) e 148 (17,8%) se recusaram. Estes resultados indicam a dificuldade do trabalho de campo com idosos no Brasil. A equipe realizou 3 visitas cuidadosas antes de desistir de localizar a pessoa.

De cada idoso, na primeira visita domiciliar, se obteve informações sobre 18 variáveis, sendo cerca da metade sobre a CF. Neste relato utilizaremos somente três tipos de variáveis, sexo, idade e incapacidades funcionais. A utilização de um número pequeno de variáveis permitirá realçar os aspectos metodológicos da análise.

No conjunto de idosos integrados (685), 70,9% eram do sexo feminino. A idade desse conjunto está na tabela 1. Nela combinamos a distribuição por sexo e idade.

Tabela 1. Distribuição dos idosos integrados segundo sexo e idade

Idade/Sexo	F		M		Total
	Nº	%	Nº	%	
60-69	160	33,1	63	31,7	223
70-79	220	45,0	95	47,7	315
80-89	93	19,2	35	17,6	128
90 e mais	11	2,7	6	3,0	17
Total	**484**	**100,0**	**199**	**100,0**	**683**

O número de idosos com pelo menos uma alteração foi de 193. A prevalência de pessoas que necessitam de atenção, portanto, é de 28,18% (193/685). Lembrando que diversas pessoas têm mais de uma alteração, as dimensões comprometidas foram: mobilidade, em 64 idosos, incontinência em 43; atividades instrumentais em 162 e autocuidado em 68. A soma (64+43 + 162+69=338) resulta em 438 alterações, o que corresponde a uma média de 438/193=2,3 comprometimentos da CF por idoso. Esta segunda informação (438 comprometimentos) subsidia o cálculo dos recursos que serão necessários para atender a demanda.

Analisando agora prevalências específicas, constatamos que os homens tiveram uma prevalência (com pelo menos uma alteração[15]) de 33,17% e as mulheres de 25,93%,o que significa que os homens apresentam 28% a mais de prevalência (razão de prevalência de 1,28). No entanto, essa diferença não é estatisticamente significativa (p=0,068).

Quanto à prevalência por idade, apresentamos dois resultados: a prevalência por qualquer alteração (tabela 2) e a prevalência por alteração no autocuidado, que no critério dos autores caracteriza dependência (tabela 3).

Tabela 2. Prevalência de pelo menos um tipo de alteração na CF, segundo faixa de idade

Faixas de idade	Alteração na CF		Prevalência
	Sim (nº)	Não (nº)	%
60-69	35	189	15,6
70-79	75	241	27,7
80-89	68	61	52,7
90 e mais	15	2	88,2
Total	193	493	28,1

Tabela 3. Prevalência de alterações no autocuidado segundo faixa de idade

Faixa de idade	Alterações no autocuidado (nº)	Prevalência (%)
60-69	13	6,4
70-79	19	7,3
80-89	30	33,0
90 e mais	7	77,8
Total	69	10,1

---

15 "Pelo menos uma alteração" significa ter uma dimensão alterada (qualquer), ou duas, ou três, ou até quatro dimensões alteradas. É um critério de pontuação dos autores da escala utilizada.

Como se vê na tabela 2 e 3, as prevalências de comprometimento da CF aumentam com a idade, como em diversos outros estudos.

No entanto, é necessário destacar que a prevalência "geral" (de pelo menos uma dimensão) dobra com a idade, enquanto no autocuidado começa a crescer de forma importante a partir dos 80 anos.

Finalmente, no nosso modelo de análise, um procedimento importante é o ajustamento de uma variável por outra. No caso das variáveis que selecionamos o relevante é efetuar o ajustamento das prevalências de alterações das incapacidades de cada categoria do sexo por idade. A idade é uma variável seguramente associada à incapacidade, ou seja, à medida que se eleva a idade cresce a prevalência de incapacidades. Para isso, utilizamos a técnica denominada análise estratificada de Mantel-Haenszel, que ajusta as prevalências em cada sexo, por idade.

O resultado deste ajustamento foi uma razão de prevalência (homens em relação a mulheres) de 1.27, muito semelhante ao encontrado na análise bivariada (1.28). No entanto, o "p" calculado pelo chi-quadrado sumário foi de 0.04, indicando que a diferença de prevalências entre os sexos é estatisticamente significante. O intervalo de confiança passou a ser, na análise estratificada, de 1.02 a 1.61.

Como conclusão da análise estratificada, podemos destacar dois pontos. O primeiro é que os homens apresentaram maior prevalência de incapacidades, tanto na análise univariada, que é simples, como na estratificada. O maior comprometimento do sexo masculino não é tão acentuado, mas é estatisticamente significante. O segundo ponto é que se trata de um resultado não comum, o que exige um aprofundamento da análise para verificar se a diferença persiste.

Mas o nosso maior propósito é o de mostrar um modelo de análise, que por sinal é clássico na epidemiologia.

* * *

No decorrer deste capítulo analisamos a Capacidade Funcional sob dois ângulos: paradigma da Promoção da Saúde do idoso; e situação de saúde passível de aferição, por meio de instrumentos. Entendemos que o Programa de Saúde da Família (PSF), uma estratégia de implantação do Sistema Único de Saúde, incorpora, no atendimento ao idoso, a questão da Capacidade Funcional, considerando os dois ângulos já citados.

Como ocorre nos programas de saúde, de um modo geral, a incorporação da Capacidade Funcional não se dá em abstrato, mas se concretiza pelo compromisso de todos os membros da equipe de saúde com esta questão, em termos conceituais e práticos. Reconhecer a importância da Capacidade Funcional não é apenas aplicar a escala, mas implica, entre outros, planejamento, aplicação das escalas, supervisão, análise dos resultados, intervenção e avaliação.

Este capítulo tem como objetivo fornecer subsídios, conceituais e operacionais, para as Equipes de Saúde em geral e do PSF em particular. A nossa expectativa é que o texto seja útil para todos os membros da Equipe ainda que de forma diferenciada. Esperamos que os profissionais menos afeitos a textos simultaneamente conceituais e operacionais se beneficiem, quer pela prática, discutindo os resultados da aplicação dos instrumentos, quer pela análise conjunta do capítulo, numa perspectiva de educação continuada e solidária.

BIBLIOGRAFIA

1. AKHTAR, A. J.; BRÕE, G. A.; CROMBIE, A.; MCLEAN, W. M. R.; ANDREWS, G. R.; CAIRD, F. I. *Age and Ageing*, 1973. 2. 102-111.
2. AMADUCCI, L.; MAGGI, S.; LANGLOIS, J.; MINICUCCI, N.; BALDE-RESCHI, M.; DI CARLO, A.; GRIGOLETTO, F. Education and the risk of physical disability and mortality among men and women aged 65 to 84: the italian longitudinal study on aging. *J. of Gerontology: Medical Sciences*. 1998; 53A(6) M484-M490.
3. ANAIS DO I SEMINÁRIO INTERNACIONAL-ENVELHECIMENTO POPULACIONAL. 1-3 julho 1996: Brasília (DF) Ministério da Previdência e Assistência Social. Secretaria de Assistência. 1996.
4. APPLEGATE, W. B.; BLASS, J. P.; WILLIANS, T. F. Instruments for the functional assessment of older patients. *The new Engl. Journal of Med.* 1990: 322(17). 1207-14.
5. BERQUÓ, E. Algumas considerações demográficas sobre o envelhecimento da população no Brasil. *In: Seminário Internacional sobre o Envelhecimento Populacional: uma agenda para o fim do século*. 1-3 de julho; Brasília. 1996. 1-31.
6. BODACHNE, L. As principais síndromes geriátricas. *In:* BAKKER FILO, J. P. *É permitido colher flores? Reflexões sobre o envelhecer*. Curitiba: Champagnat, 2000. p. 103-14.

7. BRENDA, W. J. H.; LEVEILLE, S.; FERRUCCI, L.; VAN EIJK, T. M.; GURAL-NIK, J. M. Exploring the effect of depression on physical disability: longitudinal evidence from the established populations for epidemiologic studies of the elderly. *Am. Journal of Publ. Health.* 1999; 89(9); 1346-52.

8. BRITO, F. C. *Autoavaliação da saúde do idoso* versus *avaliação médica: um estudo de concordância.* São Paulo, 1997 [tese de mestrado – Universidade Federal de São Paulo, Escola Paulista de Medicina].

9. BRITO, F. C.; COSTA, S. M. N. Quedas. *In*: PAPALÉO NETTO. BRITO, F. C. *Urgências em geriatria.* São Paulo: Ed. Atheneu, 2001; 323-335.

10. BUETOW, S. A.; KERSE, N. W. Does reported health promotion activity neglect people with ill-health? *Health Promotion International,* 2001 16(1) 73-84.

11. CARTA DE OTTAWA PARA LA PROMOTION DE LA SALUD. *In*: *Promoción de la salud: una antologia.* Washington DC OMS/OPAS, 1996. (OMS/OPS publication científica nº 557). Anexo I, p. 367-72.

12. CASELLI, G.; VALLIN, J. *Une démographie sans limite?* Population 2001, 1-2,51-83.

13. CHAIMOWICZ, F. A. Saúde dos idosos brasileiros às vésperas do século XXI: problemas, projeções e alternativas. *Rev. Saúde Pública,* 31(2): 184-200, 1997.

14. CÍCERO, M. T. *Saber envelhecer,* Porto Alegre: L&Pm, 1997.

15. CLARK, D. O. Us trends in disability and institutionalization among older blacks and whites. *Am. Journal of Publ. Health.* 1997; 87(3). 438-39.

16. DEPS, V. L. Atividade e bem-estar psicológico na maturidade. *In*: NÉRI [Org.] *Qualidade de Vida e Idade Madura.* Campinas: Papirus, 1993; 57-82.

17. DERNTL, A. M.; CASTRO, C. G. J.; LITVOC, J.; ALMEIDA, M. H. M.; WATANABE, H. A. W.; BEGER, M. L. M. *Programa de assistência ao idoso no domicílio fundamentado num sistema de vigilância à incapacidade funcional e dependência.* Ministério da Saúde/Universidade de São Paulo [Doc. Base: of. 2652000/GAB/ SPS/MS – Convênio 2508/1999].

18. DERNTL, A. M.; LITVOC, J.; ALMEIDA, M. H. M.; WATANABE. H. A. W.; CASTRO, C. G. J.; BEGER, M. L. M. *Programa de asistencia al anciano em domicilio fundamentado em um sistema de vigilância a la incapacidady dependencia.* [Apresentado na VII World Conference on Health Promotion and Health Education; Paris, França. 15 a 20 de julho, 2001].

19. DESAI, M. M.; LENTZNER, H. R.; WEEKS, J. D. Unmet need for personal assistance with activities of daily living among older adults. *The Gerontologist.* 41(1) 2001; 82-88.

20. DOMINGUES, M. A. *Mapa Mínimo de Relações: Adaptações de um instrumento gráfico para configuração da rede de suporte social do idoso.* São Paulo; 2000. [dissertação de mestrado apresentada à Faculdade de Saúde Pública da USP].

21. FILLENBAUM, G. G.; SMYER, M. A. The development, validity and reliability of the OARS multidimensional functional of the questionnaire. *J. Gerontol.* 1981; 36;428-34.

22. FREEDMAN, V. A.; MARTUS, L. G. Understanding trends in functional limitations among older Americans. *Am. Journal of Publ. Health.* 1998; 88(10); 1457-62.

23. FRIES, J. F. Aging, natural death and the compression of morbidity. *The New England J. of Medicine.* 1980; 303(3); 130-35.

24. FUNDAÇÃO IBGE. *Brasil em números: 2000 v.* 8, Rio de Janeiro; 2000.

25. FUNDAÇÃO SISTEMA ESTADUAL DE ANÁLISE DE DADOS. *O idoso na Grande São Paulo.* São Paulo: SEADE, 1990 (Coleção Realidade Paulista).

26. GILL, T. M.; ROBINSON, J. T.; TINETTI, M. E. Difficulty and dependence: two components of the disability continumm among community-living older persons. *An. Intern. Med.* 1998; 128(2): 96-101.

27. GONÇALVES, L. H. T.; ALVAREZ, A. M.; SANTOS, S. M. A. Os cuidadores leigos de pessoas idosas. *In:* DUARTE, Y. A. O. [Org.] *Atendimento domiciliar: um enfoque gerontológico.* Ed. Atheneu. 2000; 102-110.

28. GORDILHO, S. J.; SILVESTRE, J.; RAMOS, L. R.; FREIRE, M. P. A.; ESPÍNDOLA, N. *et al. Desafios a serem enfrentados no terceiro milênio pelo setor saúde na atenção integral ao idoso.* Rio de Janeiro: UnATI, 2001.

29. GUCCIONI, A. A.; FELSON, D. T.; ANDERSON, J. J.; ANTHONY, J. M.; ZHANG, Y.; WILSON, P. W. F. *et al.* The affects of specific medical conditions on the functional limitations of elders in the Framingham Study. *Am. of Publ. Health:* 84(3); 351-58.

30. HADDAD, E. G. M. *O direito à velhice: os aposentados e a previdência social.* São Paulo: Cortez Ed., 1993.

31. IEZZONI, L. I.; MCCARTHY, E. P.; DAVIS, R. B.; SIEBENS, H. Mobility impairments and use of screening and preventive services. *Am. of Publ. Health.* 2000. 90(6); 955-61.

32. JETTE, A. M.; BRANCH, L. G. The Framinghan disability study. *AJPH* 1981; 71 (11); 1211-16.

33. KALACHE, A. Qué repercusiones tiene el envejecimento de la población en el futuro previsible? *In*: PEREZ, E. A. *La atención de los ancianos: un desafío para los anos noventa.* 1966. Washington DC (OMS/OPAS publication científica nº 546). p. 453-67.

34. KALACHE, A.; VERAS, R. P.; RAMOS, L. R. Envelhecimento da população mundial: um desafio novo. *Rev. Saúde Pública,* 1987, 21; 200-210.

35. KARSCH, U. M.; LEAL, M. G. S. Pesquisando cuidadores: visita a uma prática metodológica. *In*: KARSCH, U. M. [Org.]. *Envelhecimento com dependência: revelando cuidadores.* São Paulo: EDUC, 1998.

36. KATZ, S.; FROD, A. B.; MOSKOWITZ, R. *et. al.* Sudies of illness in the aged, the index of ADL: a standardized measure of biological and psychosocial función: *JAMA* 1963; 185; 914-919.

37. KING, M. B.; TINETTI, M. E. Falls in Community-Dwelling older persons. *JAGS.* 1995; 43(10); 1146-54.

38. KURIANSKY, J.; GURLAND, B. The performance test of activities of daily living. *Int'l J. Aging and Human Development.* 1976; 7(4); 343-53.

39. KUTNER, N. G.; SCHECHTMAN, K. B.; ORY, M. G.; BAKER, D. I. and the FICSIT Group. Older adults perceptions of their health and functioning in relation to sleep disurbance, falling and urinary incontinence. *JAGS.* 1994; 42(7); 757-62.

40. LABONTE, R. Estratégias para la promoción de la salud em la comunidad. In. *Promoción de la salud: una antologia.* OMS/ OPAS; 1996 (OMS/ OPAS publicación científica nº 557).

41. LALONDE, M. El concepto de "campo de la salud": una pespectiva candiense. *In: Promoción de la salud: una antologia.* Washington DC OMS/ OPAS, 1996. (OMS/OPS publicación científica nº 557) p. 3-5.

42. LAWTON, M. P.; BRODY, E. M. Assessment of older people: self-maintaining and instrumental activities of daily living. *Gerontologist.* 1969; 9: 179-186.

43. LEIPZIG, R. M.; CUMMING, R. G.; TINETTI, M. E. Drugs and falls in older people: a systematic review and meta-analysis: II. Cardiac and Analgesic drugs. *JAGS;* 1999; 47(1) 40-50.

44. LIMA E COSTA, M. F. F.; UCHOA, E.; GUERRA, H. L.; FIMO, J. O. A.; VIDIGAL, P. G.; BARRETO, S. M. The Bambuí health and aging study (BHS): methodological approach and preliminary results of a population-

-based cohort study of the elderly in Brazil. *Rev. Saúde Pública* 2000; 34(2): 126-35.

45. MARTINEZ, F. M. Evaluación integral del anciano. *In:* ELIAS, A. P. *La atención de los ancianos: un desafio para los anos noventa.* Washington DC OPS 1994; 74-77.

46. MEDINA, M. C. G. *Condição previdenciária, Saúde e incapacidade de idosos residentes no município de São Paulo.* São Paulo, 1994. [tese de doutorado – Faculdade de Saúde Pública – USP].

47. MINISTÉRIO DA PREVIDÊNCIA E ASSISTÊNCIA SOCIAL; Secretaria de Assistência Social. *Política Nacional do Idoso, perspectiva governamental,* Brasília, 1996.

48. MINISTÉRIO DA SAÚDE DO BRASIL. *Programa de Saúde do idoso,* 1999.

49. NASCIMENTO, E. B.; NÉRI, A. L. Questões geradas pela convivência com idosos: indicações para programas de suporte familiar. *In:* NÉRI, A. L. [Org.] *Qualidade de vida e idade madura.* Campinas: Papirus, 1993: 213-36.

50. OREM, D. E. *Nursingconcepts of practice.* 4ª ed. St. Louis, (Missouri, EEUU). Morby Year Book, 1991.

51. ORGANIZACIÓN MUNDIAL DE LA SALUD. Quinta Conferência Mundial de Promoción de la Salud; Momentos senalados; *Promoción de la Salud: bacia una major equidad,* México, 5-9 junho, 2000.

52. ORGANIZAÇÃO MUNDIAL DE SAÚDE; Organização Panamericana de Saúde. 25ª Conferência Sanitária Panamericana: 50ª Sessão do Comitê Regional. Tema 4.6 da Agenda Provisória – CSP/ 12 (Port.) *Saúde dos Idosos; Envelhecimento e Saúde: Um novo Paradigma.* Washington D. C. 21-25 setembro 1998.

53. ORGANIZACIÓN PANAMERICANA DE LA SALUD. Políticas para el envejecimento saludable en América Latina. *Perspectivas,* [doe online] 1999: [11 telas] wysiwyg://49/http://www.paho.org/ spanish/hpp/hpf/ agn / aging-jah3ahtm;30/09/2001.

54. PNAD – 1999. [CD-ROM] – microdados. Rio de Janeiro: *IBGE,* 2000.

55. RAMOS, L. R.; VERAS, R. P.; KALACHE, A. Envelhecimento populacional: uma realidade brasileira. *Rev. Saúde Pública.* 1987. 21; 221-24.

56. RAMOS, L. R. *Growing old in São Paulo, Brazil: assesment of health status and family suppor of the elderly of different socio-economic strats living in the community,* Londres, Inglaterra, 1987. [tese de doutorado – University of London].

57. RAMOS, L. R.; ROSA, T. E. C.; OLIVEIRA, Z. M.; MEDINA, M. C. G.; SANTOS, F. R. G. Perfil do idoso em área metropolitana na região sudeste do Brasil: resultados de inquérito familiar. *Rev. Saúde Pública*, 1993; 27(2): 87-94.

58. RAMOS, L. R. e col. Two years follow-up study of elderly residents in São Paulo, Brasil: methodology and preliminary results. *Rev. Saúde Pública* 1998. 32(5). [serial online 1998: 21 screens] Avaliable from: www.fsp. usp.br/rsp.

59. RASSI, E. P. M. *Fatores de risco coronariano e riscos autocriados em idosos.* São Paulo, 1998 [tese de mestrado – Faculdade de Saúde Pública da USP].

60. RESTREPO, H. E.; PEREZ, E. A. Promoción de la salud de los ancianos. *In*: PÉREZ, E. A. *La atención de los ancianos: un desafio para los anos noventa.* Washigton D. C.: publicación científica nº 546. p. 383-95.

61. SAUVEL, C.; BARBERGER-GATEAU, P.; DEQUAL, L.; LETENNEUR, L.; DARTIGUES, J. F. Facteurs associés à l'évolution de l'autonomie fonctionnelle des personnes âgées vivaut à leur domicile. *Rev. Epidém. et Santé Publ.* 1994: 42;13-23.

62. SPECTOR, W. D.; FLEISHMAN, J. A. Combining activities of daily living whith instrumental activities of daily living to measure functional disability. *J. of Gerontology: Social Sciences.* 1998: 53B (1): 546-557.

63. SPOSATI, A. *Cidade em pedaços.* São Paulo: Ed. Brasiliense. 2001.

64. STEARNS, S. C.; BERNARD, S. I.; FASICK, S. B.; SCHWARTZ, R.; KONRAD, T.; ORY, M. G. *et al. Am. J. of Publ. Health;* 2000; 90(10); 1608-12.

65. TINETTI, M. E. Prevention of falls and fall injuries in elderly persons: a research agenda. *Preventive Medicine* 1994:23,756-62.

66. TINETTI, M. E.; INOUY, S. K.; GILL, T. M.; DOUCETTE, J. T. Shared risk factors for falls, incontinence, and funcional dependence – unifying. The approach to geriatric syndromes. *JAMA* 1995 273(17); 1348-52.

67. TINETTI, M. E.; LEON, C. F. Mendes de; DOUCTTE, J. T.; BAKER, D. I. Fear of falling and fall-related efficacy in relationship to functioning among community-living elders. *J. Gerontol.* 994; 49(3) M140-M147.

68. TINETTI, M. E.; POWELL, L. Fear of falling and low self-efficacy: a cause of dependence in elderly persons. *J. Gerontol.* 1993; 48 (Special issue) 35-38.

69. VERAS, R. P. *País jovem com cabelos brancos. A saúde dos idosos no Brasil.* 2ª ed. Rio de Janeiro; Relume Dumará: UERJ, 1994.

70. VERAS, R.; LOURENÇO, R.; MARTINS, C. S. F.; SANCHEZ, M. A. S.; CHAVES, P. H. *Novos paradigmas do modelo assistencial no setor saúde:*

consequência da explosão populacional dos idosos no Brasil. São Paulo. ABRAMGE (Associação Brasileira de Medicina de Grupo) – Prêmio ABRAMGE de Medicina 2000; 2001. 65 p.

71. VERAS, R. *A survey of health of elderly people in Rio de Janeiro, Brazil.* Lodres, Inglaterra, 1992. [tese de doutorado – Division of Psychiatry, United Medical & Dental School, Guy's Hospital, University of London; Londres, Inglaterra].

72. VERBRUGGE, L. M.; RENNERT, C.; MADANS, J. H. The great efficacy of personal and equipment assistance in reducing disability. *Am. J. of Publ. Health.* 1997; 87(3): 384-92.

73. VIDELA, J. T. Los ancianos y las políticas de servivios em América Latina y el Caribe. *In*: ELIAS, E. A. *La atención de los ancianos: un desafio para los anos noventa;* Washington DC: OPS 1994. p. 19-33.

74. VITA, A. J.; TERRY, R. B.; HUBERT, H. B.; FRIES, J. F. Aging, Health risks, and cumulative disability. *The New England J. of Med.:* 1998: 338(15) 1035-41.

75. WALK, D.; FLEISCHMAN, R.; MANDELSON, J. Functional improvement of eldery residents of institutions. *The Gerontologist:* 1999; 39(6); 720-28.

76. ZAMUDIO, M. G. *Teoria y guia practica para la promoción de la salud.* Montreal, (Canadá) Universidad de Montreal. 1998.

Hipertensão arterial: um desafio para o idoso e sua família[16]

Isabel Cristina Kowal Olm Cunha

As doenças cardiocirculatórias tais como o infarto do miocárdio, a insuficiência cardíaca, as hemorragias e embolias cerebrais, dentre outras, constituem-se na principal causa de mortalidade em nosso meio desde a década de sessenta (Cury Jr, 1996). Lotufo (1993, 1996) citado por Barros (1998: 17) afirma que estas constituem-se "a principal causa de morbimortalidade na população adulta do Estado de São Paulo" e sua "prevalência na cidade é maior que a de países industrializados da Europa e América do Norte".

Smith (1993) relata que os fatores de risco para as doenças cardiovasculares podem ser separados em duas categorias, podendo-se assim identificar mais claramente as pessoas com maior risco de desenvolvê-las. São eles: *fatores não modificáveis* como idade avançada, sexo masculino e história familiar de cardiopatia prematura; e os *fatores potencialmente modificáveis* como tabagismo, pressão sanguínea elevada, nível sanguíneo elevado de colesterol, diabetes, obesidade, sedentarismo e fatores psicológicos. Destes fatores de risco, diversos autores são unânimes em afirmar que aquele que se reveste de importante

---

16 Extraído da Tese de Doutorado "Diagnósticos e Intervenções de Enfermagem em pacientes hipertensos com acompanhamento ambulatorial", São Paulo, FSP/USP, 1999.

significado, pela possibilidade de abordagem, é a hipertensão arterial (Baise *et al.*, 1995; Cury Jr, 1996; Santello; Krasilsic; Mion, 1996).

A hipertensão arterial é uma doença crônica que se caracteriza pelo aumento dos valores da pressão sistólica e/ou diastólica, e pode ser definida como pressão sanguínea arterial elevada (Oparil, 1993) e considerada como uma desordem hemodinâmica caracterizada não apenas por um aumento da pressão arterial, mas ainda na resistência periférica total, refletindo em uma redução do calibre das artérias (Safar e Frohlich,1995).

Esta doença hoje afeta cerca de 20% da população mundial adulta (Mion Jr e Tinucci, 1991). Ribeiro (2001) estima "que a prevalência na população adulta brasileira está em torno de 15% a 20%, o que não é diferente do resto do mundo".

Para Esteves *et al.* (1995), a hipertensão arterial permanece como uma das doenças de maior prevalência em nosso meio, e suas consequências sistêmicas representam uma grande preocupação em termos de saúde pública.

Oparil (1993) relata que a hipertensão arterial é o distúrbio cardiovascular mais prevalente nos Estados Unidos, afetando mais de 60 milhões de norte--americanos, e que apesar da crescente conscientização por parte das pessoas, ainda mais da metade da população com mais de 60 anos e quase 40% da população adulta negra tem hipertensão.

O Ministério da Saúde (Brasil, 1993), ao propor medidas para o controle da hipertensão, enfatizou que ela se constitui num dos mais graves problemas de saúde pública, afetando cerca de 20 milhões de indivíduos acima dos vinte anos. Labbadia e Cury Jr. (1997) afirmam que no Brasil se pode "estimar em torno de 15 a 20% de nossa população adulta a prevalência da hipertensão arterial.

Cury Jr. (1996) alerta que o maior problema da hipertensão arterial é que grande parte das pessoas hipertensas não sabem que o são e não fazem, portanto, o tratamento adequado, e por outro lado metade dos que procuram atendimento não seguem as recomendações de forma adequada. Esses dados são corroborados por Medel (1997), que, relatando estudos feitos no Chile, mostrou que cerca de 1/3 dos hipertensos urbanos e mais da metade dos rurais não tinham conhecimento da doença e, mesmo dos que conheciam sua condição, apenas 35,6% dos urbanos e 26,1% dos rurais estava em tratamento. Ribeiro (2001) destaca que nos Estados Unidos estudo mostrou que, na década passada, apenas 53% dos indivíduos que tinham hipertensão arterial diagnosticada faziam algum tratamento e apenas 27% deles faziam controle de maneira correta.

Por ser uma doença na maioria das vezes de caráter assintomático, o paciente só percebe alterações quando existem órgãos comprometidos, ou vai a uma consulta médica por outra razão. Os sintomas frequentemente relatados são a cefaleia occipital matinal, escotomas, tontura, rubor facial, epistaxe e fadiga (Castro, Costa e Luna, 1998).

As principais complicações incluem insuficiência cardíaca, acidentes vasculares cerebrais e periféricos e insuficiência renal. O aumento nos valores da pressão arterial tem contribuído para o aumento do risco de morte por doenças coronárias e choque (Antikainen, Jousilahti e Tuomilehto, 1998), de evolução para insuficiência renal crônica (Klag et. al.,1996) e risco para acidentes vasculares (Staessen et.al., 1997).

Kiiskinen *et al.*(1998), ao analisarem os efeitos da hipertensão, encontraram a redução de 2,7 anos de vida perdidos para homens e 2 para mulheres, e 2,6 anos de trabalho perdidos para homens e 2,2 para mulheres, em estudo realizado na Finlândia.

A Hipertensão Arterial no Idoso

As mudanças globais ocorridas no século passado e início deste têm resultado, entre outras, no aumento da expectativa de vida para a população em geral. A população de idosos acima dos 65 anos no mundo está crescendo e deve dobrar no Brasil por volta do ano 2030. Nos Estados Unidos estima-se que chegue a mais de 16 milhões de pessoas em 2050 (Oigman; Neves, 1999).

A hipertensão arterial no idoso reveste-se de importância ao considerar--se que nesta faixa etária o indivíduo já tem alterações fisiológicas em razão da idade que podem torná-la mais agressiva e de difícil controle. Deve pois ser considerada como um processo anormal de envelhecimento.

Estudos têm apontado para a incidência maior desta patologia em homens, até os 50 anos de idade e após esta idade afeta mais mulheres. Esta prevalência em mulheres tem sido apontada talvez em razão das alterações hormonais e do ganho de peso (Oparil, 1993; Labbdia; Cury Jr, 1997; Cunha, 1999).

Oigman e Neves (1999) relatam que a abordagem clínica para idosos hipertensos não difere dos de outras faixas etárias e que deve se preocupar com quatro pontos: diagnóstico preciso, identificar outros fatores de risco, avaliar níveis sanguíneos de colesterol e triglicerídeos, história clínica e exame físico detalhado.

262 SAÚDE NA FAMÍLIA E NA COMUNIDADE

Ribeiro (2001) reitera a importância do tratamento no idoso uma vez que a "prevalência da hipertensão arterial e outros fatores de risco para a hipertensão como o sedentarismo, obesidade e diabetes aumentam com a idade."

TIPOS DE HA E DIAGNÓSTICO

A hipertensão arterial pode ser classificada como *essencial, primária ou idiopática*, quando ela não tem uma causa conhecida, e é a que acomete a maior parte das pessoas, em cerca de 90-95%. A forma *secundária* é a que tem causa conhecida, podendo ser por problemas renais, endócrinos, neurológicos, gravidez, entre outras (Oparil, 1993). Esta mesma autora cita ainda a hipertensão do *avental branco*, que diz respeito à elevação da pressão arterial do paciente quando em situação de estresse e ansiedade em razão de consulta médica.

O diagnóstico em adultos é baseado na medida da pressão arterial obtida em pelo menos duas consultas, sendo considerada hipertensão arterial quando os valores médios da pressão arterial sistólica (PAS) estão acima de 140mmHg e da pressão arterial diastólica (PAD) em 90mmHg ou mais (Oparil, 1993; II Consenso Brasileiro de Hipertensão Arterial, 1994; Araújo, 1999). Além disso, uma anamnese e um exame físico apurados podem identificar outras alterações e fatores de risco, indicando a necessidade de exames subsidiários(Kaplan, 1999).

Araújo (1999) cita ainda o critério de classificação usado pela Organização Mundial de Saúde para classificar a hipertensão:

- leve – PAS 140-180 mraHg e/ou PAD 90-105 mmHg
- moderada e severa – PAS > = 180 mmHg e PAD > ou = 105mmHg
- limítrofe – PAS 140-160 mm Hg e/ou PAD 90-95 mm Hg

Fuchs *et al.* (1997) sugerem a medição da pressão arterial pelo menos 5 a 6 vezes em até três consultas médicas, para o estabelecimento do diagnóstico de hipertensão arterial.

A verificação da pressão arterial reveste-se de importância principalmente se considerarmos que pacientes hipertensos podem não ser tratados e outros tratados sem necessidade, se esta verificação não estiver adequada. Normalmente é utilizado o método indireto de verificação, com o auxílio de um esfigmomanômetro aneroide ou com coluna de mercúrio e um estetoscópio.

Estudos de Arcuri (1985, 1989) e Araújo, Arcuri e Martins (1998) enfatizam que esta verificação é ação de Enfermagem e alertam para a necessidade de se praticar esta medição utilizando instrumental adequado, como esfigmomanômetros constantemente calibrados com largura correta do manguito, sendo este o ideal 20% maior do que a circunferência do braço, e o uso correto do estetoscópio. Tal cuidado deve-se à possibilidade grande de medições erradas por instrumental inadequado, que podem muitas vezes alterar os valores normais da pressão arterial.

TRATAMENTO

A publicação do comitê americano para o tratamento da Hipertensão Arterial (NIHNHLB, 1997) estabelece três grupos de risco nos quais o paciente hipertenso pode ser enquadrado a fim de que possa ter um tratamento adequado. Para determinar-se o risco para a doença cardiovascular, deve-se levar em conta os valores da pressão arterial, eventuais lesões em órgãos vitais e presença de múltiplos fatores de risco.

Tratar a hipertensão arterial no idoso constitui-se num desafio devido às alterações fisiológicas da idade, a necessidade de ajustes mais precisos no uso de drogas, as alterações cardiovasculares peculiares nesta fase da vida, além de outros fatores como a qualidade de vida e os aspectos socioeconômicos (Oigman; Neves, 1999).

O tratamento da hipertensão arterial divide-se entre o uso ou não de medicamentos. A base do tratamento não farmacológico é a mudança no estilo de vida do paciente, sendo recomendada inclusive para os que fazem uso de medicamentos. Paffensbarger Jr; Lee, (1998) afirmam que estilos de vida saudáveis "podem prevenir o aparecimento da hipertensão e afetar de forma benéfica os níveis de pressão arterial entre indivíduos hipertensos". Entre as mudanças mais indicadas estão a redução de peso, parar de fumar e beber álcool, iniciar dieta alimentar com baixa quantidade de sal e de gorduras, programa de exercícios físicos e redução do nível de estresse (Castro; Costa; Luna, 1998). A estes, Oparil (1993) acrescenta a suplementação de cálcio e potássio na dieta e a restrição da cafeína.

As terapias medicamentosas mais utilizadas para os pacientes portadores de hipertensão arterial são com os **anti-hipertensivos** e os **diuréticos**. Estes podem ser usados em monoterapia ou com associações (Ribeiro, 1997; Castro; Costa; Luna, 1998).

ADESÃO AO TRATAMENTO, EQUIPE MULTIPROFISSIONAL E A FAMÍLIA

As medidas terapêuticas apresentam-se eficazes se seguidas corretamente; todavia, para que estas sejam realmente eficientes, é fundamental que o paciente tenha confiança no tratamento e se proponha a segui-lo. "Infelizmente cerca de 50% dos pacientes que iniciam o tratamento acabam por interrompê-lo ou não o fazem corretamente" (Cury Jr., 1996).

Todos os medicamentos possuem reações adversas que podem dificultar o cumprimento do tratamento proposto, e o paciente entende que piorou ao invés de melhorar, e para de tomá-lo. E fundamental que os profissionais de saúde conheçam estas reações para que possam orientar o paciente e assim contribuir para a melhor adesão deste ao tratamento.

Compliance é o termo que os autores de língua inglesa utilizam para o estudo do relacionamento médico-paciente e todos os aspectos que influenciam a confiança no tratamento e o correto cumprimento da prescrição médica. *Observância, obediência, adesão* e *aderência* são tentativas de tradução para o português, do termo *compliance* (Paulo; Zanini, 1997).

Guerra; Araújo (1999) enfatizam em estudo realizado em Fortaleza, Ceará, que "a problemática da não aderência ao tratamento da hipertensão arterial é bastante complexa, pois trata-se de uma situação que envolve aspectos biológicos, psicológicos, culturais e sociais".

O trabalho da equipe multiprofissional junto aos pacientes tem sido destacado como muito importante para que a adesão destes ao tratamento possa ocorrer. Medel (1997) encontrou alta aderência ao tratamento em cerca de 62,50% de pacientes hipertensos num estudo no Chile, e relacionou esta alta aderência com modalidades de educação em saúde, educação recebida pelo paciente da equipe de saúde e a adaptação daqueles à uma enfermidade crônica. Paulo e Zanini (1997), destacam a importância de enfermeiros, assistentes sociais e farmacêuticos, para juntamente com médicos participarem da instrução e seguimento de pacientes no atendimento ambulatorial de hipertensos pois existem provas de que esta atuação conjunta eleva o "compliance" em comparação à atuação solitária do médico. Corroborando com estes autores, Labbadia; Cury Jr. (1997) relatam experiência com equipe multiprofissional composta por médico, enfermeira, psicóloga e nutricionista, no atendimento de hipertensos, com resultados positivos.

Estudo realizado por enfermeiros em São Paulo mostra que as dificuldades relatadas pelos pacientes para seguir adequadamente o tratamento estão o acesso aos serviços de saúde, questões financeiras, questões com os serviços e com a alimentação (Castro; Car, 1999). Este mesmo estudo aponta como facilidades para o seguimentos adequado o recebimento da medicação, a proximidade e facilidade de marcação de consulta dos serviços e apoio familiar.

Hipertensão arterial: um desafio para o idoso e sua família **265**

O apoio da família nesta fase da vida de uma pessoa pode auxiliar o tratamento adequado, pois para o hipertenso idoso, ações como fazer alguma atividade física, tomar medicamentos na hora e na dosagem certa e comer alimentação adequada (sem sal e sem gorduras) talvez venham a requerer supervisão e controle. A adesão ao tratamento necessita ser da família como um todo, e não apenas do cliente, pois ao sentir-se cuidado, este responderá mais favoravelmente ao tratamento. Ações simples como manter uma folha com letras grandes, cores e símbolos, indicando os horários de tomada das medicações, não colocar saleiros avulsos à mesa, usar novos temperos para a comida, solicitar a colaboração do idoso para tarefas rotineiras podem revelar-se como importantes para auxiliar na adesão ao tratamento.

Os pacientes portadores de hipertensão arterial necessitam conhecer a sua patologia, seus riscos, seu tratamento, a fim de poderem se autocuidar. O grande desafio para os profissionais de saúde, notadamente para os enfermeiros, é poder atender a essas necessidades da clientela por meio de programas de orientação e acompanhamento, objetivando a adesão do paciente ao tratamento proposto e consequente controle da patologia.

O enfermeiro como profissional de saúde responsável pela assistência preventiva e cuidativa necessita estar preparado para assistir a esta clientela específica, direcionando-a para o autocuidado, objetivando o controle da hipertensão e consequente melhoria da qualidade de vida. E qualidade de vida hoje é um "indicador competente do resultado dos serviços de saúde prestados ao cliente" (Cianciarullo, 1998).

Conclusão

A resposta adequada ao tratamento da hipertensão arterial no idoso é, pois, um desafio que envolve paciente, família e equipe multiprofissional. A ampla abordagem que se faz necessária para assegurar adesão e continuidade ao tratamento não pode ser vista como tarefa de apenas um grupo profissional. Todavia os serviços de saúde precisam de adequação bem como os profissionais necessitam prepararem-se para responderem a este desafio crescente.

A responsabilidade do enfermeiro na promoção, proteção e recuperação da saúde do indivíduo, família e comunidade torna-o peça fundamental na somatória de esforços para atingir a meta de saúde para todos. E o enfermeiro que deve como agente de mudanças trabalhar para "adaptar a organização, a gestão, a esfera de ação e a prestação da atenção à saúde às características sociais, econômicas, educacionais e culturais da comunidade e aos recursos desta". Deve ainda desenvolver modelos de serviços que permitam aplicar outros métodos na atenção primária de saúde visando equilibrar custos e eficiência (OMS, 1981).

BIBLIOGRAFIA

ANTIKAINEN, R.; JOUSILAHTI, P.; TUOMILEHTO, J. Systolic blood pressure, isolated systolic hypertension and risk of coronary heart disease, strokes, cardiovascular disease and all-cause mortality in middle-aged population. *Journal of Hypertension* 1998; 16: 577-583.

ARAÚJO, T. L.; ARCURI, E. A. M.; MARTINS, E. Instrumentação na medida da pressão arterial: aspectos históricos, conceituais e fontes de erro. *Rev. Esc. Enf. USP* 1998; 32 (1): 33-41.

ARAÚJO, T. L. Hipertensão arterial – um problema de saúde coletiva e individual. *In*: Damasceno, M. M. C. *et al. Transtornos vitais no fim do século XX: diabetes mellitus, distúrbios cardiovasculares, câncer, AIDS, tuberculose e hanseníase.* Fortaleza, Fundação Cearense de Pesquisa e Cultura, 1999. p. 33-38.

ARCURI, E. A. M. *Estudo comparativo da medida indireta da pressão arterial com manguito de largura correta e com manguito de largura padrão.* São Paulo; 1985. [Tese de Doutorado. Instituto de Ciências Biomédicas – Universidade de São Paulo].

ARCURI, E. A. M. Medida indireta da pressão arterial: revisão. *Rev. Esc. Enf. USP* 1989; 23: 163-174.

BAISE, C. *et al.* Epidemiologia da Hipertensão Arterial entre a população da região atendida pelo Serviço do Pronto-Socorro do Hospital Escola da Universidade de Santo Amaro. *Iatros* 1995; 10 (2):43-48.

BARROS, A. L. B. L. *Assistência de enfermagem ao paciente portador de hipertensão arterial.* São Paulo, 1998. Mimeo.

BRASIL. Ministério da Saúde. SAS. DPS. CDC. *Controle da hipertensão: uma proposta de integração ensino-serviço.* Rio de Janeiro: NUTES; 1993.

CASTRO, I.; COSTA, A. R.; LUNA, R. L. Tratamento da hipertensão arterial não complicada. *Jovem Médico* 1998; (2): 108-117.

CASTRO, V. D.; CAR, M. R. Dificuldades e facilidades dos doentes no seguimento do tratamento da hipertensão arterial. *Rev. Esc. Enf. USP,* v. 33, nº 3, p. 294-304, set, 1999.

CIANCIARULLO, T. I. Cidadania e Qualidade de Vida. *In*: CIANCIARULLO, T. I.; FUGULIN, F. M. T.; ANDREONI, S. *A hemodiálise em questão: opção pela qualidade assistencial.* São Paulo: Ícone; 1998. Capítulo 3. p. 31-36.

II CONSENSO BRASILEIRO DE HIPERTENSÃO ARTERIAL. *J. Bras. Nefrol.* 1994; 16 (supl. 2): 261.

CURY JR, A. J. Hipertensão arterial e qualidade de vida. *Âmbito Hospitalar* 1996; 8: 58-60.

ESTEVES, S. C. *et al.* Hipertensão renovascular. Diagnóstico e Tratamento. *RBM Rev. Bras. Med.* 1995; 52(5): 418-434.

FUCHS, F. D. *et al.* Diagnóstico de hipertensão arterial sistêmica: evidências de que os critérios contemporâneos devem ser revistos. *Rev. Ass. Med. Brasil.* 1997; 43 (3): 223-7.

GUERRA, E. M. D.; ARAÚJO, T. L. Aderência ao tratamento da hipertensão arterial: comportamentos observados e causas relacionadas. *In*: DAMASCENO, M. M. C. *et al. Transtornos vitais no fim do século XX: diabetes mellitus, distúrbios cardiovasculares, câncer, AIDS, tuberculose e hanseníase.* Fortaleza: Fundação Cearense de Pesquisa e Cultura; 1999. p. 39-46.

KAPLAN, N. M. Hipertensão sistêmica: mecanismos e diagnóstico. *In*: BRAUNWALD, E. *Tratado de Medicina Cardiovascular.* 5ª ed. São Paulo: Roca; 1999. Volume 1, Capítulo 26, p. 859-888.

KIISKINEN, U. *et. al.* Long-term cost and life-expectancy consequences of Hypertension. *Journal of Hypertension* 1998; 16: 1103-1112.

KLAG, M. J. *et. al.* Blood pressure end-stage renal disease in men. *N. Eng. J. Med.* 1996; 334: 13-18 [Resumo de CIS Rodrigues *In*: *J. Bras. Nefrol.* 1998; 20: 229-231.

LABBADIA, E. M.; CURY JR., A. Hipertensão arterial e atendimento multiprofissional: uma nova forma de abordagem e tratamento do paciente hipertenso. *RBMP* 1997; 1: 188-193.

MEDEL, E. S. Adherencia al control de los pacientes hipertensos y fatores que la influencian. *Ciência y enfermeria.* 1997; III (1): 49-58.

MION JR., D.; TINNUCI, T. *O grande desafio: como manter o paciente em tratamento com a pressão normalizada.* V. 3. São Paulo: DACHA. 1991, p. 03-34.

NATIONAL INSTITUTES OF HEALTH NATIONAL HEART, LUNG, AND BLOOD. *The Sixth Report of the Joint National Committee on Detection,*

Evaluation and Treatment of High Blood Pressure (JNC VI). Institute National High Blood Pressure Education Program. NIH Publication Nº 98-4080. Washington, D. C., november, 1997.

OIGMAN, W; NEVES, M. F. T. Hipertensão arterial no idoso. RBM. *Rev. Bras. Med.*, vol. 56, p. 193-206 edição especial, dezembro, 1999.

OPARIL, S. Hipertensão arterial. *In*: WYNGAARDEN, J. B.; SMITH, L. H.; BENNETT, J. C. (Edits.). *Cecil: Tratado de Medicina Interna*. 19ª ed. Rio de Janeiro: Guanabara Koogan, 1993. Vol. 1. Capítulo 44. p. 258-274.

ORGANIZAÇÃO MUNDIAL DE SAÚDE. *Extracto dei informe de reunion de la OMS sobre Enfermeria en apojo dei objetivo de Salud para todos en el año 2000*. Genebra, 1981.

PAFFENSBARGER JR., R. S.; LEE, I. M. Relação da intensidade de atividade física com a incidência de hipertensão e a mortalidade em geral: visão epidemiológica. *Doença Arterial Coronariana 1998;* 1: 92-102.

PAULO, L. G.; ZANINI, A. C. *Compliance: sobre o encontro paciente-médico*. São Paulo: Ipex Editora; 1997.

PIERIN, A. M. G. *A pessoa com hipertensão arterial em tratamento no ambulatório: estudo sobre os problemas, dificuldades e expectativas quanto à doença e ao tratamento*. São Paulo; 1985. [Dissertação de Mestrado. Escola de Enfermagem da Universidade de São Paulo].

RIBEIRO, A. B. Hipertensão arterial como síndrome – o novo desafio da terapia anti-hipertensiva [editorial]. *Rev. Ass. Med. Brasil. 1997*, 43: 179.

RIBEIRO, A. B. *Avaliação da Hipertensão Arterial no adulto. Impacto da Hipertensão no Brasil*. São Paulo: Ed. de Projetos Médicos Ltda., 24 p., 2001.

SAFAR, M. E.; FRÖHLICH, E. D. The arterial system in Hypertension a prospective view. *Hypertension 1995;* 26: 10 – 14.

SANTELLO, J. L.; KRASILSIC, S.; MION JR., D. O papel da Hipertensão Arterial na prevenção primária e secundária das doenças cardiovasculares. *Rev. Soc. Cardiol.* São Paulo. 1996. 6 (5).

SMITH, T. W. Abordagem do paciente com doença cardiovascular. *In*: WYNGAARDEN, J. B.; SMITH, L. H.; BENNETT, J. C. [Edits.]. *Cecil: Tratado de Mediana Interna*. 19ª ed. Rio de Janeiro: Guanabara Koogan, 1993. Vol. 1. Capítulo 36. p.153-157.

Discutindo o SUS com um grupo de idosos: relato de uma experiência na região sul de São Paulo

Sônia Regina Leite de Almeida Prado, Hogla Cardozo Murai, Elisabeth Cláudia Lacher e Addor

Em 1980 a população com 60 anos é mais participava, com 6,3% do total dos residentes no município de São Paulo. Menos de duas décadas depois, em 1996, o mesmo grupo etário representava 8,6% da população total. Este maior contingente não se explica pelo movimento migratório, ou qualquer agravo que tenha dizimado a população mais jovem, mas por um conjunto de outros fatores que, ao mesmo tempo em que modificaram a estrutura etária populacional, resultaram no acréscimo da esperança de vida ao nascer. A redução da mortalidade infantil, sobretudo em seu componente tardio, uma menor participação das doenças infecto-parasitárias como causa básica de óbito, as melhorias ambientais ligadas ao saneamento básico, a incorporação de novas tecnologias voltadas à recuperação da saúde e prevenção de agravos, as ações educativas desenvolvidas com o propósito de promover a saúde, a adoção de condutas de vigilância à saúde e o acesso aos serviços de saúde são alguns dos componentes desta imbricada receita de longevidade.

Tal façanha, no entanto, não se deu de forma linear ou equânime entre a população. Ao viver por mais tempo, a população tornou possível observar que a instalação e o desenvolvimento de processos patológicos, muitos deles passíveis de prevenção e controle, acabam por comprometer não só a qualidade de vida como também a própria sobrevivência, recaindo, de modo mais inclemente, sobre as parcelas da população menos favorecidas sócio-cultural e economicamente.

O compromisso em direção à correção dessas distorções foi incorporado na Constituição da República Federativa do Brasil promulgada em 1988, que assume a saúde como *"direito de todos e dever do Estado, garantido mediante políticas sociais e econômicas que visem à redução do risco de doenças e de outros agravos e ao acesso universal e igualitário às ações e serviços para sua promoção, proteção e recuperação".* A concepção do Sistema Único de Saúde – SUS, integrando uma rede regionalizada, hierarquizada, destinada à prestação do atendimento integral e com participação da comunidade, tem como missão precípua a redução das iniquidades na área da saúde.

O processo de consolidação dos princípios do SUS vem sendo implementado há mais de uma década e ainda apresenta diversas dificuldades relacionadas, sobretudo, aos aspectos da universalização, integralidade, descentralização e participação popular. Estas dificuldades fazem parte de um conjunto de fatores interrelacionados como o financiamento do setor, o modelo vigente de atenção à saúde, o desenvolvimento de recursos humanos. Para que a assistência à saúde possa ser desenvolvida de forma universal, equânime, contínua e, sobretudo, com resolutividade e qualidade é necessário que os novos discursos, novas práticas e novas políticas da reforma sanitária sejam estendidas e incorporadas também ao processo de educação dos profissionais de saúde.

Avançar nesta direção significa desenvolver uma política de recursos humanos comprometida com a superação de alguns paradigmas como a superespecialização técnico-científica, o atendimento centrado no indivíduo e na consulta médica, a fragmentação das áreas do conhecimento e a competitividade em direção à construção de novos modelos como a interdisciplinaridade, a humanização nas práticas de saúde, a importância dos determinantes sociais nos perfis de morbimortalidade, a responsabilidade, a solidariedade e a ética.

Numa cidade como São Paulo, a solução mais racional é a combinação da recuperação da saúde, prevenção e promoção, tornando possível intervir na cadeia de multideterminação do processo saúde-doença nos diferentes momentos deste mesmo processo. Investir na promoção da saúde, redefinida em termos de qualidade de vida e ultrapassando os limites de ação regionalizada e setorial das Secretarias da Saúde, significa investir em ação intersetorial, interinstitucional e interdisciplinar. Nesta estratégia, um bom sistema de transporte, um eficiente sistema de educação e cultura, segurança pública, abastecimento, saneamento básico, entre outros, passam a constituir fatores de saúde.

Por outro lado, persiste a constatação de que, mesmo nas regiões mais bem servidas de equipamentos de saúde, a utilização da rede não ocorre de maneira hierarquizada à semelhança da estrutura organizacional oferecida. Assim demonstram os estudos de morbidade atendida em serviços de urgência e emergência, onde fica evidenciado o comportamento imediatista da demanda, que os utiliza como primeiro recurso de saúde para problemas de baixa complexidade e risco. Em contrapartida, a letalidade de doenças como a tuberculose eleva-se, em parte, pela contribuição de casos desconhecidos da rede básica até o momento do óbito. Depreende-se então, deste cenário, que o desconhecimento e ou a falta de credibilidade no SUS resultam na má utilização dos escassos recursos existentes. Partindo deste pressuposto e das contribuições de estudiosos da área da educação que têm demonstrado a importância do diálogo como forma de investigação filosófica, onde os alunos dividem opinião com respeito, desenvolvem questões a partir das ideias dos outros, desafiam-se entre si, auxiliam-se uns aos outros e buscam identificar as suposições de cada um em direção à harmonização da lógica, é que a Faculdade de Enfermagem da Universidade de Santo Amaro – UNISA mantém um Programa de Estágio Extracurricular Comunitário.

A EXPERIÊNCIA NO CENTRO DE CONVIVÊNCIA DO JARDIM REIMBERG

O Programa de Estágio Extracurricular é desenvolvido num Centro de Convivência para terceira idade, situado no Jardim Reimberg, bairro periférico da região sul do município de São Paulo. Este centro constitui-se de serviço formado a partir de uma iniciativa da comunidade, que através de Sociedade Amigos de Bairro, em parceria com a Prefeitura do Município de São Paulo, viabiliza o atendimento de 50 pessoas na faixa etária de 60 a 80 anos. O atendimento é realizado de 2ª à 6ª feira das 13 às 17 horas, onde são desenvolvidas diversas atividades, que privilegiam a convivência e a troca de experiências, de amizades e de conhecimentos. Além de ser um espaço de convivência, é também um espaço de promoção de saúde na medida em que se desenvolvem ações de educação em saúde, visando à aquisição de conhecimentos e hábitos sadios para uma melhor qualidade de vida.

O trabalho conjunto com a universidade teve início em março de 1998, com dez alunos do segundo e terceiro ano do curso de Enfermagem, a partir de uma solicitação da direção do Centro de Convivência à Faculdade, para realização de palestras com temática relacionada à saúde e a agravos mais prevalentes neste grupo etário, selecionados pela coordenadora do Centro de Convivência a partir de conversas e observação dos idosos.

Apesar da solicitação direcionada para a realização de palestras específicas sobre saúde, considerou-se importante a inserção do aluno através de atuação no próprio Centro de Convivência uma vez por semana, onde ele poderia interagir com a realidade local, diagnosticar necessidades e então propor um programa de educação em saúde de acordo com as necessidades encontradas no grupo. Nesta perspectiva, destacamos a contribuição de FREIRE (1996) que coloca a importância de uma educação voltada para a formação, onde o educando é sujeito ativo e não objeto ou depositário do processo ensino aprendizagem e de LIPMAN (1995) que afirma ser na conversa que acontece a troca de sentimentos, pensamentos, informações e interpretações, desenvolvendo-se tanto a aprendizagem quanto o respeito mútuo.

Neste sentido, além das idas à comunidade, os alunos participam de encontros com o objetivo de propiciar um espaço de reflexão da sua prática, propiciando ao aluno a oportunidade para construir hipóteses, propor e desenvolver intervenções adequadas à realidade de cada grupo, vivenciando o *fazer saúde* através da relação com a comunidade e da elaboração reflexiva do programa de atuação para este grupo específico.

No quarto ano de existência do programa, alunos e professores foram surpreendidos pelo grupo de idosos do Centro de Convivência, cuja demanda era discutir o maior de seus problemas: o acesso aos serviços de saúde da região.

Movidos pela sabedoria que a experiência de vida lhes outorga, relataram suas trajetórias em busca daquilo que haviam aprendido até então no programa – as ações de promoção e prevenção específica de agravos prevalentes em seu grupo etário. As sucessivas jornadas ao amanhecer para agendar a consulta, o encaminhamento para agendar em diferentes endereços os exames complementares, a defasagem entre as datas de realização de exames que deveriam compor o perfil de um mesmo momento, a impossibilidade de agendar o retorno para o profissional da rede básica que deu início ao processo seis meses antes e a impotência diante da indiferença da seletiva e compartimentalizada rede do Sistema Único de Saúde foram cuidadosamente descritas, construindo um cenário que por si só justificava a demanda apresentada.

O desafio pareceu, por um momento, desmedido para a proposta do Estágio; mas apenas por um momento. É certo que traçar o perfil sócio-demográfico, o perfil bioquímico e o perfil de higidez óssea exigiram esforço e habilidades técnicas específicas, mas a tarefa que ora se apresentava era muito maior – tratava-se da advocacia na saúde. O nível de dependência na aplicação do processo de enfermagem era de ajuda para o *autocuidado da cidadania.*

A RESPOSTA À DEMANDA

Os passos metodológicos foram cumpridos pelos alunos, passando pelo levantamento bibliográfico, discussão em grupo, definição de objetivos e estratégias, preparo do material, discussão com professores orientadores e execução do projeto. A resposta foi apresentada na forma de uma atividade de colagem de figuras alusivas a diferentes situações de risco e condições de saúde, na construção de cartazes representativos das portas de entrada do SUS, representadas pela unidade básica de saúde, o ambulatório de especialidades e o pronto-socorro. A dinâmica privilegiou a perspectiva da ação-reflexão--ação, onde alunos e público-alvo interagiram no exercício da tomada de decisão, seguido da fundamentação nos princípios do SUS, além de permitir a identificação do conhecimento dos idosos acerca da hierarquização da rede de assistência à saúde.

Seguida à ela, foi proposta uma dramatização na qual os atores eram os próprios idosos, desempenhando papéis semelhantes à sua rotina de utilização dos serviços de saúde. Os primeiros idosos-atores, estimulados pelos alunos, se apresentaram com queixas de saúde a um dos três níveis de atenção representados nos cartazes anteriormente. "Atendidos" por colegas do Centro de Convivência representando as equipes locais de saúde, receberam a crítica do restante do grupo quanto à adequação na escolha do serviço procurado e do encaminhamento dado pelo "acolhedor" que o atendeu. A dinâmica proposta reiterou as evidências da atividade que a antecedeu, demonstrando que o grupo de idosos conhece os princípios do SUS, diferencia os níveis hierárquicos da rede, porém, orienta suas escolhas baseado na resolutividade percebida dos serviços.

O plano de cuidados de enfermagem foi então elaborado com base no histórico do grupo, do qual já se conhecia sinais, sintomas e história pregressa do dano atual. A construção coletiva de um mapa dos serviços de saúde, referenciados segundo suas características, tipo de assistência oferecida e distância relativa à residência do usuário; a divulgação dos mecanismos de controle social mediante participação nos conselhos gestores das unidades, conselhos distrital e municipal de saúde e movimentos locais de saúde; a atualização das fichas de cadastro e acompanhamento de saúde do Programa de Estágio Extracurricular compuseram a prescrição de enfermagem.

Paralelamente, a autoestima do grupo de idosos passou a ser trabalhada mediante o resgate e a valorização da cultura popular em dinâmicas de grupo com cantigas de roda, ditados populares e versos aprendidos na infância e juventude, propiciando a troca de sentimentos, informações e interpretações, desenvolvendo-se tanto a aprendizagem quanto o respeito mútuo.

Considerações finais

No momento em que a família é tomada como núcleo central da principal estratégia de implantação do SUS, o idoso assume o importante papel da parte dependente deste núcleo. A experiência do Programa de Estágio Extracurricular da Faculdade de Enfermagem da UNISA com o grupo de terceira idade do Centro de Convivência Jardim Reimberg, relatada neste capítulo, revela a outra face desta população – a de sentinelas das políticas de saúde.

A despeito de sua baixa escolaridade, de sua precária condição socioeconômica, este grupo aplica-se no aprendizado dos novos rumos da saúde no Brasil e se mostra capaz de manifestar mais do que indignação pelo descumprimento das políticas públicas para o idoso; aceita o desafio de se engajar na luta por seus direitos e não abre mão de sua condição maior: a de cidadão brasileiro.

Bibliografia

BRASIL. *Constituição: República Federativa do Brasil*. Brasília: Senado Federal, Centro Gráfico, 1988. 292p.

BRASIL. Ministério da Saúde, Secretaria Nacional de Assistência à Saúde. *ABC do SUS. Doutrinas e Princípios*. Brasília, 1990. 20 p.

FREIRE, Paulo. *Pedagogia da autonomia – saberes necessários à prática educativa*. São Paulo: Paz e Terra – Coleção Leitura, 1.996.

LIPMAN, Matthew. *O pensar na educação*. Petrópolis: Vozes, 1995.

ROGERS, Carl. *Uberdade de aprender em nossa década*. Porto Alegre: Artes Médicas, 1985.

SHARP, ANN M. *Uma nova educação*. São Paulo: Nova Alexandria, 1999.

Avaliando a assistência ao idoso: a construção de um formulário para coleta de dados

Ruth Teresa Natália Turini, Celina Castagnari Marra, Hogla Cardoso Murai, Maria Inez Burini Chaccur, Yeda Aparecida de Oliveira Duarte, Ana Bersusa, Isabel Cristina Kowal Olm Cunha

O envelhecimento é um fenômeno mundial que também vem ocorrendo em nosso país, em especial nos últimos quarenta anos. Esta transição demográfica é decorrente da associação de alguns fatores como: diminuição da taxa de mortalidade, em especial a infantil, diminuição da taxa de fecundidade, principalmente após o advento do planejamento familiar e dos métodos contraceptivos e do aumento da expectativa de vida ao nascer que passou de 33,7 anos em 1900 para 68,6 anos em 2000, com projeções de 72,1 anos em 2020. Mais recentemente, o discurso gerontológico tem sido pautado não no prolongamento da existência simplesmente, mas no aumento do número de anos vividos com qualidade[2,6,7].

Ao se analisar a questão relacionada ao envelhecimento populacional, temos de considerar os aspectos relacionados à transição epidemiológica que faz com que tenhamos cada vez mais presente em nosso meio as doenças crônico-degenerativas que demandam assistência contínua[2,6].

Os serviços de saúde desde a década passada apresentam inúmeras dificuldades estruturais e organizacionais, não comportando o atendimento de sua demanda e tampouco estando preparados para o atendimento do aumento das doenças crônico-degenerativas e para a assistência adequada e específica à população idosa[3,5]. Avaliar, pois, o atendimento prestado por estes serviços é essencial para direcionar as ações de saúde dirigidas aos idosos para que se tornem mais efetivas e eficazes.

O Programa de Saúde da Família surge como uma proposta assistencial diferenciada e dirigida à comunidade de forma a assisti-la mais adequadamente. Trata-se de uma reorganização do Sistema Único de Saúde que visa à otimização de seus recursos na assistência às reais demandas assistenciais emanadas por cada módulo de atenção.

Para verificar o impacto desta proposta assistencial, no que diz respeito a atenção à saúde do idoso, foi elaborado um formulário para coleta de dados composto por perguntas abertas e fechadas que buscam conhecer as características sócio-demográficas e econômicas dos entrevistados, sua saúde percebida, a utilização e a resolutividade dos serviços de saúde e a satisfação do usuário com relação a eles.

A investigação das características da população permitirá identificar o grupo que necessita de maior atenção à saúde e também compreender melhor o processo saúde-doença.

A caracterização da população segundo o estado socioeconômico tem sido muito controversa, pois os diferentes instrumentos utilizados não têm apresentado bons resultados na avaliação da desigualdade social. Mesmo a investigação sobre possuir determinados bens de consumo como televisão, geladeira e outros não se adequam mais a este tipo de avaliação em função da mudança de hábitos da população e do comportamento consumista da sociedade atual. Assim, neste estudo, optou-se por utilizar a renda familiar em salários mínimos para categorização a população em termos socioeconômicos e a partir desta informação será calculada a renda *per capita* desta.

Como, neste estudo, nosso alvo de atenção era a população idosa[3], o formulário foi construído com base nas questões mais pertinentes a esta faixa etária.

Como se sabe, frequentemente os idosos apresentam polipatologias associadas, o que aumenta e muito a demanda assistencial. No entanto, a presença destas, por si só, não é necessariamente o fator mais agravante. Além da importância de sabermos quais as doenças que mais acometem a população do estudo, é fundamental conhecermos o impacto das mesmas na qualidade de vida dos idosos e de seus familiares que representam os maiores provedores dos cuidados por eles necessitados[17].

Assim, a avaliação funcional dos idosos tem sido uma ferramenta utilizada com frequência nos protocolos assistenciais pois esta permite conhecer, objetivamente, em que nível um idoso está "funcionando" numa variedade de áreas tais como integridade física, qualidade de automanutenção, qualidade no desempenho de papéis, estado intelectual, autocuidado e participação social. Ela permite estabelecer um diagnóstico, um prognóstico e um julgamento clínico mais adequado que servirão de base para as decisões sobre os tratamentos e cuidados necessários. Assim sendo, foram incluídas neste instrumento questões relacionadas ao desempenho de atividades básicas de vida diária (relacionadas à capacidade para o autocuidado) e às atividades instrumentais de vida diária (que indicam a capacidade do indivíduo em levar uma vida independente dentro da comunidade). Como resultado, teremos a classificação do idoso em termos de sua independência funcional, ou seja, ou ele é independente ou é dependente (em maior ou menor grau). E é a partir deste resultado que o planejamento assistencial deverá ser iniciado[4].

Como a execução das ações cuidativas estarão, na maioria das vezes, sob responsabilidade da família, com orientação e supervisão do serviço de saúde mais próximo, faz-se necessário na avaliação do idoso incluir também uma avaliação da dinâmica de funcionamento familiar. Como já explicitado no capítulo "Idoso, Família e Saúde da Família", a avaliação da funcionalidade de uma família permite acessar sua dimensão saúde bem como reconhecer seus pontos vulneráveis de forma a adequar a assistência a ser prestada. Para esta avaliação, optou-se pela utilização do APGAR de Família de Smilkstein validado por Duarte[4] para uso junto à população idosa e seus familiares. Este instrumento específico permite verificar se a família do idoso em questão é um recurso psicossocial ou representa um suporte social deficitário e possível fator estressor. Esta informação é obtida a partir da percepção do usuário da eficácia e da qualidade deste recurso, o que influenciará significativamente em seu estado de saúde.

O conjunto de questões reunidas no bloco das condições de saúde visou detectar os problemas de saúde percebidos e referidos pelos idosos. Estes foram amostrados a partir de sua matrícula em uma Unidade Básica de Saúde quer do

---

17 Idoso no Brasil é todo o indivíduo a partir dos 60 anos segundo a Política Nacional do Idoso de 1994.

Programa de Saúde da Família, quer do Sistema Único de Saúde. O conjunto de respostas permitirá avaliar a adequação do atendimento oferecido por esses serviços com as reais necessidades da população que o utiliza.

O conjunto de questões seguintes busca analisar os mecanismos de soluções de problemas utilizados pelos idosos bem como identificar como estes processam a utilização dos serviços de saúde a eles oferecidos. Para a composição deste bloco tomou-se como referência o formulário utilizado no inquérito domiciliário denominado "Morbidade referida e utilização do serviço no ERSA-12, 1989/1990". Este inquérito fez parte do estudo para o desenvolvimento e implantação do Programa Metropolitano de Saúde da Secretaria de Estado da Saúde[1].

A capacidade resolutiva dos serviços de saúde será avaliada por um conjunto de questões sobre o atendimento no próprio serviço e a necessidade de encaminhamentos gerada neste. Utilizou-se para tanto do referencial utilizado por Simeant (1983) no Chile[8].

Para compreender melhor a acessibilidade aos serviços de saúde, a questão 34 procura identificar quantas vezes o entrevistado procurou o serviço para conseguir ser atendido. A peregrinação em busca de atendimento, embora não dimensionada, é comumente referida pela população que utiliza os serviços públicos de saúde.

Por serem as doenças crônico-degenerativas muito prevalentes entre os idosos, a adesão ao tratamento foi uma das preocupações deste estudo que contém um conjunto de questões que auxiliarão na caracterização desta adesão quando estas afecções forem referidas, como por exemplo, comparecimento à consulta e hábito de tomar medicação regularmente.

Além da participação do entrevistado no controle de sua própria patologia aspectos relacionados à qualidade do atendimento como, por exemplo, o fornecimento de medicamentos e orientações sobre a prescrição médica e sobre a doença também serão avaliados, pois interferem diretamente na adesão ao tratamento.

Outro conjunto de questões busca avaliar a percepção do usuário sobre a solução de seu problema de saúde, bem como sua satisfação com os serviços utilizados. Neste último foi inserida uma questão aberta que permite identificar as dimensões do cuidar que o entrevistado utiliza para expressar sua satisfação ou insatisfação com o atendimento recebido. Este tipo de pergunta mostrou-se eficaz para compreender os critérios que a população utiliza para avaliar os serviços de saúde e identificar o que o entrevistado espera do atendimento e como gostaria de ser atendido como pode ser observado no estudo de Turrini (2001)[9].

Por se saber que atualmente os serviços públicos são insuficientes para atender as demandas geradas pela complexidade assistencial exigida no atendimento das afecções crônicas, principalmente na presença das complicações, foram incluídos neste instrumento questões relacionadas aos gastos com saúde por parte dos idosos bem como questões que pudessem identificar a utilização de serviços de assistência à saúde suplementar ao PSF/SUS.

Como já explicitado em muitas circunstâncias, os idosos acometidos por afecções crônico-degenerativas não bem acompanhadas ou com complicações advindas deste tratamento inadequado poderão apresentar diferentes níveis de dependência. Nestas circunstâncias será sempre exigida a presença de um cuidador (familiar ou não) que será o responsável por garantir a assistência às demandas deste idoso. Considerando esta realidade cada vez mais presente em nosso meio, consta do formulário um conjunto de questões que busca identificar e caracterizar o cuidador.

Acreditamos que a utilização deste formulário permitirá estabelecer uma comparação entre os dois modelos assistenciais, Programa de Saúde da Família e Sistema Único de Saúde (tradicional) e oferecer subsídios para o direcionamento das ações de saúde dirigidas a esta faixa etária específica.

BIBLIOGRAFIAS

1. CESAR, C. L. G. *Morbidade referida e utilização de serviços de saúde na grande São Paulo: o perfil da desigualdade em saúde*. São Paulo, 1997. Tese (Livre-Docência). Faculdade de Saúde Pública. Universidade de Sao Paulo.
2. CHAIMOWICZ, F. *Os idosos brasileiros no século XXI: demografia, saúde e sociedade*. Belo Horizonte, Postgraduate, 1998.
3. CUNHA, I. C. K. O. *Diagnósticos e intervenções de enfermagem em pacientes com hipertensao arterial em acompanhamento ambulatorial* São Paulo, 1999. Tese (Doutorado). Faculdade de Saúde Pública. Universidade de São Paulo.
4. DUARTE, Y. A. O. *Família – rede de suporte ou fator estressor. A ótica de idosos e cuidadores familiares.* São Paulo, 2001. Tese (Doutorado). Escola de Enfermagem. Universidade de São Paulo.

5. MENDES, E. V. Brasil. *In*: NOVAES, H. M.; PAGANINI, J. M. [ed.] *El Hospital Público: Tendencias y Perspectivas*. Washington, USA: OPS/PMS, 1994. p. 77-95.
6. OIGMAN, W; NEVES, M. F. T. Hipertensão arterial no *idoso. Rev. Bras. Med.*, v. 56, ed. Especial, p. 13-206, dezembro, 1999.
7. PASCHOAL, S. M. P. Epidemiologia do envelhecimento. *In*: PAPALÉO NETTO, M. *Gerontologia*, São Paulo, Atheneu, 1996.
8. SIMEANT, S. Estúdio de la capacidad resolutiva de la demanda em atención de morbidad a nível primário (área urbana). *Cuad Méd. Soc.*, v. 24, nº 4, p. 15-69, 1983.
9. TURRINI, R. N. T. *Percepção dos usuários sobre a resolutividade e satisfação pelos serviços de saúde na região sudoeste da Grande São Paulo*. São Paulo, 2001. Tese (Doutorado). Faculdade de Saúde Pública. Universidade de São Paulo.

OBJETIVOS ESPECÍFICOS IDENTIFICADOS NO FORMULÁRIO DO GRUPO DO IDOSO E QUESTÕES RESPECTIVAS A CADA UM

1. Identificar o perfil sócio, econômico e geográfico do usuário idoso do PSF/SUS – questões 01 a 10 e 14 a 21.
2. Identificar a composição e a dinâmica de funcionamento familiar do idoso usuário do PSF/SUS – questões 11 a 13.
3. Verificar o perfil de saúde percebida do idoso usuário do PSF/SUS – questões 22 a 27.
4. Verificar as características da assistência disponível para o atendimento de saúde, identificadas pelo idoso usuário do PSF/SUS – questões 28, 30 a 35, 40, 41, 44 a 48, 53 a 55.
5. Averiguar a maneira pela qual o idoso usuário do PSF/ SUS faz sua opção pelo local de atendimento à saúde – questões 28, 29 e 38.
6. Caracterizar o acesso do idoso usuário do PSF/SUS – questão 30 + endereço do usuário e do serviço.
7. Averiguar a adesão do idoso usuário do PSF/SUS ao tratamento prescrito – questões 36, 37, 50 e 51.
8. Verificar o perfil farmacoterápico do idoso usuário do PSF/ SUS – questão 52.

9. Avaliar a resolutividade do serviço PSF/SUS na ótica do idoso usuário do serviço – questões 42, 43 e 49.
10. Identificar os custos de saúde do idoso usuário do PSF/ SUS – questões 56 a 58.
11. Identificar a avaliação que o idoso usuário do PSF/SUS faz do atendimento feito pelos profissionais e pelo próprio serviço – questões 59 a 61.
12. Identificar e caracterizar o cuidador do idoso usuário do PSF/SUS (quando necessário e existente) – questões 01 a 15 de formulário próprio anexado.

FORMULÁRIO

INÍCIO: _____ FIM: _____ DATA ___/___/_____
PSF ( ) SUS ( )
NOME DO ENTREVISTADO: _____
ENDEREÇO: _____

A. DADOS SOCIOECONÔMICOS

1. SEXO: M ( ) F( )

2. NASCIMENTO:
DATA: ___/___/_____ LOCAL: _____

3. HÁ QUANTO TEMPO MORA EM SÃO PAULO: _____(dias, meses ou anos)

4. HÁ QUANTO TEMPO MORA NO LOCAL: _____(dias, meses ou anos)

5. ESTADO CIVIL: ( ) SOLTEIRO
                 ( ) CASADO/AMASIADO
                 ( ) VIÚVO
                 ( ) SEPARADO/DESQUITADO/DIVORCIADO
                 ( ) NÁO SABE/NÃO RESPONDEU

6. ESCOLARIDADE:
( ) NÃO FREQUENTOU ESCOLA
( ) SABE LER E ESCREVER   ( ) NÃO SABE LER E ESCREVER
( ) 1 ºGRAU   ( ) INCOMPLETO (até que ano)   ( ) COMPLETO
( ) 2º GRAU   ( ) INCOMPLETO (até que ano)   ( ) COMPLETO
( ) 3º GRAU   ( ) INCOMPLETO (até que ano)   ( ) COMPLETO
( ) CURSO TÉCNICO ( ) INCOMPLETO (até que ano) ( ) COMPLETO
( ) NÃO SABE/NÃO RESPONDEU

7. TRABALHO REMUNERADO:
( ) SIM
    ( ) EM ATIVIDADE
    ( ) AFASTADO POR MOTIVO DE DOENÇA
( ) NÃO
    ( ) DESEMPREGADO ( ) DONA DE CASA
    ( ) OUTROS. ESPECIFIQUE _____
    ( ) NAO SABE/NÃO RESPONDEU

8. RENDA PRÓPRIA:
( ) APOSENTADORIA
( ) PENSÃO
( ) APOSENTADORIA E PENSÃO
( ) OUTROS. ESPECIFIQUE:

9. RENDA FAMILIAR (Salário Mínimo Atual R$ _____)
( ) ATÉ 1 SALÁRIO MÍNIMO   ( ) DE 11 A 15 SALÁRIOS MÍNIMOS
( ) DE 1 A 3 SALÁRIOS MÍNIMOS   ( ) MAIS DE 16 SALÁRIOS MÍNIMOS
( ) DE 4 A 6 SALÁRIOS MÍNIMOS   ( ) NÃO SABE/NÃO RESPONDEU
( ) DE 7 A 10 SALÁRIOS MÍNIMOS

10. NÚMERO DE PESSOAS QUE CONTRIBUEM COM A RENDA FAMILIAR
( ) UMA PESSOA   ( ) 4 PESSOAS
( ) 2 PESSOAS   ( ) 5 OU MAIS
( ) 3 PESSOAS   ( ) NÃO SABE/NÃO RESPONDEU

11. RESIDE COM:

QUEM VIVE EM SUA CASA*? Faça uma lista por relacionamento/parentesco (por exemplo: cônjuge, pessoa significativa **, filho(a) ou amigo(a)				Por favor assinale a coluna (abaixo) que melhor descreve COMO ATUALMENTE VOCÊ SE DÁ COM CADA MEMBRO DE SUA FAMÍLIA constante da lista		
RELACIONAMENTO PARENTESCO	IDADE	SEXO		BEM	MAIS OU MENOS	MAL
		MASCULINO	FEMININO			

* Caso você tenha constituído sua própria família, considere CASA como o lugar onde você vive com seu cônjuge, filho(s) ou outra pessoa significativa; caso contrário, considere CASA como seu lugar de origem, por exemplo, o lugar onde seus pais ou aqueles que o criaram vivem.

** "PESSOA SIGNIFICATIVA" é o(a) parceiro(a) com quem você vive em um relacionamento protetor do ponto de vista físico e emocional, mas com o(a) qual você não está casado(a).

( ) NÃO SABE/NÃO RESPONDEU

12. MORA SOZINHO E RELACIONA-SE COM:

SE VOCÊ MORA SOZINHO(A), POR FAVOR RELACIONE ABAIXO AS PESSOAS A QUEM VOCÊ PROCURA, MAIS FREQUENTEMENTE, QUANDO PRECISA DE AJUDA Faça uma lista por relacionamento (por exemplo: membro da família, amigo(a), colega de trabalho, vizinho(a), etc).				Por favor assinale a coluna (abaixo) que melhor descreve COMO ATUALMENTE VOCÊ SE DÁ COM CADA PESSOA constante da lista		
RELACIONAMENTO PARENTESCO	IDADE	SEXO		BEM	MAIS OU MENOS	MAL
		MASCULINO	FEMININO			

( ) NÃO SABE/NÃO RESPONDEU

13. "APGAR" DE FAMÍLIA

"Família" é (são) o(s) indivíduo(s) com o(s) qual(ais) você habitualmente vive. Caso você more sozinho(a), considere família como aquelas pessoas com as quais você tem atualmente os laços emocionais mais fortes.

As seguintes perguntas foram elaboradas para nos ajudar a compreender você e sua família. Sinta-se à vontade para fazer perguntas sobre qualquer item do questionário.

Os espaços para comentários devem ser usados quando você desejar fornecer informações adicionais ou discutir a maneira pela qual a pergunta se aplica à sua família.

Por favor, tente responder a todas as perguntas. Para cada pergunta, assinale apenas um quadradinho.

	SEMPRE	QUASE SEMPRE	ALGUMAS VEZES	RARA-MENTE	NUNCA
Estou satisfeito(a) pois posso recorrer à minha família em busca de ajuda quando alguma coisa está me incomodando ou preocupando.					
COMENTÁRIOS: _____					
Estou satisfeito(a) com a maneira pela qual minha família e eu conversamos e compartilhamos os problemas.					
COMENTÁRIOS: _____					
Estou satisfeito(a) com a maneira como minha família aceita e apoia meus desejos de iniciar ou buscar novas atividades e procurar novos caminhos ou direções.					
COMENTÁRIOS: _____					
Estou satisfeito(a) com a maneira pela qual minha família demonstra afeição e reage às minhas emoções, tais como raiva, mágoa ou amor.					
COMENTÁRIOS: _____					

	SEMPRE	QUASE SEMPRE	ALGUMAS VEZES	RARA-MENTE	NUNCA
Estou satisfeito(a) com a maneira pela qual minha família e eu compartilhamos o tempo juntos.					
COMENTÁRIOS: _____					

B. CONDIÇÕES DE MORADIA

14. CARACTERIZAÇÃO DO DOMICÍLIO:
( ) CASA
( ) APARTAMENTO
( ) BARRACO
( ) CASA DE CÔMODOS (CORTIÇO)
( ) OUTROS. ESPECIFICAR: _____
( ) NÃO SABE/NÃO RESPONDEU

15. A SUA CASA É:
( ) CEDIDA
( ) ALUGADA
( ) PRÓPRIA QUITADA
( ) PRÓPRIA PAGANDO
( ) OUTROS. ESPECIFICAR: _____
( ) NÃO SABE/NÃO RESPONDEU

16. NÚMERO DE CÔMODOS DO DOMICÍLIO, SEM O BANHEIRO:

17. TIPO DE INSTALAÇÃO SANITÁRIA:
( ) INEXISTENTE
( ) EXTERNA
    ( ) COLETIVA
    ( ) UNIFAMILIAR
( ) INTERNA
    ( ) COLETIVA
    ( ) UNIFAMILIAR
( ) NÃO SABE/NÃO RESPONDEU

18. DESTINO DOS DEJETOS:
( ) SISTEMA PÚBLICO DE ESGOTO
( ) ESGOTO A CÉU ABERTO
( ) FOSSA SÉPTICA E SECA
( ) FOSSA NEGRA
( ) OUTROS. ESPECIFICAR: _____
( ) NÃO SABE/NÃO RESPONDEU

19. ABASTECIMENTO DE ÁGUA
( ) REDE PÚBLICA
    ( ) INTERNA
    ( ) EXTERNA
( ) POÇO ARTESIANO
    ( ) INTERNO
    ( ) EXTERNO
( ) POÇO COMUM
    ( ) INTERNO
    ( ) EXTERNO
( ) OUTROS. ESPECIFICAR: _____
( ) NÃO SABE/NÃO RESPONDEU

20. DESTINO DO LIXO:
COLETA PÚBLICA:
( ) SIM   ( ) NÃO
( ) DIÁRIA   ( ) ENTERRA
( ) EM DIAS ALTERNADOS   ( ) JOGA EM TERRENO BALDIO
( ) UMA VEZ POR SEMANA   ( ) QUEIMA
( ) IRREGULAR
( ) OUTROS. ESPECIFICAR: _____
( ) NÃO SABE/NÃO RESPONDEU

21. MELHORAMENTO PÚBLICO:
( ) CALÇAMENTO DE RUA   ( ) SIM   ( ) NÃO
( ) ILUMINAÇÃO DE RUA   ( ) SIM   ( ) NÃO

C. AVALIAÇÃO DA CAPACIDADE FUNCIONAL DO IDOSO

22. ESCALA DE ATIVIDADES DE VIDA DIÁRIA BÁSICAS E INSTRUMEN-TAIS DE "OARS"

CIRCULE O NÚMERO EM FRENTE À ALTERNATIVA QUE MAIS SE APLICA À RESPOSTA DO CLIENTE.

1. ATIVIDADES INSTRUMENTAIS DE VIDA DIÁRIA (AIVD):

a) O SR(A). USA O TELEFONE?
   1. Sem ajuda tanto para procurar número na lista quanto para discar
   2. Com uma certa ajuda (consegue atender chamados ou solicitar ajuda à telefonista em emergências, mas necessita de ajuda tanto para procurar números, quanto para discar)
   0. É completamente incapaz de usar o telefone

b) SR(A). VAI A LUGARES DISTANTES QUE EXIGEM TOMAR CONDUÇÃO?
   1. Sem ajuda (viaja sozinho de ônibus, trem, metrô, táxi ou dirige seu próprio carro)
   2. Com alguma ajuda (necessita de alguém para ajudar-lhe ou ir consigo na viagem)
   0. Não pode viajar a menos que disponha de veículos especiais ou de arranjos emergenciais como ambulância

c) O SR(A). FAZ COMPRAS DE ALIMENTOS, ROUPAS E DE OUTRAS NECESSIDADES PESSOAIS?
   1. Sem ajuda (incluindo o uso de transportes)
   2. Com alguma ajuda (necessita de alguém que o acompanhe em todo o trajeto das compras
   0. Não pode ir fazer compras de modo algum

d) O SR(A). PREPARA SUA PRÓPRIA REFEIÇÃO?
   1. Sem ajuda (planeja e prepara as refeições por si só)
   2. Com certa ajuda (consegue preparar alguma coisa, mas não a refeição toda)
   0. Não consegue preparar a sua refeição de modo algum

e) O SR(A). FAZ LIMPEZA E ARRUMAÇÃO DA CASA?
1. Sem ajuda (faxina e arrumação diária)
2. Com alguma ajuda (faz trabalhos leves, mas necessita de ajuda para trabalhos pesados)
0. Não consegue fazer trabalho de casa de modo algum

f) O SR(A). TOMA OS MEDICAMENTOS RECEITADOS?
1. Sem ajuda (na identificação do nome do remédio, no seguimento da dose e horário)
2. Com alguma ajuda (toma, se alguém preparar ou quando é lembrado(a) para tomar os remédios)
0. Não consegue tomar por si os remédios receitados

g) O SR(A). LIDA COM SUAS PRÓPRIAS FINANÇAS?
1. Sem ajuda (assinar cheques, pagar contas, controlar saldo bancário, receber aposentadoria ou pensão)
2. Com alguma ajuda (lida com dinheiro para as compras do dia a dia mas necessita de ajuda para controle bancário e pagamento de contas maiores e/ou recebimento de aposentadoria ou pensão)
0. Não consegue mais lidar com suas finanças

2. ATIVIDADES BÁSICAS DE VIDA DIÁRIA (ABVD):

a) O SR(A). TOMA AS REFEIÇÕES:
1. Sem ajuda (capaz de tomar as refeições por si só)
2. Com alguma ajuda (necessita de ajuda para, por exemplo: cortar carne, descascar laranja)
0. É incapaz de alimentar-se por si só

b) O SR(A). CONSEGUE VESTIR E TIRAR SUAS ROUPAS:
1. Sem ajuda (apanhar as roupas e usá-las por si só)
2. Com alguma ajuda
0. Não consegue de modo algum apanhar as roupas e usá-las por si só.

c) O SR(A). CUIDA DE SUA APARÊNCIA COMO PENTEAR-SE E BARBEAR--SE (PARA HOMENS) E MAQUIAR-SE (PARA MULHERES):
1. Sem ajuda
2. Com alguma ajuda
0. Não pode cuidar por si de sua aparência

d) O SR(A). LOCOMOVE-SE:
   1. Sem ajuda (exceto com bengala)
   2. Com alguma ajuda (de uma pessoa ou com o uso de andador ou muletas)
   0. É completamente incapaz de locomover-se

e) O SR(A). DEITA-SE E LEVANTA-SE DA CAMA:
   1. Sem qualquer ajuda ou apoio
   2. Com alguma ajuda (de pessoa ou suporte qualquer)
   0. É dependente de alguém para levantar-se/deitar-se da cama

f) O SR(A). TOMA BANHO EM BANHEIRA OU CHUVEIRO:
   1. Sem ajuda
   2. Com alguma ajuda (necessita de ajuda para entrar e sair da banheira ou um suporte especial durante o banho
   0. É incapaz de banhar-se por si só

g) O SR(A). TEM PROBLEMAS EM CONSEGUIR CHEGAR EM TEMPO AO BANHEIRO:
   1. Não
   2. Sim
   0. Usa sondagem vesical e/ou colostomia

   Se sim, com que frequência o Sr(a). se molha ou se suja (seja noite ou dia)?
   1. Todos os dias
   2. Uma a duas vezes por semana
   0. Três ou mais vezes por semana

ESCORE AVDI = _____

ESCORE AVDB = _____

D. PROBLEMAS DE SAÚDE E UTILIZAÇÃO DOS SERVIÇOS

23. QUANDO O(A) SR(A). VISITA O MÉDICO OU SERVIÇO DE SAÚDE ?
( ) DE ROTINA
( ) SÓ QUANDO PRECISA
( ) NÃO VISITO
( ) OUTRO/ ESPECIFIQUE
( ) NÃO SABE/NÃO RESPONDEU

24. O(A) SR(A). RECEBE VISITA DO MÉDICO OU DA EQUIPE DO SER-VIÇO DE SAÚDE EM CASA?
( ) SIM
   ( ) DE ROTINA
   ( ) SÓ QUANDO PRECISA
   ( ) OUTRO/ESPECIFIQUE _____
( ) NÃO
( ) NÃO SABE/NÃO RESPONDEU

25. O(A) SR(A). TEM ALGUM PROBLEMA DE SAÚDE?
( ) SIM
   QUAL(IS)? _____
( ) NÃO
( ) NÃO SABE/NÃO RESPONDEU

26. NA SUA OPINIÃO, ESSE PROBLEMA LIMITA AS SUAS ATIVIDADES HABITUAIS?
( ) SIM
   ( ) TOTALMENTE
   ( ) PARCIALMENTE
( ) NÃO
( ) NÃO SABE/NÃO RESPONDEU

27. O(A) SR(A). PROCURA ALGUMA ASSISTÊNCIA ESPECÍFICA EM DECOR-RÊNCIA DO SEU PROBLEMA DE SAÚDE? (Permite mais de uma resposta)
( ) SIM
( ) NÃO
( ) NÃO ACHA NECESSÁRIO
( ) NÃO SABE QUEM PROCURAR OU ONDE IR
( ) NÃO TEM RECURSOS (CONVÊNIO, DINHEIRO)
( ) NÃO TEM TEMPO
( ) NÃO GOSTA DE IR AO MÉDICO
( ) OUTROS. ESPECIFICAR: _____
( ) NÃO SABE/NÃO RESPONDEU

28. CASO SIM, ONDE O(A) SR(A). PROCURA AJUDA?
( ) HOSPITAL
   ( ) PÚBLICO ( ) PRIVADO ( ) CONVÊNIO

( ) PRONTO-SOCORRO/ PRONTO ATENDIMENTO
   ( ) PÚBLICO ( ) PRIVADO ( ) CONVÊNIO
( ) CLÍNICA/AMBULATÓRIO
   ( ) PÚBLICO ( ) PRIVADO ( ) CONVÊNIO
( ) POSTO DE SAÚDE/CENTRO DE SAÚDE/UBS
( ) OUTROS/QUEM? _____
( ) NÃO SABE/NÃO RESPONDEU
   POR QUE? _____

29. NOME DO SERVIÇO: _____
ENDEREÇO: _____
RUA PRÓXIMA: _____

30. O(A) SR(A). FOI ATENDIDO NESSA INSTITUIÇÃO?
( )SIM ( ) NÃO

31. CASO O(A) SR(A). NÃO TENHA SIDO ATENDIDO, CITE O MOTIVO:
( ) NÃO TINHA MÉDICO
( ) NÃO TINHA VAGA
( ) NÃO ATENDIA SEU PROBLEMA
( ) NÃO MORAVA NA REGIÃO DE ATENDIMENTO DO SERVIÇO
( ) OUTROS. ESPECIFICAR: _____
( ) NÃO SABE/NÃO RESPONDEU

32. CASO SIM, QUE TIPO DE ATENDIMENTO O(A) SR(A). RECEBEU?
(Permite mais de uma resposta)
( ) TRATAMENTO
( ) ENCAMINHAMENTO
( ) OUTROS. ESPECIFICAR: _____
( ) NAO SABE/NÃO RESPONDEU

33. HOUVE ENCAMINHAMENTO PARA OUTRO SERVIÇO DE SAÚDE?
( ) SIM ( ) NÃO
POR QUE? _____

OBS.: SE O ENTREVISTADO, NA PERGUNTA 28, RESPONDEU HOSPI-
TAL, PRONTO-SOCORRO OU PRONTO-ATENDIMENTO, PULAR
PARA A QUESTÃO 38.

34. QUANTAS VEZES O(A) SR(A). PROCUROU O SERVIÇO DE SAÚDE PARA CONSEGUIR, NESTA SITUAÇÃO, UM AGENDAMENTO? _____ VEZES.

35. A PARTIR DO AGENDAMENTO, O SEU ACOMPANHAMENTO FOI:
( ) SEMANAL
( ) MENSAL
( ) ANUAL
( ) OUTROS./ ESPECIFICAR: _____
( )NÃO SABE/NÃORESPONDEU

36. O(A) SR(A). COMPARECE ÀS CONSULTAS AGENDADAS?
( ) SIM   ( )NÃO
POR QUÊ? _____

37. O(A) SR(A). COMPARECE AOS RETORNOS AGENDADOS?
( )SIM   ( )NÃO
POR QUÊ: _____

38. PORQUE O(A) SR(A). PROCUROU ESTE SERVIÇO DE SAÚDE/PSF?
( ) ESCOLHA PESSOAL
( ) CONHECE ALGUÉM QUE TRABALHA LÁ
( ) POR ENCAMINHAMENTO DO MÉDICO OU AGENTE DE SAÚDE
( ) POR FALTA DE OUTRO SERVIÇO ACESSÍVEL
( ) PORQUE NÃO PAGA O ATENDIMENTO
( ) POR JÁ TER SIDO TRATADO ANTERIORMENTE NESTE SERVIÇO
( ) PELA LOCALIZAÇÃO DO SERVIÇO
( ) PELA BOA FAMA DO SERVIÇO
( ) OUTRO MOTIVO. ESPECIFICAR: _____
( ) NÃO SABE/NÃO RESPONDEU

39. COMO O(A) SR(A). VAI AO SERVIÇO DE SAÚDE/PSF ?
( ) A PÉ
( ) DE TÁXI
( ) DE CARRO PRÓPRIO
( ) DE LOTAÇÃO
( ) TOMA 1 ÔNIBUS

( ) CARRO AMIGO/VIZINHO/PARENTE
( ) TOMA MAIS DE UM ÔNIBUS
( ) OUTROS. ESPECIFICAR:

40. O(A) SR(A). FOI ENCAMINHADO DESTE SERVIÇO DE SAÚDE/PSF QUE PROCUROU PARA OUTRO SERVIÇO?
( )SIM   ( ) NÃO
QUAL? _____
( ) NÃO SABE/NÃO RESPONDEU

41. CASO A RESPOSTA DA QUESTÃO 40 TENHA SIDO "SIM", O SR(A). COMPARECEU AO SERVIÇO AO QUAL FOI ENCAMINHADO?
( )SIM   ( ) NÃO
POR QUÊ? _____
( ) NÃO SABE/NÃO RESPONDEU

OBS.: CASO O ENTREVISTADO TENHA DITO QUE PROCUROU UM SERVIÇO DE SAÚDE DIFERENTE DAQUELE DE ONDE ELE ESTÁ MATRICULADO, FAZER A PERGUNTA ABAIXO:

41b. POR QUE O(A) SENHOR(A) NÃO PROCUROU O SERVIÇO _____?
_____

E. SOLUÇÃO DO PROBLEMA

42. O SEU PROBLEMA FOI RESOLVIDO?
( ) SIM   ( ) NÃO

43. CASO A RESPOSTA À QUESTÃO 42 TENHA SIDO "NÃO", O QUE FEZ PARA RESOLVER O PROBLEMA?
( ) CURA ESPONTÂNEA
( ) AUTOMEDICAÇÃO
( ) TRATAMENTO CASEIRO
( ) CONTINUA COM O PROBLEMA
( ) PROCUROU OUTRO SERVIÇO
( ) AINDA ESTÁ EM TRATAMENTO
( ) OUTROS/ ESPECIFICAR: _____

( ) NÃO SABE/NÃO RESPONDEU

44. O(A) SR(A). RECEBEU ORIENTAÇÕES SOBRE SUA DOENÇA?
( ) SIM
    ( ) POR ESCRITO
    ( ) VERBALMENTE
( ) NÃO
( ) NÃO SE APLICA. ESPECIFIQUE: _____
( ) NÃO SABE/NÃO RESPONDEU

45. O(A) SR(A). ENTENDEU AS ORIENTAÇÕES RECEBIDAS SOBRE A DOENÇA?
( ) SIM
( ) NÃO
( ) NÃO SABE/NÃO RESPONDEU

46. FOI RECEITADO MEDICAMENTO?
( ) SIM
( ) NÃO
( ) NÃO SABE/NÃO RESPONDEU

47. O(A) SR(A). RECEBEU ORIENTAÇÕES SOBRE A MEDICAÇÃO:
( ) SIM
    ( ) POR ESCRITO
    ( ) VERBALMENTE
( ) NÃO
( ) NÃO SE APLICA. ESPECIFIQUE: _____
( ) NÃO SABE/NÃO RESPONDEU

48. O(A) SR(A). ENTENDEU AS ORIENTAÇÕES RECEBIDAS SOBRE A MEDICAÇÃO?
( )SIM
( ) NÃO
( ) NÃO SABE/NÃO RESPONDEU

49. ONDE O(A) SR(A). OBTEVE O MEDICAMENTO PRESCRITO?
( ) NO PRÓPRIO SERVIÇO

( ) PROGRAMÁTICO
( ) RECEBEU POR DOAÇÃO
( ) AMOSTRA
( ) EM OUTRO SERVIÇO
( ) COMPROU O MEDICAMENTO
( ) ALGUÉM LHE COMPROU O MEDICAMENTO
( ) NÃO OBTEVE O MEDICAMENTO
( ) OUTROS. ESPECIFICAR: _____
( ) NÃO SABE/NÃO RESPONDEU

50. O SR. TOMA REGULARMENTE O MEDICAMENTO PRESCRITO?
( ) SIM
( ) NÂO
( ) NÃO SABE/NÃO RESPONDEU

51. CASO NÃO TOME O MEDICAMENTO REGULARMENTE, POR QUE
    NÃO O FAZ?
( ) NÃO TEVE SINTOMAS
( ) REMÉDIO É CARO
( ) NÃO ACHA PRECISO
( ) REMÉDIO NÃO FAZIA EFEITO
( ) ESQUECE DE TOMAR
( ) MÉDICO SUSPENDEU
( ) NÃO ENTENDEU AS ORIENTAÇÕES
( ) NÃO TEM QUEM LHE DÊ O REMÉDIO
( ) NÃO ENTENDEU A LETRA DO MÉDICO
( ) NÃO SABE/NÃO RESPONDEU
( ) TEVE EFEITOS COLATERAIS/COMPLICAÇÕES
( ) OUTROS. ESPECIFICAR _____

52. ATUALMENTE, QUAIS OS MEDICAMENTOS QUE O(A) SR(A). TOMA.

MEDICAMENTO	DOSE	VIA	FREQUÊNCIA	QUEM PRESCREVEU			
				PM	AM	IP	IO

PM = Prescrição Médica
AM = Automedicação
IF = Indicação da farmácia (farmacêutico/balconista)
IO = Indicação e outras pessoas (não médicas)

53. HOUVE OUTRA INDICAÇÃO DE TRATAMENTO?
( ) FOI ORIENTADO AO USO DE OUTRAS TERAPIAS
( ) FOI ORIENTADO PARA MUDANÇA DE HÁBITOS DE VIDA
( ) OUTROS _____
( ) NAO SABE/NÃO RESPONDEU

54. O(A) SR(A). RECEBEU ORIENTAÇÕES SOBRE O TRATAMENTO
    INDICADO:
( ) SIM
    ( ) POR ESCRITO
    ( ) VERBALMENTE
( ) NÃO
( ) NÃO SE APLICA. ESPECIFIQUE: _____
( ) NÃO SABE/NÃO RESPONDEU

55. O(A) SR(A). ENTENDEU AS ORIENTAÇÕES SOBRE O TRATAMENTO
    INDICADO?
( )SIM
( ) NÃO
( ) NÃO SABE/NÃO RESPONDEU

F. CUSTO DA ASSISTÊNCIA RECEBIDA

56. O(A) SR(A). PAGA PELA ASSISTÊNCIA RECEBIDA?
( )SIM
    ( ) TOTALMENTE
    ( ) PARCIALMENTE
( )NÃO
    ( ) PORQUE ERA SUS/PSF
    ( ) PORQUE TINHA CONVÊNIO
( ) NAO SABE/NÃO RESPONDEU

AVALIANDO A ASSISTÊNCIA AO IDOSO 297

57. O(A) SR(A). TEM UM SERVIÇO DE ASSISTÊNCIA MÉDICA SUPLE-
MENTAR AO PSF/SUS?

( )SIM

    ( ) CONVÊNIO-EMPRESA

    ( ) SEGURO PRIVADO

    ( ) SINDICATO OU OUTRAS ASSOCIAÇÕES DE CATEGORIA

    ( ) IAMSPE

( ) NÃO

( ) NÃO SABE/NÃO RESPONDEU

58. QUANTO O(A) SR(A). GASTA POR MÊS EM SAÚDE?

( ) R$ _____

( ) NÃO TEM GASTOS

( ) NÃO SABE/NÃO RESPONDEU

G. QUEM RECEBE/ATENDE O USUÁRIO NO SERVIÇO E SATISFAÇÃO DO USUÁRIO

59. QUANDO O(A) SR(A). VEM AO QUALIS/SUS, QUEM O ATENDE
DESDE A SUA CHEGADA AO SERVIÇO? (Numere de 1 a 6 ou mais a
sequência de atendimento do usuário pelos profissionais)

PROFISSIONAL	SEQUÊNCIA DE ATENDIMENTO
Médico(a)	
Enfermeira(o)	
Auxiliar de Enfermagem	
Agente de Saúde	
Recepcionista	
Outro(s)/qual(is) _____	

60. O QUE O(A) SR(A). ACHA DO ATENDIMENTO FEITO PELOS PRO-
FISSIONAIS NOS SERVIÇOS DE SAÚDE/ PSF ?

Atendimento/ profissionais	muito bom	bom	regular	ruim	indiferente
Médico(a)					
Enfermeira(o)					

Atendimento/ profissionais	muito bom	bom	regular	ruim	indiferente
Auxiliar de Enfermagem					
Agente de Saúde					
Recepcionista					
Outro(s)/qual(is) _____					

( ) NÃO SABE/NÃO RESPONDEU
JUSTIFIQUE SUA RESPOSTA: _____

61. EM GERAL, O QUE O(A) SR(A). ACHA DO ATENDIMENTO DOS SERVIÇOS DE SAÚDE?
( ) EXCELENTE
( ) BOM
( ) REGULAR
( ) RUIM
( ) INDIFERENTE
( ) NÃO SABE/NÃO RESPONDEU
JUSTIFIQUE SUA RESPOSTA: _____
_____

ENTREVISTADOR(A): _____
(nome por extenso)

OBSERVAÇÕES DO ENTREVISTADOR: _____
_____

FORMULÁRIO PARA O CUIDADOR DO IDOSO (CASO HOUVER)

1. INICIAIS DO NOME DO ENTREVISTADO: _____

2. SEXO: M ( )   F( )

3. NASCIMENTO:
DATA: ____/____/_____   LOCAL: _____

Avaliando a assistência ao idoso **299**

4. HÁ QUANTO TEMPO MORA EM SÃO PAULO: _____(dias, meses ou anos)

5. HÁ QUANTO TEMPO MORA NO LOCAL: _____(dias, meses ou anos)

6. ESTADO CIVIL:
( ) SOLTEIRO
( ) CASADO/AMASIADO
( ) VIÚVO
( ) SEPARADO/DESQUITADO/DIVORCIADO
( ) NÁO SABE/NÃO RESPONDEU

7. ESCOLARIDADE:
( ) NÃO FREQUENTOU ESCOLA
( ) SABE LER E ESCREVER
( ) NÁO SABE LER E ESCREVER
( ) 1º GRAU   ( ) INCOMPLETO   ( ) COMPLETO
( ) 2º GRAU   ( ) INCOMPLETO   ( ) COMPLETO
( ) 3º GRAU   ( ) INCOMPLETO   ( ) COMPLETO
( ) CURSO TÉCNICO   ( ) INCOMPLETO   ( ) COMPLETO
( ) NÃO SABE/NÃO RESPONDEU

8. TIPO:
( ) INFORMAL
( ) LEIGO
( ) PROFISSIONAL

9. DESENVOLVE ESTA ATIVIDADE:
( ) POR INSTINTO
( ) POR VONTADE
( ) POR COMPETÊNCIA
( ) POR CONJUNTURA

10. HÁ QUANTO TEMPO EXERCE A FUNÇÃO? _____

11. HÁ RODÍZIO OU SUBSTITUIÇÃO NA ATIVIDADE?
( ) NÃO   ( ) SIM
ESPECIFIQUE:_____

12. QUAL É O RELACIONAMENTO/PARENTESCO COM O IDOSO?

_____

13. EXERCE OUTRAS ATIVIDADES ALÉM DO CUIDADO COM O IDOSO?
( ) NÃO
( ) SIM
ESPECIFIQUE: _____

14. FEZ MODIFICAÇÕES EM SUA DINÂMICA DE VIDA PARA EXERCER A ATIVIDADE ATUAL?
( ) NÃO
( ) SIM
ESPECIFIQUE: _____

15. RECEBEU ORIENTAÇÕES DE ALGUM SERVIÇO/PROFISSIONAL PARA O CUIDADO DO IDOSO?
( ) SIM
( ) NÃO
ESPECIFIQUE: _____

DESENVOLVENDO UM MODELO DE PESQUISA COLABORATIVA

PARTE

V

Desenvolvendo um modelo de pesquisa colaborativa: relato de experiência

Tamara Iwanow Cianciarullo

Diversas abordagens têm sido encontradas na literatura internacional, caracterizando e destacando a importância dos novos "modus faciendi" relativos ao desenvolvimento de pesquisas interdisciplinares na área da saúde (SWANSON *et al.*, 2001; LEGRIS, *et al.* 2000), principalmente aquelas relacionadas aos processos de avaliação das ações de saúde e de seus resultados (DUFAULT e SULLIVAN, 2000; FIGUEREDO e SECHREST, 2001), citando apenas os mais recentes textos disponibilizados no cenário acadêmico.

Médicos, enfermeiros, psicólogos, assistentes sociais, entre outros profissionais, articulam-se em torno de projetos comuns buscando validar suas próprias práticas por meio de estudos chamados "colaborativos" ou "interdisciplinares" com importantes discussões, onde são apresentados os fatores considerados impeditivos para a realização de pesquisas em conjunto.

Estes fatores ou barreiras incluem a falta de replicação das pesquisas geradas no meios acadêmicos, a falta de estruturas organizacionais que fortaleçam a integração dos profissionais por meio das pesquisas, a disponibilidade de tempo, de interesse e da falta de entendimento da relevância da pesquisa para a prática cotidiana dos clínicos (DUFAULT e SULLIVAN, 2000).

Experiências inovadoras tem sido relatadas caracterizando o sucesso das articulações não apenas interdisciplinares mas também transculturais, como por exemplo o artigo de SWANSON *et al*,(2001), onde profissionais da área da saúde de dois países com culturas muito diferentes (EUA e Rússia), estabelecem um " projeto colaborativo" direcionado para as necessidades de saúde dos pacientes visando à melhoria da qualidade de vida.

Por outro lado, os investimentos na área da saúde assim como na área da educação tem sido importantes fontes de desenvolvimento e bem-estar das populações do terceiro mundo. O Banco Mundial, nos últimos dez anos, tornou-se um dos maiores financiadores das atividades da saúde, nos países de baixa e média renda, destacando sua atuação na promoção da saúde, nutrição e na avaliação dos resultados de desempenho dos sistemas de saúde em relação aos pobres (BEYER; PREKER; FEACHEM, 2000).

Contextualizando estas experiências no cenário da globalização e da intensificação dos meios de divulgação dos resultados de processos de investigação, há que se perceber que novas estratégias de articulação interinstitucionais, multiprofissionais e interdisciplinares constituem um forte pressuposto para o desenvolvimento de processos de trabalho e de pesquisa capazes contribuir com a melhoria da qualidade de vida das populações desassistidas ou assistidas de forma precária.

Há cerca de dois anos, um grupo de docentes e pesquisadores de três instituições de ensino superior do Estado de São Paulo (Escola de Enfermagem, Faculdade de Medicina e Faculdade de Saúde Pública da Universidade de São Paulo; Faculdade de Enfermagem da Universidade de Santo Amaro e da Faculdade Santa Marcelina) resolveram articular-se objetivando o desenvolvimento de um projeto de avaliação de um novo programa do Ministério da Saúde, o Programa de Saúde da Família (PSF).

Foram realizadas inúmeras reuniões conjuntas, visando ao estabelecimento de arranjos, diretrizes, objetivos e metas que conseguissem, além de caracterizar um bom projeto, atender aos interesses de cada um dos grupos envolvidos no processo, vinculados aos propósitos de projeto como um todo. Há que se destacar ainda que, além dos aspectos diversificados das instituições em relação às mantenedoras, havia um complexo contexto de crenças e valores, visto que uma das instituições de ensino superior de natureza privada era mantida por um grupo evangélico e a outra por um grupo católico.

Cada um dos grupos institucionais (de natureza pública e privada; e de origem acadêmica e assistencial), cada um dos grupos profissionais (enfermei-

Desenvolvendo um modelo de pesquisa colaborativa **305**

ros e médicos, entre outros), e cada um dos grupos de alunos vinculados às suas instituições de origem requeriam um enfoque específico, visando a uma inserção competente, atuante e comprometida, visto que se pretendia obter recursos de uma instituição de fomento. Neste contexto, foi elaborado um pré-projeto, onde se destacavam os objetivos geral e específicos, visando ao envolvimento comprometido de todos os participantes. O objetivo geral caracteriza a importância da temática e os específicos, além de atender ao objetivo geral, foram definidos à luz das necessidades do grupo que, ainda não tendo o PSF implantado, buscava modos e maneiras de superar as principais dificuldades da proposta como um todo.

Objetivo Geral – avaliar a nova estratégia voltada para a saúde da família (PSF) implementada no Estado de São Paulo, à luz de programas do Ministério da Saúde vigentes, por meio de indicadores de estrutura, processo e resultado, obtidos a partir da avaliação dos princípios básicos estabelecidos para a implantação e operacionalização da estratégia: a alocação e utilização de recursos específicos; a capacitação dos recursos humanos; a gestão dos sistemas de informação e dos indicadores de qualidade de vida dos membros das famílias.

I. Específicos relativos à pesquisa:

A. Relacionados aos princípios do PSF:

1. Realizar o diagnóstico relativo ao processo de implementação da estratégia do PSF na região de atuação da FASM/Itaquera, em termos das facilidades e dificuldades encontradas, visando a sua adequação às necessidades das famílias, subsidiando a reformulação das práticas inadequadas;
2. Identificar as formas de articulação do PSF com a estrutura vigente local e a substituição das práticas convencionais de assistência pelo novo processo de trabalho centrado na vigilância da saúde;
3. Identificar o território de abrangência e cadastramento das famílias;
4. Caracterizar os membros da equipe de Saúde da Família e suas competências;
5. Identificar como operam os programas específicos de saúde observados nas áreas de estudo, dentre os propostos pelo Ministério da Saúde – Saúde da Criança de 0 a 5 anos, Saúde da Mulher Gestante e do Idoso,

definir os critérios de avaliação, construir de instrumentos de análise, aplicação e avaliação de uso.

B. *Relacionados à capacitação de recursos humanos das Unidades Básicas das áreas de estudo selecionadas:*

1. Identificar dos mecanismos utilizados para a capacitação a curto, médio e longo prazo;
2. Identificar os vínculos interinstitucionais, as estratégias e os resultados obtidos.

C. *Relacionados à alocação de recursos:*

1. Identificar os recursos federais, estaduais, municipais, institucionais e outros, e critérios de sua alocação específica;
2. Identificar o número de equipes, profissionais e agentes comunitários de saúde e suas respectivas atribuições;
3. Identificar os recursos físicos existentes e disponibilizados para a execução dos programas.

D. *Relacionados à gestão do Sistema de Informação:*

1. Descrever o prontuário do cliente do serviço de saúde quanto a modelo, estrutura, componentes e fluxo;
2. Caracterizar o sistema de informação oficializado e sua utilização como instrumento de gestão da qualidade;
3. Identificar os indicadores do sistema operacional;
4. Identificar a utilização dos indicadores no planejamento estratégico da unidade de saúde.

E. *Relacionados a qualidade de vida dos membros das famílias:*

1. Avaliar as propriedades psicométricas do instrumento (IQV) na amostra populacional e conhecer os valores dos índices nestas pessoas;
2. Analisar os resultados obtidos, buscando a configuração de um índice "familiar";

3. Verificar as diferenças entre os indicadores de qualidade de vida dos membros das famílias nos dois territórios atendidos pelo Programa SUS (com e sem utilização da estratégia do PSF).

II. Específicos relacionados aos gestores dos serviços públicos:

1. Prover os gestores de instrumentos e métodos padronizados que favoreçam o monitoramento do PSF/SUS em diferentes cenários;
2. Prover o poder público de instrumentos capazes de indicar os níveis de (in)sucesso do PSF em diferentes territórios;
3. Introduzir métodos de avaliação de qualidade de vida dos membros das famílias padronizados e de fácil utilização, capazes de refletirem as respostas indicativas de sucesso do programa/estratégia implementado;
4. Estabelecer estratégias de suporte para programas de educação continuada para os servidores do SUS e do PSF/SUS.

III. Específicos relativos aos aspectos acadêmicos:

1. Criar um acervo bibliográfico e documental sobre o PSF;
2. Manter um banco de dados sobre a saúde e qualidade de vida das famílias dos territórios estudados;
3. Subsidiar a criação de programas interdisciplinares de especialização e mestrado profissionalizante em Saúde da Família, aderentes à realidade do Estado de São Paulo e disponibilizados para outras regiões;
4. Elaborar e disponibilizar padrões, critérios e indicadores específicos para o PSF em âmbito nacional;
5. Construir e validar um instrumento de análise relativo a QV dos membros das famílias;
6. Publicar textos e artigos em revistas profissionais em âmbito nacional e internacional;
7. Promover reuniões de avaliação do projeto com a participação de convidados especialistas nacionais (UFRJ – qualidade de vida; e UFSC – família) a cada seis meses; e internacional em 2003, quando da conclusão do presente Projeto;

8. Implementar grupos multidisciplinares de estudos em PSF visando à disponibilização dos resultados deste projeto e a sedimentação do PSF em outros cenários.

CENÁRIOS ONDE SE DESENVOLVEM OS TRABALHOS

As duas instituições de ensino superior participantes do Projeto situam-se na periferia da cidade de São Paulo. As duas regiões são consideradas como áreas de comunidades de baixa renda, perfis assemelhados de distribuição de renda e de outros indicadores sociais e de saúde. Ambas têm uma escassez importante de equipamentos sociais. A área escolhida na região sul de São Paulo foi o Grajaú (UNISA), que tem seu sistema de saúde operacionalizado de forma tradicional (SUS), enquanto que a área escolhida da zona leste, A. Esteves Carvalho, faz parte do Projeto QUALIS, (SUS/PSF), uma das primeiras a fazer uso de um programa de saúde centrado na família no Brasil.

ARTICULAÇÃO DOS PARTICIPANTES

Considerando todos os aspectos acima citados, há que se destacar a intensa, interessada e competente maneira de participação dos professores, pesquisadores, técnicos e alunos, envolvidos no Projeto.

As atividades programadas desde o início caracterizaram-se pela sua regularidade e pelos resultados parciais obtidos.

Reunir em torno de um objetivo comum profissionais de diferentes categorias e instituições, cada qual com sua formação específica em distintos universos acadêmicos públicos e privados, pareceria difícil, não fosse a diretriz que todos se propuseram a seguir, visando à construção de um modelo de análise de serviços de saúde, passível de aplicação em diversos cenários do cotidiano da saúde.

Foi estabelecido um calendário de reuniões semanais, quinzenais e mensais para os diferentes grupos visando a um fluxo contínuo de ideias e de propostas para a operacionalização do projeto.

Operacionalização do projeto (primeira fase)

Constituição das equipes:

Os pesquisadores das três universidades participantes constituíram os grupos que se responsabilizaram pelas diferentes fases no que diz respeito à construção dos instrumentos de avaliação, ao fortalecimento cognitivo-operacional-interpretativo na área da pesquisa quali-quantitativa dos profissionais das áreas técnicas que participarão do projeto e à troca de experiências cotidianas dos processos de trabalho na área da saúde.

Grupos de trabalho :

Grupo I – Responsável pela elaboração dos instrumentos e estratégias de análise do PSF.
Coordenação: FASM – Doutora com experiência em administração de serviços de saúde.
Membros: oito (8) representantes do QUALIS (médicos e enfermeiros); duas (2) docentes da UNISA; três (3) docentes da FASM.
Alunos de Graduação – dois em cada uma das áreas/núcleos, perfazendo um total de 4 (quatro) para o Grupo I.

Grupo II – Responsável pela elaboração dos instrumentos e estratégias de análise do Programa de Saúde da Criança com ênfase na criança de 0-5 anos.
Coordenação: FASM – Doutor com experiência em pediatria.
Membros: uma (1) docente da USP; quatro (4) docentes da UNISA; três (3) A.E. Carvalho; dois (2) do QUALIS.
Alunos de graduação – dois para cada uma das áreas/núcleos, perfazendo um total de 4 (quatro) para o Grupo II.

Grupo III – Responsável pela elaboração dos instrumentos e estratégias de análise do Programa de Saúde da Mulher, com ênfase na gestação;
Coordenação : USP – Doutora com experiência em Saúde Materna.
Membros: uma (1) docente da USP; duas (2) da UNISA; três A. E. Carvalho; um (1) QUALIS, um (1) docente da FASM.

Alunos de graduação – dois para cada uma das áreas/núcleos, perfazendo um total de 4 (quatro) para o Grupo III.

Grupo IV – Responsável pela elaboração dos instrumentos e estratégias de análise do Programa de Saúde do Idoso com ênfase na hipertensão; Coordenação : UNISA – Doutora com experiência com idosos e hipertensão. Membros: três (3) USP; quatro (4) docentes UNISA; três (3) docentes da FASM; um (1) QUALIS e dois (2) A. E. Carvalho.
Alunos de graduação – dois para cada uma das áreas/núcleos, perfazendo um total de 4 (quatro) para o Grupo IV.

Grupo V – Responsável pela determinação das estratégias a serem utilizadas para a avaliação da qualidade de vida dos membros da família e do seu conjunto;
Coordenação : USP – Doutor com experiência em estudos referentes a qualidade de vida.
Membros: três (3) USP; um (1) docente UNISA; um (1) docente FASM; três (3) QUALIS e um (1) A. E. Carvalho.
Alunos de Graduação – dois para cada uma das área/núcleos, perfazendo um total de 4 (quatro) para o Grupo V.

Grupo VI – Responsável pela articulação do Projeto em sua integridade operacional. Será constituído pelo Coordenador Geral do Projeto e por quatro representantes de cada um dos grupos (FASM, UNISA, QUALIS, USP). Coordenação : USP – com experiência prévia em projetos integrados. Membros: cinco (5) USP; quatro (4) FASM; duas (2) QUALIS; uma (1) UNISA.
Alunos de graduação – dois alunos.
Capacitação técnica em pesquisa – quatro recém-formados.

Todos os grupos foram constituídos por doutores/ pesquisadores, docentes e profissionais técnicos, visando a uma perfeita integração entre o suporte acadêmico, gerencial e operacional, na construção e utilização de critérios de avaliação.

Atividades dos grupos constituídos

Todos os seis grupos trabalharam sob a orientação dos seus Coordenadores, buscando manter a participação dos técnicos das unidades de saúde participantes do projeto.

Grupo I

O Grupo I, responsável pela elaboração dos instrumentos e estratégias de análise do PSF, teve por orientação desenvolver um instrumento que pudesse em sua definição principal servir também para a obtenção de informações da(s) UBS, sem perder de vista o seu objetivo principal relacionado ao PSF:

O GRUPO, constituído por docentes da FASM e da UNISA, tem como membros médicos e enfermeiras do QUALIS.

O resultado dos trabalhos desenvolvidos está representado pelas diferentes estratégias e modos de obtenção de informações visando à constituição de um banco de dados situacional das unidades de saúde participantes do Projeto.

Informações relativas a situação geográfica e condições de acesso, definição dos recursos físicos, segundo as normas do Serviço de Vigilância Epidemiológica, incluindo disponibilidade de facilidades mínimas em termos de materiais e equipamentos; caracterização dos recursos humanos, visando à análise da sua adequação quantitativa e qualitativa, e os processos de trabalho preestabelecidos como atendimento, imunização, processos de trabalho, planejamento e organização da unidade, sistema de informações utilizado e depoimentos dos servidores e usuários sobre as condições e processos de trabalho desenvolvidos e percebidos, sendo finalizada por uma analise documental, visando à construção dos critérios definitivos.

Em resumo, são analisados os seguintes aspectos dos Serviços de Saúde (SUS e SUS/PSF):

Quadro 1. Operacionalização das atividades do Grupo I

Dados	Estratégia	Instrumentos	Com quem?	Referencial
Acesso/localização	Visita Observação	Instrumento Câmera	Diretor/ Gerente	Resolução Vigil. Epid.

Dados	Estratégia	Instrumentos	Com quem?	Referencial
Recursos físicos Instalações	Visita Observação Entrevista	Instrumento Câmera	Diretor/ Gerente	Resolução Vigil. Epid.
Recursos Materiais Equipamentos: Cons. Criança Cons. Gestante Cons. Idoso	Visita Observação Entrevista	Instrumento Câmera	Diretor/ Gerente	Resolução Vigil. Epid.
Processos de trabalho	Acomp. Entrevista	Instrumento Documentos	Diretor/ Gerente	Normas
Planejamento Organização	Entrevista Análise doc.	Instrumento Documentos	Diretor/ Gerente	Normas
Produtividade	Entrevista	Instrumento Documentos	Diretor/ Gerente	Normas SLAB
Depoimento Servidores	Entrevista	Roteiro	Servidores	Análise de conteúdo
Depoimento Clientes	Entrevista	Formulário	Clientes sorteados	Indicadores Satisfação

Grupo II

O GRUPO II é o responsável pela elaboração dos instrumentos e estratégias de análise do Programa de Saúde da Criança com ênfase na criança de 0 a 5 anos. Este Grupo também, à semelhança do anterior, foi constituído por docentes, técnicos e pesquisadores de diferentes categorias profissionais.

O instrumento apresentado caracteriza-se pelo enfoque direcionado para os critérios estabelecidos (estrutura, processo e resultados), definindo-os em relação aos aspectos cotidianos da Assistência à Criança e fazendo uso das diretrizes da Atenção Integrada às Doenças Prevalentes na Infância (AIDPI), incluindo o reconhecimento das "boas práticas", por parte dos servidores da Unidades em estudo e o impacto da atenção na usuária, geralmente mãe da criança, por meio de itens de natureza cognitiva e documental.

Alguns pressupostos, a serem utilizados na elaboração do instrumento de medida inerente aos indicadores de avaliação da assistência à criança, estão ancorados na premissa de que a eficiência só será alcançada, pela interação entre as variáveis tecnológicas e humanísticas.

Assim, consideram-se os recursos humanos segundo as categorias profissionais, envolvidos na assistência à criança e os materiais permanentes e de consumo, necessários para o alcance dos objetivos.

Pondera-se ainda sobre a prevalência da morbidade e mortalidade infantil, que determinam o alto índice de internações hospitalares, os critérios de limitação para o atendimento em nível primário, a necessidade de controle e o conhecimento relativo às condutas manifestas, representadas pelas ações e comportamentos dos usuários.

Há que se destacar que estes itens foram caracterizados por equipes interdisciplinares e interinstitucionais, visando a uma primeira "lista" de critérios, fundamentada nos documentos do Ministério da Saúde.

Esta "lista" será a base de sustentação dos critérios quantitativos que serão desenvolvidos após uma apurada análise de significados na construção de indicadores de qualidade.

Quadro 2. Operacionalização das atividades do Grupo II

Dados	Estratégia	Instrumentos	Com quem?	Referencial
Estrutura	Visita/ Observação	Formulário	Pesq./Bolsista	Programa
Estrutura/ Processos	Entrevista Análise doc.	Formulário	Pesq./Bolsista	Programa AIDIPI
Prontuários	Análise doc.	Formulário	Pesq./Bolsista	Programa
Resultados	Entrevista mãe/resp.	Instrumento	Pesq./Bolsista	Programa

Grupo III

O Grupo III responsabilizou-se pela elaboração dos instrumentos e estratégias de análise do Programa de Saúde da Mulher com ênfase na gestação.

Os instrumentos elaborados direcionam-se para os dois aspectos principais do atendimento à gestante: consulta e documentação pertinente (prontuário), tendo em vista que a satisfação da cliente será analisada pelo Grupo I.

314 SAÚDE NA FAMÍLIA E NA COMUNIDADE

Assim, o formulário da Gestante aborda o modo de condução da consulta, garantindo os requisitos mínimos de execução e encaminhamentos.

Quadro3. Operacionalização das atividades do Grupo III

Dados	Estratégia	Instrumentos	Com quem?	Referencial
Consulta	Entrevista	Formulário	Gestante	Programa
Prontuários	Análise doc.	Formulário	Pesq./Bolsista	Programa

Grupo IV

O Grupo IV responsabiliza-se pela elaboração de instrumentos e estratégias de análise do Programa de Saúde do Idoso e da mesma forma que os anteriores constitui-se de docentes, pesquisadores e técnicos de diferentes formações e com expressiva experiência na área de cuidados com o idoso e/ou na área da hipertensão das instituições acadêmicas e assistenciais.

O instrumento elaborado apresenta dados demográficos e de saúde do idoso, explorando as dimensões dos seus problemas, a partir da Política Nacional do Idoso.

Quadro 4. Operacionalização das atividades do Grupo IV

Dados	Estratégia	Instrumentos	Com quem?	Referencial
Saúde	Entrevista	Formulário	Pesquisador	Política
Atividades	Entrevista	Formulário	Pesq./Bolsista	OARS
Cuidador	Entrevista	Formulário	Bolsista	Instrumento

Em função das experiências e teses de doutorado realizadas e orientadas pelos membros do Grupo IV, os instrumentos indicados (atividades instrumentais e básicas de vida diária – ATVD e ABVD) e construídos, referem-se especificadamente às informações dos idosos, buscando-se a sua confirmação nos prontuários disponibilizados nas UBS e no PSE

O grupo também decidiu manter um banco de dados referente aos cuidadores dos idosos dependentes, objetivando a realização de estudos futuros.

Grupo V

O grupo V assumiu a responsabilidade de analisar e escolher um instrumento entre os múltiplos disponíveis na literatura, capaz de avaliar a qualidade de vida dos membros das famílias sorteados para fazer parte do estudo.

O Grupo é heterogêneo em sua formação básica mas homogêneo em sua trajetória de interesse na questão da qualidade de vida, como instrumento coadjuvante da avaliação dos resultados da atuação dos serviços de saúde.

Foi decidido também que, em relação à qualidade de vida da criança, seria desenvolvido um subprojeto na linha qualitativa, visando à compreensão do significado da qualidade de vida das crianças, para as mães ou cuidadores.

Decidiu-se também utilizar o instrumento para avaliação da qualidade de vida dos servidores, das instituições de saúde.

O instrumento indicado pelo grupo foi o Quality of Life Index de Ferrans e Powers, traduzido para o português pó KIMURA (1999).

Grupo VI

Responsável pela articulação operacional do Projeto, este Grupo é o responsável por todas as estratégias utilizadas durante a realização do Projeto, pelos Relatórios e pelas diretrizes e ajustes gerais do Projeto.

AGENDA DA PRIMEIRA FASE

A Agenda da Primeira Fase foi praticamente cumprida, com a compilação de um importante acervo bibliográfico disponibilizado para as três instituições envolvidas; com a execução dos processos de orientação à elaboração de critérios e instrumentos, com a seleção dos itens significativos para o constructo da qualidade dos Programas em estudo, com a elaboração dos instrumentos (criança, mulher gestante e idoso); e com a análise da operacionalização do Projeto, que em função de processos estranhos ao desempenho do grupo, apresentou importantes mudanças na sua execução.

Como exemplo podemos citar a alteração do processo de indicação de uma unidade básica que teve seu teto destruído e foi fechada. Foi necessário um novo estudo visando a uma nova escolha de parceiros para o desenvolvimento do Projeto. Além disso, em função das mudanças nas diretrizes políticas da

Prefeitura de São Paulo, há que se esperar pela implementação destas mudanças no cenário de Santo Amaro (UNISA) previstas para este próximo semestre.

Um outro aspecto que merece destaque foi o modo de definição das comunidades a serem incluídas no estudo.

Na apresentação inicial do estudo, a proposta caracterizava-se pela seleção de domicílios (100) onde seriam pesquisados os seus moradores segundo as indicações definidas pelo estudo (crianças, gestantes e idosos).

Após discutirmos e analisarmos todas as implicações deste modo de seleção dos sujeitos da pesquisa, observou-se que poder-se-ia obter melhores resultados caso cada ação programática relacionada à criança, à gestante e ao idoso fosse identificada por sorteio aleatório (100 observações SUS e 100 observações SUS/ PSF), sendo o sorteio realizado no universo dos usuários dos serviços de saúde de cada comunidade e os indivíduos sorteados visitados, para aferir se a sua situação é compatível com a condição de entrada, a saber:

1. ser membro de uma unidade familiar, o que exclui casos de indivíduos cujos endereços correspondam a domicílios institucionais como creches, sanatórios, casas de repouso e semelhantes;

2. ser usuário do sistema de saúde definido, o que exclui indivíduos cujo registro como usuário da unidade onde haja sido identificado, tenha sido resultado de uma passagem casual pelo sistema, bem como exclui indivíduos que sejam usuários de apenas parte deste sistema (só atenção primária ou só ambulatório de especialidades). Ressalta-se porém, que a condição do usuário não exige "single allegiance", podendo o usuário, eventualmente, também fazer uso de outras facilidades de saúde fora do sistema definido;

3. possuir as características definidas para as condições: criança (0 a cinco anos), gestante e idoso (com mais de 60 anos).

Ficou decidido que os sorteios para cada ação programática serão independentes, mas não haverá restrição para que, eventualmente, uma única família contribua com informações para mais de um programa – entendendo-se que não haverá *bias* se, por meio de sorteios independentes, uma mesma família venha a ser aleatoriamente identificada para análise de mais de um programa.

Nesta abordagem, as condições inicialmente previstas para a realização do estudo, triplicaram em seus quantitativos, ou seja, cada grupo programático terá 100 observações, perfazendo um total possível de 300 famílias cadastradas em cada uma das áreas estudadas, ou 600 famílias no total.

Objetivando atender à complexidade do banco de dados, deverão ser criados cerca de 10 bancos de dados reunindo todas as informações do Projeto, numa base de dados relacional com facilidades de entrada de dados on-line e acesso à distância, tendo um módulo de monitoramento do andamento do Projeto para consulta de informações atualizadas sobre o andamento da coleta de dados e análises parciais de cada subprojeto.

Esta estratégia de trabalho constitui uma das bases do sucesso do Projeto, visto que todas as informações estarão disponíveis em tempo real, para consulta inter-subprojetos, para elaboração dos relatórios parciais e para o cruzamento imediato de informações.

Esta estratégia facilita sobremaneira a articulação entre pesquisadores, técnicos e bolsistas, favorecendo decisões e análises imediatas à obtenção das informações, visto que a distância entre os dois locais/núcleos (Grajaú/Itaquera) onde se realizará o estudo situa-se entre 2h30 a três horas de distância a percorrer, no trânsito de São Paulo.

ATIVIDADES DOS CONSULTORES EXTERNOS

Um dos principais componentes que diferencia este projeto caracteriza-se pela inserção precoce e contínua de consultores externos (nacionais e internacionais), visando ao acompanhamento da execução e análise dos resultados obtidos, numa dimensão extracontextual, ou seja, sob a visão e ótica de parceiros de outras instituições não envolvidos com a execução do projeto. Esta prática, embora não sendo muito comum no Brasil, foi definida como essencial ao desenvolvimento do projeto, em função das possibilidades de uma visão mais abrangente dos resultados a serem obtidos.

Assim, foram convidados quatro especialistas, doutores de universidades da Suécia (filósofo que trabalha com os conceitos de necessidades em saúde), do Canadá (médico que trabalha com a família) e Estados Unidos da América (enfermeira que trabalha com família) e da Universidade Federal de Santa Catarina, a primeira enfermeira brasileira que trabalhou com famílias no Brasil.

CONSIDERAÇÕES FINAIS

Trabalhar com representantes de múltiplas instituições com diferenciadas crenças e valores em suas dimensões afetivas e cognitivas pressupunha um contingente de dificuldades que absolutamente não ocorreu, passados quase dois anos de trabalho conjunto.

As instituições, por meio dos seus representantes oficiais, profissionais e acadêmicos, conseguiram uma perfeita articulação em torno dos objetivos do Projeto e desenvolveram formas próprias de trabalho e instrumentos específicos, de utilidade pública, que serão disponibilizados oportunamente.

Há um consenso dos pesquisadores e técnicos de que este seja um Projeto, a ser continuado até abarcar o contingente tipológico total dos usuários do SUS e do SUS/PSF, ou seja, há um compromisso maior do que este Projeto, objetivando a construção de uma tecnologia própria para a avaliação e controle de gestão dos processos assistenciais em nível da atenção primária.

Há que se destacar ainda que a avaliação desta nova estratégia, preconizada pelo Ministério da Saúde, deve responder a um sistema de saúde equânime, integral, universal, resolutivo e de boa qualidade, e esta resposta que só poderá ser dada se forem realizados estudos desta natureza.

A Gestão Plena da Atenção Básica Ampliada (GPABA) é um dos mecanismos a serem implementados pelos municípios visando à ampliação do acesso e da qualidade da Atenção Básica, e tem como áreas de atuação estratégica mínimas para a habilitação a saúde da criança e a saúde da mulher, entre outras. Este projeto visa contribuir com os processos de avaliação e controle determinados pela NOAS/SUS 01/2001, por meio do desenvolvimento e teste das tecnologias leves de avaliação da estratégia do PSF.

Finalmente, há que se destacar os resultados obtidos nesta primeira fase do Projeto, quando pesquisadores de diferentes instituições com perfis sedimentados e emergentes de pesquisadores conseguiram realizar uma das mais difíceis tarefas, que é obter o consenso interpessoal e intergrupal em relação aos dados a serem obtidos a partir das definições das políticas públicas expressas nos documentos oficiais. Este sem dúvida é um grande feito.

Tivemos a oportunidade de trabalhar em situações semelhantes e o tempo requerido para alcance dos resultados foi com certeza muito maior.

Assim, depois de cerca de 20 anos de tentativas junto aos órgãos formais do sistema de saúde local e junto aos diversos grupos depesquisadores com os quais mantivemos tentativas de iniciação deprojetos similares, direcionados para a questão da avaliação da qualidade dos serviços de saúde, como por exemplo o Projeto ELOS (ABEn/OPAS) em 1999, e outro mais recente envolvendo OPAS/OMS/FEPPEN, a ser desenvolvido na América Latina e Caribe, acreditamos ser este Projeto um dos mais promissores no alcance das expectativas de uma tecnologia própria de análise, avaliação e controle dos processos e resultados da Atenção Básica, além de propiciar imprescindíveis condições para o desenvolvimento de um produto pedagógico/administrativo/operacional visando ao aperfeiçoamento de tecnologias e processos de construção de indicadores.

BIBLIOGRAFIA

BEYER, J. A.; PREKER, A. S.; FEACHEM, R. G. A. The role of the World Bank in international health: renewed commitment and partnership. *Soc. Scienc. Med.* 50(2) 169-176, 2000.

DUFAULT, M. A.; SULLIVAN, M. A. A collaborative research utilization approach to evaluate the e424/1ffects of pain management standards on patient outcomes. *J. Prof. Nurs.*, 16(4): 240-250, 2000.

FIGUEREDO, A. J.; SECHREST, L. Approaches used in conducting health outcomes and effectiveness research. *Evaluation and Program Planning*, 24(1), 41-59,2001.

HARRIS, P. R.; MORAN, R. T. *Managing cultural differences.* Houston, Gulf Publishing, 1996.

KIMURA, M. Tradução para o português e validação do *Quality of Life Index* de Ferrans e Powers. São Paulo, 1999. 85 p. Tese (Livre-Docência) – Escola de Enfermagem, Universidade de São Paulo.

LEGRIS, J. *et al.* Developing a model of collaborative research: the complexities and challenges of implementation. *Intern.J. of Nurs. Stud.*, 37: 65-79, 2000.

SWANSON, E. *et al.* An application of an effective interdisciplinary health-focused cross-cultural collaboration. *J. Pediatr. Nurs.* 17: 33-39, 2001.